Sexualität und Ehe

Hans Halter · Albert Ziegler SJ · Dietmar Mieth
Hildegard Camenzind-Weber

Sexualität und Ehe

Der Christ
vor einem Dauerproblem

NZN Buchverlag Zürich

Alle Rechte vorbehalten
Copyright © 1981 by NZN Buchverlag AG, Zürich
Gesamtherstellung: Benziger AG, Einsiedeln
ISBN 3 85827 055 5

INHALT

Vorwort	7
Hans Halter, Bibel und Sexualität	9
Albert Ziegler SJ, Sexualität und Ehe	28
Hildegard Camenzind-Weber, Erziehung zur Liebesfähigkeit	68
Dietmar Mieth, Ehe als Entwurf	78
Hans Halter, Kirche und Familie – einst und heute	103
Dietmar Mieth, Zusammenleben in der Familie	147
Albert Ziegler SJ, Der Platz der Familie in der Gesellschaft	168

Vorwort

Die Kirche hat ihr gewichtiges Wort nicht nur dort gesprochen, wo es um Fragen des Dogmas und der Glaubenslehre ging, sondern immer auch in den Bereichen von Moral und Ethik. Daß aber dieses Wort nie das letzte und endgültige sein konnte, dessen waren sich wohl (fast) zu jeder Zeit auch die kirchlichen Gesetzgeber bewußt. Es galt ja, immer neu sich der Frage zu stellen, wie sich der Christ in der eh und je gegenwärtigen Gesellschaft zu verhalten habe. Und wie schnell sich soziale Gegebenheiten wandeln können, das wissen wir alle.
Ein Problem, das immer wieder zu reden, zu schreiben und zu dekretieren gab, war die kirchliche Einstellung zu Ehe und Sexualität. Kein moraltheologisches Thema hat so viel Staub aufgewirbelt und so sehr Emotionen geweckt wie gerade dieses. Manche werfen der Kirche vor, sie sei immer eine Nasenlänge hinter der Wirklichkeit zurückgeblieben. Manche mögen von der Kirche zu diesem Thema gar nichts mehr hören, weil sie gerade hier durch den kirchlichen Unterricht mehr belastet als befreit wurden. Manche sind aber auch froh, daß die Kirche sich zur Hüterin der Ehe und der Familie gemacht hat.
Die sieben in diesem Buch vorgelegten Beiträge wurden zunächst als «Fastenvorträge» in der Zürcher Dreikönigspfarrei gehalten und von Radio DRS übernommen. Sie versuchen zu zeigen, wie auch die Kirche immer wieder neu die Fragen der Gegenwart ernst zu nehmen hat und den Weg des Ewiggültigen im zeitlich Wandelbaren gleichzeitig suchen muß. Dann wollen sie auch verständlich darlegen, wie sich heute die Kirche diesen brennenden Problemen des menschlichen Lebens und Zusammenlebens gegenüber verhält. Die Verfasser sind Fachleute, die verläßliche Information und Lebenshilfe bieten können. Überschneidungen und Wiederholungen wurden bei der Drucklegung bewußt stehengelassen. Die je eigene Sprache der Referenten geht ohnehin immer wieder von anderer Warte aus an die Thematik heran. Es wollen auch in dieser Publikation Einzelvorträge angeboten werden, die durch die Klammer des gemeinsamen Rahmenthemas zusammengehalten sind.

Peter Wittwer, Pfarrer

Hans Halter

Bibel und Sexualität

Biblisch begründete Leitsätze für eine heutige christliche Sexualmoral

Fragen der Sexualethik gehörten schon immer zu den heiß umstrittenen und diskutierten Fragen. Das ist auch jetzt nicht anders. Zur Diskussion steht heute nicht bloß der Sinn menschlicher Sexualität und ihrer Entfaltung im allgemeinen, man ist sich darüber hinaus nicht nur allgemeingesellschaftlich, sondern auch innerkirchlich uneins über so konkrete Fragen wie Selbstbefriedigung, vorehelicher Verkehr, Empfängnisverhütung oder Homosexualität. Wo solche Fragen unter Christen diskutiert werden, wird die Bibel immer auch eine Rolle spielen. Doch stoßen wir da schnell auf Schwierigkeiten.

Die Bibel als moralisches Handbuch?

Die Bibel ist kein systematisches oder gar einheitliches Lehrbuch zu Fragen des Glaubens und der Moral. Da gibt es manchmal gewichtige Differenzen zwischen Altem Testament und Neuem Testament und nicht selten recht unterschiedliche Stellungnahmen auch innerhalb des AT oder des NT. Man kann die Bibel nicht wie ein Rezeptbuch zu Rate ziehen, wenn wir konkrete Fragen beantwortet haben möchten. Denn viele unserer heutigen Fragen werden in der Bibel entweder gar nicht berührt oder höchstens am Rande angedeutet. So findet man z.B. zur Frage der Selbstbefriedigung oder der Empfängnisverhütung in der ganzen Bibel so gut wie keine Auskunft. In der bekannten Geschichte Onans in Genesis 38, die man in diesem Zusammenhang immer wieder zitiert, wird nicht der von Onan geübte unterbrochene Verkehr als solcher verurteilt, sondern die Vernachlässigung seiner Bruderpflicht, entsprechend dem mosaischen Gesetz (Dtn 25,5) mit der Frau des verstorbenen Bruders stellvertretend für diesen sozusagen Kinder zu zeugen, damit dessen Name und Geschlecht überleben konnte (Gen 38,8–10): «Da sagte Juda zu Onan: Geh mit der Frau deines (verstorbenen) Bruders die Schwagerehe ein und verschaffe so deinem Bruder Nachkommen. Onan wußte also, daß die Nachkommen nicht ihm gehören würden. Sooft er zur Frau seines (verstorbenen) Bruders ging, ließ er es zur Erde fallen und verderben, um seinem Bruder Nachkommen vorzuenthalten. Was er tat, mißfiel dem Herrn, und so ließ er auch ihn sterben.»

Zur Frage des vorehelichen Verkehrs wird im NT nie ausdrücklich Stellung bezogen. Der bloße Verweis auf die Unzucht (Porneia), die im NT häufig als Laster verurteilt wird, hilft nicht weiter, weil im NT nicht klar wird, was alles als Unzucht zu gelten hat und darum verwerflich ist. Auf den vorehelichen Verkehr verwiesen wird aber einige Male im AT, aber gerade an solch konkreten Auskünften wird deutlich, daß wir sie nicht ohne weiteres oder manchmal auch gar nicht auf die heutige Zeit übertragen können.

Auch biblische, selbst neutestamentliche Sitten- und Rechtsnormen sind oft zeitbedingt und darum für uns nicht mehr ohne weiteres maßgebend. Sie zielen oft eine ganz bestimmte Situation an, die so heute nicht mehr existiert (z.B. polygame Eheordnung zur Zeit des AT); sie beantworten Fragen, die wir nicht mehr haben, oder geben Antworten, die unsere heutigen Fragen nicht mehr treffen (vorehelicher Verkehr); sie beruhen oft auf Voraussetzungen, die mittlerweile völlig überholt sein können (Reinheitsvorstellungen). Das gilt um so mehr, je konkreter die Bibel zu ganz bestimmten Fragen des alltäglichen Lebens Stellung bezieht.

Zur Frage der Homosexualität z.B. nimmt die Bibel, sowohl das AT wie das NT, sehr klar Stellung. In Leviticus 20,13 steht zu lesen: «Schläft einer mit einem Manne, wie man mit einer Frau schläft, dann haben sie eine Greueltat begangen; beide müssen sterben, ihr Blut soll auf sie kommen» (vgl. Röm 1,18ff.; 1 Kor 6,9).

Auch wenn man Homosexualität heute nicht einfach als eine Spielart der Sexualität werten wird, die der heterosexuellen Geschlechtlichkeit ebenbürtig wäre, wird man doch aufgrund neuerer Erkenntnisse hinsichtlich der Homosexualität diese mindestens nicht mehr so in Bausch und Bogen verurteilen können, wie das in biblischen Zeiten noch möglich war. In der Bibel wird immer von homosexuellen Akten Heterosexueller gesprochen. Daß es eine (wie auch immer entstandene) homosexuelle Neigung gibt, die der Homosexuelle sowenig willkürlich gewählt hat wie der Heterosexuelle seine andersgeschlechtliche Ausrichtung, war damals nicht bekannt. Möglicherweise verband sich im AT die Ablehnung der Homosexualität auch mit der Ablehnung heidnischer Kultsitten (Kult-Prostitution).

Mit alledem soll gesagt sein, daß man zur Beurteilung vieler konkreter Verhaltensfragen heute allein mit der Bibel nicht durchkommt; und das gilt nicht bloß für die Sexual- und Ehemoral. Die Bibel ist zwar für uns Christen ein zweifellos wichtiges, aber sie ist zur Regelung unseres konkreten Lebens meist kein ausreichendes Kriterium. Wir brauchen immer noch zusätzliche Anhaltspunkte. Zu beachten ist die jeweilige Einsicht in die Natur der Sache, welche Einsicht (z.B. in biologische, psychische, soziale Gesetzmäßigkeiten) sich im Laufe der Zeit sehr gewandelt hat. Zu beachten ist das Menschenbild und die damit verbundenen Sinngebungen (z.B. der Sexualität), welches Kriterium zwar eng mit dem Glauben verbunden ist, aber nicht nur im Glauben seine Quelle hat. Berücksichtigt werden muß ferner immer die heutige konkrete allgemein gesellschaftliche und individuelle Situation; es sind nicht nur gestrige, sondern auch heutige gute und schlechte Erfahrungen mit bestimmten Verhaltensweisen einzubeziehen; es sind die positiven und negativen Folgen des Verhaltens zu beachten.

Das soll uns davor bewahren, daß wir aus der Bibel mehr herauslesen als wirklich drin steht. Wir werden dann auch weniger der Gefahr erliegen, daß wir die biblischen Texte so lange drehen und wenden und analysieren, bis sie genau das sagen, was wir gern hören möchten. Die Art und Weise, wie heute z.B. von der Bibel her zum Problem der Homosexualität Stellung genommen wird, kann als abschreckendes Exempel dienen! Christen, die gerade aus biblischen Gründen glauben, Homosexualität als Veranlagung und als Verhalten nur negativ werten zu können, übertragen oft zu direkt biblische Verurteilungen (siehe oben) auf die heutige Zeit und berücksichtigen zu wenig moderne exegetische und humanwissenschaftliche Erkenntnisse. Wenn man aber umgekehrt zum Schluß kommt, die Bibel würde Homosexualität überhaupt nicht verurteilen (sondern nur den damit eventuell verbundenen heidnischen Kult) oder von der Bibel her könne da überhaupt nichts gesagt werden, dann wird man auch so den biblischen Aussagen **nicht** gerecht!

Es geht hier darum, einige wie ich meine bleibend gültige, biblisch begründete Grundlinien und Grundnormen hinsichtlich Sexualität und Ehe anzuvisieren, die dann als Grundlage zur Beantwortung heutiger konkreter Fragen der Sexualmoral dienen und als solche verbindlich bleiben, auch wenn sie für sich allein zur Lösung konkreter Einzelfragen meistens nicht genügen können.

Leitlinien für eine christliche Sexualmoral

1. These: Die Bibel sieht die menschliche Sexualität als Anlage und in ihrer Entfaltung als eine in all ihren wesentlichen Sinngehalten positive, weil gottgeschenkte und gottgewollte Gegebenheit.

Wer von uns zur mittelalterlichen und älteren Generation gehört, wird sich wundern, wie selbstverständlich und positiv menschliche Sexualität in der Bibel dargestellt wird, und dies durchgehend im AT und NT trotz einiger Sexualtabu-Vorschriften im AT (vgl. Lev 15; 20,18; Ex 19,15; 20,26; Dtn 23,2 usf.).

Grundlegend für die biblische Hochschätzung der Leiblichkeit im allgemeinen und der Sexualität im besonderen ist der Glaube an die Geschöpflichkeit des Menschen. So heißt es im ersten, allerdings jüngeren Schöpfungsbericht der Priesterschrift, in Gen 1,27f. 31: «Gott schuf also den Menschen als sein Abbild; als Abbild Gottes schuf er ihn. Als Mann und Weib schuf er sie. Gott segnete sie und Gott sprach zu ihnen: Seid fruchtbar und mehret euch, bevölkert die Erde und unterwerft sie euch ... Gott sah, daß alles, was er gemacht hatte, sehr gut war.»

Hier wird also gesagt, daß Gott selbst den Menschen als Geschlechtswesen, als Mann und Frau, geschaffen hat, und gerade so, als Mann und Frau je für sich und vereint, hat der Mensch eine hohe Würde, weil er Abbild Gottes ist. Als Abbild Gottes aber ist der Mensch nicht nur zur Herrschaft über die Erde und ihre Geschöpfe, sondern auch zur Liebe befähigt.

Weil der Mensch gerade in seiner Geschlechtlichkeit über sich hinausweist, da er angelegt ist auf ein (andersgeschlechtliches) Du, so ist klar, daß menschliche Sexualität von Anfang an eine soziale Dimension hat und dem Menschen nicht einfach zur individualistischen Selbstverwirklichung gegeben ist, was am stärksten natürlich im Sinngehalt der Fortpflanzung zum Ausdruck kommt. Der Sinngehalt der volleren Menschwerdung, auch durch die

entfaltete Sexualität, ist dadurch aber nicht aus-, sondern eingeschlossen.
Daß im folgenden die Geschlechtlichkeit vor allem in ihrem Sinngehalt der Erzeugung von Nachkommenschaft gesehen wird, braucht uns nicht weiter zu wundern. Für die damalige Zeit und Kultur war dieses Verständnis der Sexualität mit der Zeugung als vorrangigem Zweck nicht nur selbstverständlich, sondern soziologisch notwendig. Von einer reichen Nachkommenschaft hing die Zukunft, das Überleben, die Stärke, die wirtschaftliche Produktivität der Familie, der Sippe und des ganzen Volkes ab. Die Sterblichkeitsziffer war ja außerordentlich hoch, die Bevölkerungsdichte gering. So wird die Geschlechtskraft als Zeugungskraft wie ein großer Segen Gottes für die Menschen angesehen, der freudig bejaht wird. Es geht da nicht in erster Linie um ein Kommando Gottes zur Zeugung. Entsprechend heißt es z. B. im Psalm 128,3 f.: «Wie ein fruchtbarer Weinstock ist deine Frau drinnen in deinem Hause. Wie junge Ölbäume sind deine Kinder rings um deinen Tisch. So wird der Mann gesegnet, der den Herrn fürchtet und ehrt.»
Es wäre aber ein Irrtum zu glauben, die Bibel bejahe die Geschlechtsgemeinschaft nur, insofern sie der notwendigen und erwünschten Zeugung von Kindern dient. So hat man das später, und zwar schon sehr früh (Augustinus!), in der kirchlichen Theologie verstanden, wo ja die geschlechtliche Lust immer der Legitimation durch die Zeugung bedurfte, um nicht böse zu sein. Die Bibel selbst, vor allem das AT, ist da viel unbefangener.
Die Bibel bejaht die Sexualität auch abgesehen von ihrer Zeugungsfunktion. Da wird vom Sinngehalt der Partnerbindung gesprochen. Die Geschlechtsgemeinschaft zwischen Mann und Frau bringt eine einzigartige Gemeinschaft der Liebe und Treue zum Ausdruck und schafft sie zugleich immer wieder. Es ist eine Lebens- und Liebesgemeinschaft, in welcher sich Mann und Frau partnerschaftlich aufs tiefste ergänzen und fördern können. So dient die Geschlechtsgemeinschaft der Entfaltung menschlichen Lebens, der Personwerdung und Partnerbeziehung.
Das wird in einer ungemein schönen Sprache im zweiten und älteren jahwistischen Schöpfungsbericht zum Ausdruck gebracht, in Gen 2,4 ff. Danach erschuf Gott zuerst den Menschen, Adam, und setzte ihn in den vorbereiteten Garten, damit der Mensch ihn bebaue. Aber dem Menschen fehlt etwas Wesentliches: «Dann

sprach Gott, der Herr: Es ist nicht gut, daß der Mensch allein sei. Ich will ihm eine Hilfe machen, die ihm entspricht» (2,18).
Nun schuf Gott die Tiere und führte sie dem Menschen vor. Aber keines der Tiere kann Adam aus seinem Alleinsein befreien. So fährt die Geschichte fort: «Da ließ Gott der Herr eine Ohnmacht auf den Menschen fallen, so daß er einschlief, nahm eine seiner Rippen und verschloß die Stelle mit Fleisch. Gott, der Herr, baute aus der Rippe ... eine Frau und führte sie dem Menschen zu. Und der Mensch sprach: Das endlich ist Gebein von meinem Gebein und Fleisch von meinem Fleisch ... Darum verläßt der Mann Vater und Mutter und bindet sich an seine Frau, und sie werden ein Fleisch. Der Mensch und seine Frau waren nackt, aber sie schämten sich nicht voreinander» (2,21–25).
Schon hier kommt andeutungsweise eine weitere, mit der Partnerbindung mehr oder weniger stark verbundene Sinnkomponente der Sexualität zur Sprache, nämlich die Freude der Geschlechter aneinander oder (zu) kurz gesagt: die geschlechtliche Lust. Auch sie wird von der Bibel bejaht, wenn auch nicht als isolierter sogenannter Lustgewinn mit irgendwem und irgendwann, ohne Bindung und Verpflichtung. So lesen wir etwa im Buch der Sprüche (5,18–20): «Dein Brunnen sei gesegnet! Freu dich der Gattin deiner Jugendzeit, der lieblichen Hinde, der anmutigen Gazelle. Ihr Kosen mache dich zu jeder Zeit trunken, an ihrer Liebe berausche dich immer wieder. Warum solltest du dich an einer Fremden berauschen, den Busen einer anderen umfangen?»
Und der sonst ziemlich nüchterne Kohelet meint (9,8): «Mit der Frau, die du liebst, genieße das Leben alle Tage deines Lebens voll Windhauch, die Gott dir unter der Sonne geschenkt hat ...»
Das schönste biblische Zeugnis für die bejahte Geschlechtsgemeinschaft als Ausdruck der Liebe und Treue und besonders als Ausdruck der Freude der Geschlechter aneinander ist sicher das Hohelied der Liebe. Es ist ein kleines alttestamentliches Buch von acht Kapiteln, das ein einziges Liebeslied als Zwiesprache zwischen Braut und Bräutigam ist. Wir hören eine Kostprobe aus dem 7. Kapitel. Der Bräutigam beschreibt entzückt seine tanzende Braut: «Wende dich, wende dich, Schulammit! Wende dich, wende dich, damit wir dich betrachten. Was wollt ihr an Schulammit sehen? Den Lager-Tanz!
Wie schön sind deine Schritte in den Sandalen, du Edelgeborene! Deiner Hüften Rund ist wie Geschmeide, gefertigt von Künstler-

hand. Dein Schoß ist ein rundes Becken, Würzwein mangle ihm nicht. Dein Leib ist ein Weizenhügel, mit Lilien umstellt. Deine Brüste sind wie zwei Kitzlein, wie die Zwillinge einer Gazelle. Dein Hals ist ein Turm aus Elfenbein ...
Dein Haupt gleicht oben dem Karmel, wie Purpur sind deine Haare; ein König liegt in den Ringeln gefangen.
Wie schön bist du und wie reizend, du Liebe voller Wonnen. Wie eine Palme ist dein Wuchs, deine Brüste sind wie Trauben. Ich sage: Ersteigen will ich die Palme; ich greife nach den Rispen. Trauben am Weinstock sind mir deine Brüste, Apfelduft sei der Duft deines Atems, dein Mund köstlicher Wein, der glatt in mich eingeht, der Lippen und Zähne mir netzt» (7, 1–10).
Fassen wir zusammen: Die Bibel wertet Leiblichkeit und Geschlechtlichkeit des Menschen hoch. Sie ist eine gute Gabe Gottes. Eine Verteufelung der Sexualität oder der Ehe, weil man den Leib gegenüber dem Geist für etwas Minderwertiges und das Sexuelle gar für etwas Anrüchiges oder Böses hält, wird später im NT sogar ausdrücklich zurückgewiesen, nachzulesen in 1 Kor 7 und in 1 Tim 4, 1–5. «Der Geist sagt ausdrücklich: In späteren Zeiten werden manche vom Glauben abfallen ... getäuscht von heuchlerischen Lügnern, deren Gewissen gebrandmarkt ist. Sie verbieten die Heirat und fordern Verzicht auf bestimmte Speisen, die Gott doch dazu geschaffen hat, daß die, die zum Glauben und zur Erkenntnis der Wahrheit gelangt sind, sie mit Danksagung zu sich nehmen. Denn alles, was Gott geschaffen hat, ist gut, und nichts ist verwerflich, wenn es mit Dank genossen wird. Es wird geheiligt durch Gottes Wort und durch das Gebet» (1 Tim 4, 1–5).
In Eph 5, 21 ff. ist die Ehe auch als Geschlechtsgemeinschaft (5, 31 f.) sogar ein Abbild für das Verhältnis Christus–Kirche. Ehe einschließlich Geschlechtsgemeinschaft ist Ort und Zeichen des Heils, was später in der Dogmengeschichte als Sakramentalität der Ehe gedeutet wurde. Diese Sicht hat ihre Vorläufer im AT, worin das Verhältnis von Mann und Frau jenes von Gott Jahwe und seinem Volk Israel symbolisiert (vgl. Hos 2, 18 ff.; Jer 2, 2; Ez 16; Jes 50, 1; 54, 5; 62, 5).
Diese positive biblische Sicht des Leibes, der Sexualität und der Ehe war vor allem während der ersten Jahrhunderte der Kirchengeschichte von höchster Bedeutung als Gegengewicht gegen leib-, sexual- und ehefeindliche Tendenzen, die vor allem von außen in die Kirche eindrangen (z. B. Manichäismus).

2. These: Die Geschlechtsgemeinschaft engagiert den ganzen Menschen mit Leib und Seele (Geist); sie ist nach dem Willen des Schöpfers ein Ausdruck der Einheit zwischen Mann und Frau, der gegenseitigen Zugehörigkeit, der tiefen Bindung aneinander, des sich gegenseitigen Vertrauens und Vertrautseins. Solches Tun will verantwortet sein. Außen und Innen, also leiblicher Ausdruck und inneres Verhältnis zum Partner müssen übereinstimmen. Auch die Sexualität will im Rahmen des Gebotes der Liebe gelebt sein, die schlechthin alles umfassen soll (vgl. Mt 22,39f.; Gal 5,14; Röm 13,9f.; Eph 5,25ff.).

Diese These formuliert in moderner Sprache, was in verschiedenen biblischen Begriffen und Texten mehr angedeutet und vorausgesetzt als ausgesprochen wird. Unsere moderne Fragestellung nach den Sinngehalten der Sexualität wird eben biblisch kaum je zum Thema erhoben.

Die psychologische Tiefe der geschlechtlichen Vereinigung wird z.B. angedeutet im hebräischen Begriff «Erkennen» für den Geschlechtsakt. So heißt es etwa von Adam: «Der Mensch erkannte seine Frau Eva; sie wurde schwanger und gebar Kain ...» (Gen 4,1; vgl. 4,17.25).

Im 7. Kapitel des 1. Korintherbriefes spricht Paulus in immer wieder anderen Ausdrücken von der geschlechtlichen Vereinigung. Auch hierin kommt andeutungsweise ein tieferer Aspekt des sexuellen Beisammenseins zum Ausdruck: Der Mann «berührt» seine Frau (7,1); Mann und Frau «haben» einander, wenn sie geschlechtlich verkehren (7,2); einer «verfügt» dabei über den Leib des andern, was eben voraussetzt, daß man sich ganz gibt, über sich verfügen läßt und umgekehrt (7,4); es kann vorkommen, daß man sich einander im gegenseitigen Einverständnis «versagt», um dann aber bald wieder «zusammenzukommen», also eine leibseelische Einheit zu werden (7,5).

Die schönste und trefflichste biblische Beschreibung der Geschlechtsgemeinschaft ist der hebräische Ausdruck: «Ein-Fleisch-Werden» bzw. «Ein-Fleisch-Sein». Wir haben ihn bereits aus Gen 2,24 vernommen: «Darum verläßt der Mann Vater und Mutter und bindet sich an seine Frau; und sie werden ein Fleisch.» Eben weil Geschlechtsverkehr keine bloß belanglose Triebbefriedigung für den Augenblick ist, die zu nichts verpflichtet, sondern weil sie Ausdruck der Zusammengehörigkeit, der engen Gemeinschaft und Bindung ist, in welcher sich der ganze Mensch mit

Leib und Seele engagiert, darum ist der Umgang mit einer Dirne für einen Christen keine Möglichkeit sinnvoll gelebter Sexualität. So äußert sich Paulus im 6. Kapitel des 1. Korintherbriefes gegenüber einigen Korinthern, die glauben, sie könnten sich aufgrund ihrer neuen, in Christus und im Heiligen Geist erworbenen Freiheit eine solche Freizügigkeit ohne weiteres erlauben, weil das Geschlechtliche ohnehin nur eine rein körperliche, oberflächliche, unbedeutende Angelegenheit sei, die nicht den ganzen Menschen, nicht den Geist und nicht das ewige Heil betreffe. Hier wird, so setzt Paulus voraus, nicht nur die tiefere Bedeutung der Sexualität mit Füßen getreten, hier wird auch die Illusion gehegt, daß der am freiesten sei, der glaubt, sich alles erlauben zu können. Wer so lebt, wird seine Freiheit vielmehr verspielen, er macht sich zum Sklaven seiner eigenen Triebe und wird zudem anderen hörig dabei (1 Kor 6, 12 ff.; vgl. Röm 1, 18 ff.; Röm 6, 12 ff.; Gal 5, 13 ff. u. a.). Wir könnten in moderner Sprache hinzufügen: Wer sich, ohne sich ganzmenschlich engagieren zu wollen, auf sexuelle Triebbefriedigung bei irgendwem einläßt, der handelt nicht nur verantwortungslos, er mißbraucht egoistisch die Sexualität, ja er mißbraucht letztlich den Menschen, mit dem er sich einläßt, weil er gar nicht wirklich gibt und geben will, was er körperlich in sexueller Zeichenhaftigkeit ausdrückt. Solche Sexualität ist entweder Lüge oder hohl. Das ist biblisch Unzucht.

Diese These darf nicht in dem Sinne mißverstanden werden, daß jedes sexuelle Beisammensein ein direkter Totalausdruck der Liebe, der Zusammengehörigkeit usf. zu sein hätte. Es geht hier mehr um den allgemeinen Rahmen, der gegeben sein muß, damit die Geschlechtsgemeinschaft stimmt. Im übrigen weiß z. B. Paulus sehr gut, daß Geschlechtsverkehr in der Ehe – Ehe ist in diesem Falle der hier geforderte rechte Rahmen – auch schlicht und einfach der Befriedigung des überaus starken Sexualtriebes dienen kann. Weil er befürchtet, daß einige übereifrige Korinther eben diesen Sachverhalt zu übersehen scheinen, indem sie aus religiösen Gründen (Naherwartung der Wiederkunft Christi) und eventuell auch aus leibfeindlichen Gründen Enthaltsamkeit auch in der Ehe fordern, meint Paulus: «Entzieht euch einander nicht, außer im gegenseitigen Einverständnis und nur eine Zeitlang, um für das Gebet frei zu sein. Dann kommt wieder zusammen, damit euch der Satan nicht in Versuchung führt, wenn ihr euch nicht enthalten könnt» (1 Kor 7, 5).

Und denjenigen, die es trotz des für die nächste Zukunft erwarteten Endes der Welt nicht schaffen, ehelos und damit enthaltsam zu leben, rät er ohne Zögern: «Es ist besser, zu heiraten als zu brennen» (7,9). Und am Schluß desselben 7. Kapitels des 1. Korintherbriefes meint er nochmals: «Wer sich gegenüber seiner Jungfrau (Verlobten) ungehörig zu verhalten glaubt, wenn sein Verlangen nach ihr zu stark ist, der soll tun, wozu es ihn drängt, wenn es so sein muß; er sündigt nicht: sie sollen heiraten» (7,36).
Aus solchen Aussagen herauslesen zu wollen, für Paulus sei die Ehe und also die Geschlechtsgemeinschaft in der Ehe überhaupt nur eine Institution zur Vermeidung der Unzucht bzw. zur Befriedigung der geschlechtlichen Begierde, ist zu wenig gesichert. Paulus entwickelt hier weder eine umfassende Ehe- noch Sexualmoral. Angesichts des bald erwarteten Weltendes galt es gegenüber Eiferern, welche Ehe und Geschlechtsgemeinschaft als sündig ansahen, mit Argumenten zu arbeiten, die auch in der kurzen noch verbleibenden Zeit ihre Gültigkeit hatten. Die andern Sinngehalte der ehelichen Geschlechtsgemeinschaft konnten da unerörtert bleiben. Ausgeschlossen sind sie nicht, wie wir gehört haben.

3. These: Die Geschlechtsgemeinschaft erreicht ihren vollen Sinn nur da, wo sie eingefügt ist in eine von Ausschließlichkeit, Treue und Dauer bestimmte Liebes- und Lebensgemeinschaft zwischen Mann und Frau.

Auch in dieser These wird etwas modern ausgedrückt, was in den biblischen Texten im allgemeinen einfach vorausgesetzt und darum nicht eigens diskutiert und begründet wird. Die Einbettung der Geschlechtsgemeinschaft in eine auch institutionell (Familie; Sippe; Eherecht) abgesicherte dauernde Lebensgemeinschaft zwischen Mann und Frau ist als Regelfall bereits im AT – hier sowohl in der Form der Monogamie wie der Polygamie –, erst recht im NT weithin selbstverständlich. Was das NT betrifft, so können die eben zitierten Stellen aus 1 Kor 7,9 und 36 als klarer Beleg gelten. Auch das Verbot des Inzests, der Hurerei, des Ehebruchs im AT und NT sowie das Verbot des Verkehrs mit Verlobten anderer und noch nicht verlobten Mädchen im AT belegt negativ das grundsätzliche Faktum der Einfügung der Geschlechtsgemeinschaft in die Ehe.
Anders als heute brauchte der in unserer These angedeutete Sachverhalt in biblischer Zeit nicht ausdrücklich begründet zu werden,

weil er wohl nicht grundsätzlich bestritten wurde, wenn man von Ausnahmen absieht, wie sie z.B. die Frage nach dem Umgang mit der Dirne in Korinth darstellt, wovon oben in These 2 kurz die Rede war (1 Kor 6,12ff.).
Das in 1 Kor 6,12ff. spezifisch christlich motivierte Verbot der Hurerei setzt den in These 2 angedeuteten ganzmenschlichen Sinn des Ein-Fleisch-Werdens im Geschlechtsverkehr voraus (6,16). Beläßt man der Geschlechtsgemeinschaft zwischen Mann und Frau den vollen Sinn, der mindestens als (erstrebenswerte) Möglichkeit in ihr steckt bzw. auch bewußt investiert werden sollte (siehe These 2), dann ergibt sich die natürliche Nähe von Geschlechtsgemeinschaft und Ehe fast wie von selbst. Darum werden in biblischer Sprache Ein-Fleisch-Werden bzw. Ein-Fleisch-Sein und Ehe zu beinahe identischen Begriffen. Das zeigt sich bereits im zweiten, älteren Schöpfungsbericht: «Darum verläßt der Mann Vater und Mutter und bindet sich an seine Frau; und sie werden ein Fleisch» (Gen 2,24).
Die leibliche Vereinigung wird zum Bild und Begriff für die Ehe, was im NT noch deutlicher wird (Mk 10,6–8; Mt 19,4–6; Eph 5,31 f.; anders bezeichnenderweise 1 Kor 6,16, wo es um das in gewisser Weise unmögliche Ein-Leib-Werden mit der Dirne geht).
Da es aber im Geschlechtlichen nicht nur um das Moment der Partnerbindung geht, die in der Geschlechtsgemeinschaft nicht nur ausgedrückt, sondern auch ständig neu gestärkt und am Leben erhalten bzw. vertieft wird (vgl. Thesen 1 und 2), da die menschliche Geschlechtlichkeit nach biblischem Verständnis wohl vorrangig dem Zwecke der Fortpflanzung dient, was notwendigerweise die Aufgabe der Aufzucht der Kinder nach sich zieht, so dürfte der Hauptgrund für die Einfügung der Geschlechtsgemeinschaft in die Ehe als Regelfall die mit dem Geschlechtlichen verbundene Zeugungsfunktion (gewesen) sein, wofür bereits der erste Schöpfungsbericht als Beleg dienen kann: «Gott schuf also den Menschen als sein Abbild... Als Mann und Weib schuf er sie. Gott segnete sie und Gott sprach zu ihnen: Seid fruchtbar und mehret euch, bevölkert die Erde, unterwerft sie euch...» (Gen 1,27f.).
So folgerichtig und selbstverständlich also gerade von dieser zweiten Begründung her die Integrierung der Sexualität in die Ehe war und immer noch ist, so klar ist es dann freilich auch, daß eben

diese Integrierung da keine Selbstverständlichkeit mehr ist, wo die Zeugungsfunktion der Sexualität nicht mehr als deren vorrangiger Zweck, schon gar nicht (mehr) als ein mit jedem Geschlechtsakt notwendigerweise verbunden sein müssender Zweck (zumindest im Sinne einer nicht direkt verhinderten Empfängnis) verstanden wird. Das ist unsere moderne Problematik, die rein biblisch nicht entschieden werden kann. Die Bibel legt uns keine Rangordnung der Zwecke der Sexualität (und Ehe) vor, schon gar nicht im Sinne einer Lehre, wonach in jedem Geschlechtsakt die wesentlichen Sinngehalte der Liebe und der Offenheit zur Fortpflanzung unzertrennlich gegeben sein müßten. Es dürfte kaum möglich sein, eine so verstandene absolut verbindliche Natur- als Schöpfungsordnung biblisch begründen zu wollen. Und selbst wenn man nüchtern sehen muß, daß für die Bibel die Fortpflanzungsfunktion faktisch doch wohl als vorrangiger Zweck der Sexualität und Ehe gilt (vgl. 1 Tim 5,9 ff.), so ist dies nicht schon als absolut verbindliche Zweck-Lehre für alle Zeiten zu verstehen. Dagegen spricht ja bereits der in These 1 festgestellte Sachverhalt, daß bereits innerbiblisch von der Geschlechtsgemeinschaft zwischen Mann und Frau abgesehen von der Fortpflanzungsfunktion gesprochen werden kann.

Wiewohl auch heute noch ein ziemlich allgemeiner Konsens darüber besteht, daß die voll entfaltete Sexualität, soweit sie der Fortpflanzung dient, schon aus rein praktischen Gründen ihren sinnvollsten und darum eigentlichen Ort in der Ehe hat, so dürfte es heute kaum mehr möglich sein, die Forderung der Integrierung der vollen Geschlechtsgemeinschaft in die Ehe etwa im Blick auf das Problem des vorehelichen Geschlechtsverhaltens vor allem mit der Zeugungsfunktion der Sexualität begründen zu wollen.

Gilt also der immerhin sehr gewichtige Grund der mit der Sexualität eng verknüpften Fortpflanzung nur noch bedingt als zwingende Begründung für die gänzliche Integrierung der Geschlechtsgemeinschaft in die Ehe, so werden andere, vor allem alttestamentliche Begründungen im Zusammenhang mit vor- und außerehelichem Verkehr für die heutige Zeit vollends fragwürdig; teilweise werden sie schon im NT außer Kraft gesetzt. Das sei hier als weiterer konkreter Beleg dafür angeführt, daß konkrete biblische Lebensregelungen eben sehr zeitbedingt sein können und nicht ohne weiteres in die heutige Zeit übertragbar sind.

Ehebruch ist im AT strengstens verboten und wird auch streng

bestraft (Ex 20,14; Dtn 5,18; 22,22; Lev 20,10). Aber Ehebruch ist hier nicht ohne weiteres gleich Ehebruch im heutigen Sinne. Während die Frau bei jedem außerehelichen Verkehr eine qualifizierte Ehebrecherin war, konnte der Mann nie seine eigene, sondern nur die Ehe eines andern (d.h. mit der verheirateten Frau eines andern) brechen. Denn die Frau war zwar nicht Sklavin, wohl aber Eigentum des Mannes. Das Verwerfliche ist hier also nicht der außereheliche Verkehr als solcher, sondern die Verletzung eines Eigentumsrechtes. Das wird besonders deutlich im zweiten Ehebruchsverbot innerhalb des Dekalogs in Ex 20,17: «Du sollst nicht nach dem Haus eines anderen verlangen, du sollst nicht nach der Frau eines andern verlangen, nach seinem Sklaven oder seiner Sklavin, seinem Rind oder seinem Esel oder nach irgend etwas, das dem anderen gehört.»
Ähnliches gilt dann auch für das Verbot des Geschlechtsverkehrs mit der Verlobten eines anderen (Dtn 22,23 ff.) oder für den geschlechtlichen Verkehr mit einem noch nicht verlobten Mädchen – das noch zum Besitz ihres Vaters gehört –, welches Mädchen dann der Verführer (zur Strafe) heiraten soll (Dtn 22,28 f.; Ex 22,15 f.). Die Problematik des vorehelichen Verkehrs stellt sich hier offensichtlich ziemlich anders als heute.
Wo keine Eigentumsinteressen gefährdet wurden, war man dann wenigstens zu gewissen Zeiten im AT offenbar toleranter, z.B. gegenüber dem Umgang mit Dirnen (vgl. Gen 38; Jos 2; 6,17 ff.; Ri 16,1 u.a.). Der Verkehr mit der eigenen Verlobten war zwar in der Praxis verpönt, aber im Gesetze meines Wissens nicht reglementiert. Zahlreiche bildliche Andeutungen im Hohelied der Liebe lassen darauf schließen, daß Braut und Bräutigam dort ihr Liebesglück auch geschlechtlich auskosten.
Das NT bringt gegenüber dem AT gewisse Korrekturen. Die Frau ist dem Manne gegenüber gleichwertig (Gal 3,28), sie ist also nicht Eigentum des Mannes, was freilich vorerst das patriarchalische Eheverständnis «nur» insofern ändert, als die Männer mit bisher so nicht bekannter Intensität dazu aufgefordert werden, ihre Frauen zu lieben, «wie Christus die Kirche geliebt und sich für sie hingegeben hat» (Eph 5,21 ff.; Kol 3,18 f.; 1 Petr 3,1–7). Um die ursprüngliche Schöpfungsordnung wiederherzustellen, stellt Jesus Mann und Frau in der Ehe gleich und fordert lebenslängliche, ganzheitliche Treue ebenso vom Manne wie von der Frau, indem er die large, willkürliche Scheidungspraxis, die den Mann ein-

seitig begünstigte, strikt ablehnt (Lk 16,18; Mt 5,31f.; 19,3-9; Mk 10,2-12; vgl. 1 Kor 7,10f.). Auch stellt Jesus klar, daß der Ehebruch nicht erst beim verwirklichten sexuellen Seitensprung beginnt, was für Mann und Frau gleichermaßen gilt (Mt 5,27f.). Die personalen Werte wie Liebe und Treue, Versöhnungsbereitschaft und Wahrhaftigkeit werden also – wiewohl natürlich schon im AT zur Sprache gebracht – im NT vor allem hinsichtlich der Ehe stärker in den Vordergrund gestellt.

Soll also die auch für das NT selbstverständliche Einbettung der Geschlechtsgemeinschaft in die Ehe (vgl. 1 Kor 7) für die heutige Zeit begründet werden, so wird man weniger bei der Zeugungsfunktion der Sexualität, als vielmehr bei den mit der Sexualität verbundenen personalen Werten ansetzen müssen, wie sie vor allem in These 2 angedeutet wurden. Ziehen wir die bereits im AT (Ein-Fleisch-Sein), noch stärker aber im NT angedeuteten Linien weiter aus, so können wir sagen: Da, wo die volle Geschlechtsgemeinschaft zwischen Mann und Frau eingebettet ist in eine auf Dauer und Ausschließlichkeit angelegte Liebes- und Lebensgemeinschaft, besteht am ehesten die Möglichkeit der wirklichen Übereinstimmung zwischen dem äußeren leiblich-sexuellen Zeichen des Einsseins und der inneren Realität der Zusammengehörigkeit und Einheit zweier Menschen. Auch können wohl nur in einer solchen dauernden Schicksalsgemeinschaft alle Sinngehalte der Sexualität inklusive Fortpflanzung voll entfaltet werden. So ist potentiell am ehesten gewährleistet, daß nicht nur die sexuelle Entfaltung als solche, sondern grundlegender die partnerschaftliche Beziehung zwischen Mann und Frau, die zur Geschlechtsgemeinschaft wird, auf die Dauer gesehen gelingen kann, so daß sie das wird und bleibt, was sie von Gott her für den Menschen sein könnte und sollte: ein Segen, und das nicht nur für das direkt betroffene Paar, sondern auch für die Kinder und die Gesellschaft. (Es sei noch angeführt, daß mit dieser These, die ein christliches Ideal formuliert, die Frage des vorehelichen Verkehrs nicht in jeder Hinsicht vorweg negativ entschieden ist.)

4. These: Bei aller Bejahung der Sexualität stellt die Bibel durchgehend nüchtern und realistisch fest, wie sehr eine positive, glückhafte Entfaltung der Sexualität aufgrund menschlicher Schwäche und Selbstsucht gefährdet ist. Egoistisch mißbraucht, wird sie einerseits entwertet, andererseits verabsolutiert, so daß das menschliche Sexualleben auch zum sprechenden Symbol der menschlichen Entfremdung werden kann.

Schon die Schöpfungsgeschichte zeigt, wie die menschliche Sünde, welche eigentlich Unglaube und damit Entfremdung von Gott ist, auch zur Entfremdung des Menschen von sich selbst und von den Mitmenschen führt (Gen 3 ff.). Paulus sagt Ähnliches in Röm 1 ff. (vgl. Eph 4,17ff.). Sünde ist Spaltung, Störung oder Zerstörung der Einheit. Infolgedessen ist der Mensch auch nicht mehr völlig eins mit seiner Geschlechtlichkeit, noch mehr aber ist die zwischenmenschliche Einheit der Geschlechter ständig bedroht. Hieß es vor dem Sündenfall von Mann und Frau im Schöpfungsbericht, daß sie einander anhangen und ein Fleisch werden, ohne sich ihrer Nacktheit voreinander zu schämen, so heißt es nach dem Sündenfall, der übrigens nicht einfach als sexuelle Sünde mißverstanden werden darf: «Da gingen beiden die Augen auf, und sie erkannten, daß sie nackt waren. Sie hefteten Feigenblätter zusammen und machten sich einen Schurz. Als sie Gott den Herrn im Garten ... einherschreiten hörten, versteckten sich der Mensch und seine Frau vor Gott ... Gott der Herr rief nach dem Menschen und sprach: Wo bist du? Der antwortete: Ich habe dich im Garten kommen hören; da bekam ich Angst, weil ich nackt bin, und ich habe mich versteckt. Darauf fragte Gott: Wer hat dir gesagt, daß du nackt bist? Hast du von dem Baum gegessen, von dem ich dir zu essen verboten habe? Der Mensch antwortete: Die Frau, die du mir beigesellt hast, sie hat mir von dem Baum gegeben, und so habe ich gegessen» (Gen 3,7–12).

Adam schiebt die Schuld auf die Frau, Eva schiebt sie gleich auf die Schlange. Hier beginnt die konflikthafte Spannung zwischen den Geschlechtern. Gott spricht dann zur Frau über die Folgen der Sünde: «Viel Mühsal bereite ich dir, oft wirst du schwanger sein, unter Schmerzen gebierst du Kinder. Dennoch verlangt dich nach dem Mann, doch er wird über dich herrschen!» (Gen 3,16.)

In dieser Geschichte zeigt nicht nur die Scham die Störung im Bereich der Sexualität an. Es wird im letzten Text auch leise angedeutet, daß der Mensch in seinem starken geschlechtlichen Verlangen der Gefahr der Hörigkeit ausgesetzt ist, also dem Verlust menschlicher Freiheit, sei es im Ausgeliefertsein an die eigenen Triebe, sei es in der sexuellen Hörigkeit gegenüber andern gerade da, wo man glaubt, in sexueller Freizügigkeit seine Freiheit demonstrieren oder erringen zu sollen (vgl. 1 Kor 6, 12 ff.; Gal 5, 13 ff.; Röm 6, 12 ff.; Eph 4, 17 ff.). Die andere Gefahr ist der egoistische Mißbrauch der Sexualität als Herrschaftsinstrument, als Mittel der Unterdrückung und Demütigung bis hin zur Vergewaltigung. Schließlich ist der Mensch in seinem gebrochenen Gottesverhältnis immer wieder in Gefahr, das Sexuelle in falscher Weise zu vergöttlichen, d. h. zu verabsolutieren oder zum Heilsweg zu machen, weswegen in der Bibel von Anfang an häufig gegen kultische Sexualbräuche Stellung genommen wird (vgl. Dtn 23, 18 f.; 1 Kön 14, 24).

Es erübrigt sich, hier die reichhaltige Palette sexueller Irrungen und Fehlhaltungen, wie sie die Bibel sieht, angefangen bei der lüsternen Absicht über sexuelle Zügellosigkeit in Ehebruch, Blutschande, Hurerei, kultischer Prostitution, Homosexualität bis hin zur Bestialität als Umkehrung der Schöpfungsordnung, nachzuzeichnen (vgl. Röm 1, 18 ff.). Anzumerken bleibt bloß noch, daß hier jeweils nicht das sexuelle Tun oder gar die Lust als solche sündig wird. Sündig, also unrichtig und unheilsam ist vielmehr das ungezügelte, ungeordnete Sexualleben, geprägt durch Selbstsucht, Untreue und Rücksichtslosigkeit, das für den Menschen eine Dauerversuchung ist aufgrund seiner Schwäche und Gespaltenheit. Im übrigen sind sexuelle Sünden Sünden wie andere auch, sie sind deswegen in der Botschaft Jesu auch ebenso von der Vergebung Gottes betroffen (vgl. Joh 8!).

Diese realistische Sicht der Bibel führt nun erstaunlicherweise nicht etwa zur Abwertung oder gar Verteufelung der Sexualität im allgemeinen, wie wir gesehen haben, wohl aber verlangt die Tatsache der bedrohten menschlichen Geschlechtlichkeit durch die menschliche Gebrochenheit nach einer Ordnung und Institutionalisierung des Geschlechtlichen, und dies nicht zu dessen Unterdrückung, sondern als Hilfe, daß die sexuelle Entfaltung dem Menschen zum Segen wird und ein Segen bleibt (siehe These 3). Es scheint mir nicht unwichtig zu sein, in der heutigen Zeit der oft naiven und illusionären Verherrlichung des Sex mit der Bibel auf die Bedrohtheit der menschlichen Sexualität hinzuweisen. Als heilsame, manchmal auch notwendige Korrektur der (modernen) Verabsolutierung der Sexualität sei noch die letzte These angefügt:

5. These: Nicht nur die glückhaft vollzogene Sexualität in partnerschaftlicher Liebe, in Ehe und Familie ist ein hohes Gut. Obwohl die so entfaltete Sexualität die Regel ist, gibt es daneben auch einen sinnvollen Verzicht auf sexuelle Entfaltung und auf die Ehe bzw. auf Vater- und Mutterschaft. Dies gilt besonders dann, wenn die Ehelosigkeit und damit der Verzicht auf eine geschlechtliche Entfaltung freiwillig übernommen wird, um freier, d.h. verfügbarer zu sein im Dienste Christi und seiner Kirche und um damit der Welt ein prophetisches Zeichen zu geben für die gegenwärtige und vor allem die künftige Heilsherrschaft Christi, angesichts deren alle irdischen Güter und Übel relativiert werden (Mt 10,37–39! 1 Kor 7,29–31).

Es ist Jesus selbst, der uns durch sein eigenes (eheloses) Leben und durch sein Wort den Weg des Verzichts auf volle Entfaltung der Sexualität als sinnvolle Möglichkeit des Lebens gezeigt hat, was freilich nicht allen ohne weiteres einsichtig ist, ja sogar Ärgernis erregen kann: «Nicht alle verstehen dieses Wort, sondern nur die, denen das Verständnis dafür gegeben ist. Denn es ist so: Manche sind von Geburt an zur Ehe unfähig, manche sind von den Menschen dazu gemacht worden, und manche haben sich selbst dazu gemacht – um des Himmelreiches willen. Wer das begreifen kann, begreife es!» (Mt 19,11–12).
Wenn Jesus die Ehelosigkeit vom Glauben und vor allem von der Hoffnung auf das kommende Reich Gottes her (vgl. Mk 12,25) als positive Lebensmöglichkeit aufwertet, kann das auch Trost und Hilfe sein für alle jene vielen, die ihre Ehelosigkeit nicht freiwillig gewählt haben. Ohne einen guten Ehepartner leben zu müssen kann sehr hart sein, ist aber keine Schande, es kann sogar eine Chance zu besonderer Kreativität und sozialem Einsatz sein.
Aber im Vordergrund der Verkündigung Jesu und der urchristlichen Gemeinde steht die freiwillig gewählte und gelebte Ehelosigkeit in der Nachfolge Christi. Der Verzicht auf Mann oder Frau und eine eigene Familie «um des Himmelreiches willen» ist Ausdruck der Erwartung des Kommenden, das in Christus bereits (verborgen) gegenwärtig ist. Dieses Kommende, verkörpert in Christus, welcher für die Menschen «der Weg, die Wahrheit und das Leben ist», überragt alle irdischen Güter unendlich und lohnt einen Totaleinsatz, um das Leben in Fülle zu gewinnen (vgl. Mt 13,44–46; 10,37–39; 6,33). Ehelosigkeit um des Himmelreiches willen ist ein Ausdruck jener Haltung, die das Evangelium wahre

Armut nennt (vgl. Mt 5,3), die alles von Gott und seinem Reich erwartet. Sie kann daher auf irdische Sicherung und Reichtum verzichten – die eigene Familie kann beides bedeuten: im materiellen und in einem übertragenen Sinn (vgl. Mt 19,27–30) – um so freier, das heißt verfügbarer zu sein in der Nachfolge Christi; denn der Verzicht auf Ehe und Familie ist als solcher noch kein Gewinn.

Wenn Paulus damals im siebten Kapitel des 1. Korintherbriefes den Gläubigen die Ehelosigkeit besonders im Blick auf das nahe Weltende mit seinen schrecklichen Wehen nahelegte, so kann diese Begründung der Ehelosigkeit heute natürlich nicht mehr zählen. Aber wenn Paulus meint, die Ehelosigkeit ermögliche eine größere Verfügbarkeit und Einsatzfreude im Dienste Christi und seiner Kirche, dann ist das auch heute noch bedenkenswert: «Der Unverheiratete sorgt sich um die Sache des Herrn, wie er dem Herrn gefalle. Der Verheiratete sorgt sich um die Dinge der Welt, wie er der Frau gefalle. So ist er geteilt» (7,32f.). Aber Paulus bleibt ein Realist: Ehelosigkeit im genannten Sinne ist eine besondere Gnadengabe, ein Charisma, das nicht jedermann hat. Man soll sich da nicht überschätzen. Der Geschlechtstrieb ist sehr stark: «Es ist besser zu heiraten, als sich in Begierden zu verzehren» (7,9; vgl. 36ff.).

Im übrigen kommt es letztlich nicht drauf an, ob man verheiratet ist oder nicht. Es geht darum, daß man in jedem Stande dem Herrn dient. (vgl. 7,35)

Literatur

Baltensweiler H., Die Ehe im Neuen Testament. Exegetische Untersuchungen über Ehe, Ehelosigkeit und Ehescheidung, Zürich/Stuttgart 1967.
Blank J., Prophetische Ehelosigkeit und kultisches Sexualtabu, Diakonia 1 (1970) 373–83.
Burri J., Als Mann und Frau schuf er sie. Zürich/Einsiedeln 1977, 125ff.
Friedrich G., Sexualität und Ehe. Rückfragen an das Neue Testament, Stuttgart 1977.
Grabner-Haider A., Leib und Lust in der Bibel, in: ders. (Hrsg.), Recht auf Lust? Freiburg 1970, 213ff.
Grelot P., Mann und Frau nach der Heiligen Schrift, Mainz 1964.
Haag H., Du hast mich verzaubert. Liebe und Sexualität in der Bibel, Theologische Meditationen 54, Zürich/Einsiedeln 1980.

Hempel J., Das Ethos des Alten Testaments, Berlin 1964, 162 ff.
Jensen J., Does Porneia mean Fornication? A Critique of Bruce Malina, NT 20 (1978) 161 ff.
Malina Br., Does Porneia mean Fornication?, NT 14 (1972) 10 ff.
Murphy R.E., Ein biblisches Modell menschlicher Intimität: Das Hohelied, Conc 15 (1979) 43 ff.
Niederwimmer K., Askese und Mysterium. Über Ehe, Ehescheidung und Eheverzicht in den Anfängen des christlichen Glaubens, Göttingen 1975.
Rohrbach W., Humane Sexualität. Analyse der Problemzusammenhänge in der theologischen Sexualethik als Grundlage für sexualethische Entscheidungshilfen, Neukirchen-Vluyn 1976, 162 ff.
O'Rourke, Does the New Testament Condemn Sexual Intercourse outside Marriage? ThSt 37 (1976) 478 f.
Scharbert J., Die Zehn Gebote im Leben des Gottesvolkes. Dekalogforschung und Verkündigung, München 1966, 54 ff. 62 ff.
Schelkle K.H., Der Geist und die Braut. Die Frau in der Bibel, Düsseldorf 1977.
Schüngel-Straumann H., Der Dekalog – Gottes Gebot?, Stuttgart 1973, 47 ff.
Spijker van de A.M.M., Die gleichgeschlechtliche Zuneigung, Olten 1968.
– Normal jenseits der Normen, Diakonia 6 (1975) 174 ff. 177 f.
Vaux de R., Das Alte Testament und seine Lebensordnungen I, Freiburg 1960, 45 ff. 52 ff.
Wolff H.W., Anthropologie des Alten Testaments, München 1973, 242 ff.
Waltermann H.G., Angenommene (Homo)-Sexualität, Deutsch. Pfarrerblatt 78 (1978).
Zenger E., Leib und Geschlechtlichkeit. Biblische und kulturgeschichtliche Aspekte, in: Böckle (Hrsg.), Menschliche Sexualität und kirchliche Sexualmoral. Ein Dauerkonflikt? Düsseldorf 1977, 51 ff.
Zimmerli W., «Seid fruchtbar und mehret euch und füllet die Erde», in: ders., Die Weltlichkeit des Alten Testaments, Göttingen 1971, 32 ff.

Albert Ziegler SJ

Sexualität und Ehe

Gleichbleibende Lehre der Kirche?

Einleitung

Ist im Verlauf der Jahrhunderte die Lehre der Kirche zur Sexualität und Ehe – wenigstens im wesentlichen – die gleiche geblieben? Die Frage ist berechtigt. Denn zum einen hat Papst Paul VI. in seiner bekannten Enzyklika zur Empfängnisregelung «Humanae vitae»[1] von der «Ehemoral» gesprochen, «wie sie» – so der Papst wörtlich – «vom kirchlichen Lehramt bestimmt und beständig vorgelegt wurde» (Nr. 6; vgl. Nr. 4; Nr. 16; Nr. 31). Zum anderen zeigt der unbefangene Blick in die Geschichte, daß sich die Lehre der Kirche zu Ehe und Sexualität im Lauf der Jahrhunderte erheblich gewandelt hat.
Wie steht es also um die gleichbleibende Lehre der Kirche zu Ehe und Sexualität?
Unser Antwortversuch wird fürs erste einen großen Wandel der kirchlichen Ehelehre aufzeigen. Eine kritische Sicht wird jedoch zum zweiten zeigen, daß unbeschadet dieses Wandels gewisse Konstanten der kirchlichen Ehelehre aufweisbar sind. Um beides deutlich zu machen, müssen wir stark vereinfachen.
Dieser Vereinfachung wegen beschränken wir uns zum einen auf die Frage «Ehe und Sexualität». Es geht also keineswegs um eine Darstellung der gesamten kirchlichen Ehelehre, die dann beispielsweise auch die Frage des Ehesakramentes und der Ehescheidung erörtern müßte. Zum andern können wir selbst in unserer Frage der Ehe und Sexualität die einzelnen kirchlichen Lehrmeinungen nur sehr verkürzt wiedergeben[2].
Daraus ergibt sich das Vorgehen. Ein erster Teil versucht, in einem ersten Eindruck den Wandel der kirchlichen Ehelehre deutlich zu machen. Ein zweiter, kürzerer Teil will in einer kritischen Besinnung auf die Konstanten der kirchlichen Ehelehre aufmerk-

sam machen. Schließlich möchte ein dritter kurzer Teil den Blick in die Geschichte zu einer Lehre für die Zukunft werden lassen.

Der erste Eindruck: Die kirchliche Lehre über Ehe und Sexualität hat sich im Verlauf der Geschichte vielfach gewandelt

Das Verständnis der Sexualität und Ehe hat sich bekanntlich[3] im Verlauf des Alten Testamentes bis zu Jesus hin nicht unerheblich gewandelt. Auch glauben viele, einen deutlichen Wandel von Jesus zu Paulus beobachten zu können. Noch deutlicher zeigt sich der Wandel im Ablauf der eigentlichen Kirchengeschichte.

Diesen Wandel möchten wir im folgenden zeigen. Wir fragen nach der kirchlichen Lehre über Sexualität und Ehe. Im Grunde ist es die Frage: Unter welcher Voraussetzung ist Geschlechtsverkehr etwas sittlich Gutes? Vereinfacht gesagt, lautet die kirchliche Antwort: Geschlechtsverkehr ist auf jeden Fall sittlich nur dann gut, wenn er nicht vor und nicht außerhalb, sondern innerhalb der Ehe geschieht[4].

Allein damit ist nur eine einzige, sozusagen die Grundvoraussetzung genannt. Es fragt sich, ob es noch weiterer Voraussetzungen bedarf, damit der Geschlechtsverkehr als ehelicher Verkehr sittlich gut sei. In dieser Frage nach den weiteren Voraussetzungen für die sittliche Gutheit des Geschlechtsverkehrs in der Ehe ist ein großer Wandel der kirchlichen Ehelehre festzustellen.

So ergibt sich der folgende Ausgangspunkt. Die Kirche lehrt: Geschlechtsverkehr ist nur dann sittlich gut, wenn er ehelicher Verkehr ist. Von diesem kaum je ernsthaft bestrittenen Ausgangspunkt her stellt sich die Grundfrage: Unter welchen Voraussetzungen ist der eheliche Verkehr nun seinerseits gut? Diese Frage ist schrittweise – und zwar in ungefähr sieben Einzelschritten – bis in unsere Tage hinein einer Antwort zugeführt worden.

Erster Schritt: Ehelicher Verkehr ist ein notwendiges Übel

In den ersten Jahrhunderten stand das Christentum stark unter dem Einfluß einer leibfeindlichen und darum auch sexualitätsfeindlichen Weltanschauung aus dem Osten. Unter diesem Einfluß waren nicht wenige Kirchenlehrer der Auffassung, der Ge-

schlechtsverkehr sei bestenfalls ein notwendiges Übel. Denn Ehe und ehelicher Verkehr dienten nur dazu, mehr Seelen in das Gefängnis des Leibes einzuschließen. Ähnlich dachten Origenes, Gregor von Nyssa und Johannes Chrysostomus:
Origenes (um 185–254) war der Meinung: Im Paradies sei der Mensch ein engelhaftes Wesen, ohne menschlichen Leib, gewesen. Darum habe es weder Tod noch Geburt, noch den Trieb zur Kindererzeugung gegeben. Durch die Sünde aber kam der Tod in die Welt. Von jetzt an müssen die Wegsterbenden ersetzt werden. Also bedarf es zum Ausgleich der Ehe und des ehelichen Verkehrs.
Gregor von Nyssa (330–390) sieht in der Zeugung etwas Animalisches und Tierhaftes und damit nichts ursprünglich Menschliches. Die tierhafte Veranlagung paßt schlecht zum Menschen als zu Gottes Ebenbild. Sie ist ihm nur in Voraussicht des Sündenfalles beigegeben worden.
Darum, so meint ein dritter Kirchenlehrer, nämlich Johannes Chrysostomus (344–407), hätten sich die Menschen im Paradies nicht aufgrund dieser tierhaften Veranlagung vermehrt. Nun aber brauche es die Ehe, um – wie er sagt – «das Feuer der Natur zu löschen».
Diese drei wenigen Zeugen mögen genügen. Sie zeigen deutlich die damalige sicher weitverbreitete kirchliche Auffassung:
1. Geschlechtsverkehr ist ein Übel;
2. dieses Übel ist notwendig geworden, weil durch den Sündenfall Tod und tierisches Verlangen zum Menschen kamen und
3. deswegen einerseits die Fortpflanzung die Wegsterbenden ersetzen und andererseits dadurch auch das Feuer tierhaften Verlangens gelöscht werden muß.

Zweiter Schritt: Geschlechtsverkehr ist gut, vorausgesetzt, daß das Kind gewollt und die Lust vermieden wird

Neben dieser erbsündlichen, negativen Deutung der Ehe und Sexualität beggenen wir in den ersten Zeiten des Christentums auch positiveren Wertungen. Zum einen war das Judentum – also eine Quelle auch des Christentums – keineswegs leibfeindlich. Zum anderen stand das Christentum auch unter stoischen und römisch-rechtlichen Einflüssen. Das stoische und römisch-rechtliche Gedankengut führte zur Einsicht: Der eheliche Verkehr ist

als natürliche Möglichkeit, sich fortzupflanzen, gut; aber die damit verbundene Lust ist es nicht. Wie kommt es zu dieser Auffassung?
Da ist auf der einen Seite der bekannte römische Rechtsgelehrte Ulpian (170–228). Er sagte: Natürlich ist, was Mensch und Tier gemeinsam haben. So können wir – bis zu einem gewissen Grade – beim Tier lernen, was auch für den Menschen natürlich ist. Nun zeigt sich, daß sich die Tiere nur zur Brunstzeit begatten, also dann, wenn sie fortpflanzungsfähig sind. Folglich sehen wir beim Tier, daß die Sexualität zur Fortpflanzung da ist. Daraus können wir schließen: Auch der Mensch soll sich geschlechtlich nur betätigen, um sich fortzupflanzen. Kurzum: Der natürliche und daher gute Sinn auch der menschlichen Sexualität ist die Fortpflanzung oder das Kind.
Zu dieser römischen Auffassung gesellt sich auf der andern Seite das Gedankengut der stoischen Philosophie. Einer ihrer wesentlichen Grundsätze lautet: Nichts um der Lust willen tun! Denn in der Lust gerät der Mensch außer sich. Er aber soll nicht außer sich, sondern bei sich selber sein und zu sich selber kommen.
Beides zusammen ergibt: Ehelicher Verkehr ist gut, sofern dabei die Erzeugung eines Kindes angestrebt und die Lust nach Möglichkeit vermieden wird. Auch diese Auffassung ist – wie bereits angetönt – keineswegs christlichen Ursprungs. Aber sie lag damals in der Luft. Deshalb sind viele in der Kirche maßgebende Männer von dieser Auffassung stark geprägt worden. Nennen wir wiederum drei Zeugen:
Da sagt Clemens von Alexandrien (150–210): «Wie es für den Landmann nur zur Zeit der Aussaat gestattet ist, Samen auszustreuen, so auch für den Verheirateten.» Nach der Aussaat oder der Empfängnis soll der Mann seine Gattin nur als Schwester ansehen.
Hieronymus (340–420) ist noch strenger. Er sagt: «Es ist gut für den Menschen, keine Frau zu berühren. Wenn dies gut ist, dann ist es also schlecht, wenn es jemand tut!» Darum preist er die Ehe nur, weil sie Menschen erzeugt, die sich allenfalls dem jungfräulichen Stande weihen, also ihrerseits ehelos leben sollen. Vereinfacht gesagt: Die Ehe und der eheliche Verkehr sind gut, insofern sie mittelbar zur gottgeweihten Ehelosigkeit führen können.
Viel differenzierter äußert sich der große Kirchenvater Augustinus (354–430). Zum einen steht er in einer doppelten Abwehr. Zum

andern entwickelt er eine eigene Auffassung der ehelichen Sexualität.

Was die Abwehr angeht, muß er sich einerseits gegen eben jene bereits genannte Anschauung – nämlich gegen die gnostischen Manichäer – wehren, die die Leibhaftigkeit und damit auch Sexualität und Ehe verachten. Ihnen gegenüber sagt Augustinus: Die Ehe ist gut und heilig. Andererseits muß er sich gegen die Pelagianer wehren, welche die erbsündliche Verderbtheit des Menschen verharmlosten und einfach meinten, Adam habe damals lediglich ein schlechtes Beispiel gegeben. Ihnen gegenüber betonte Augustinus: Durch den Sündenfall ist eine wirkliche Verschlechterung auch der menschlichen Sexualität eingetreten.

Was die eigene Auffassung des Augustinus betrifft, entwickelt er seine berühmte Lehre von der Paradiesehe. Er meint: Auch im Paradies habe sich der Mensch fortgepflanzt. Dabei sei er auch geschlechtlich erregt worden. Dies aber so, daß die geschlechtliche Erregung den Geist nicht bedrängt habe und er durch das Lustempfinden nicht außer sich geraten sei, sondern den ehelichen Verkehr willentlich völlig habe steuern können. Wie kommt er zu dieser Auffassung?
Denkerisch macht ihm vor allem zu schaffen, daß die Geschlechtsorgane sich eigenmächtig regen. Er sagt: «Warum sollen wir nicht glauben, daß die Menschen vor dem Sündenfall die Geschlechtsorgane ebenso beherrschen konnten wie die übrigen Gliedmaßen, deren sich doch die Seele ohne jede Belästigung und ohne das Jucken der Lust in ihrer Betätigung bedient?»
Was liegt in diesem Satz? Ein Dreifaches. Erstens beobachtet er richtig. Er beobachtet nämlich, daß der menschliche Wille keine direkte Verfügungsgewalt über die Geschlechtsorgane und ihre Erregbarkeit besitzt. Diese richtige Beobachtung kann er – zum zweiten – noch nicht naturwissenschaftlich-medizinisch vom Nervensystem her verstehen. Deshalb greift er – zum dritten – zu einer theologischen Deutung.
Sie lautet: Warum gehorchen die Geschlechtsorgane dem Menschen nicht? Es ist die Strafe dafür, daß der Mensch damals im Paradies Gott nicht gehorcht hat. So gedeutet, versteht sich die Angelegenheit leicht. Nämlich: So wie der Mensch gesündigt hat, so wird er auch bestraft. Nun hat der Mensch im Paradies durch Ungehorsam gesündigt. Folglich wird er dadurch gestraft, daß

ihm die Geschlechtsorgane nicht mehr gehorchen. Die Strafe für den Ungehorsam des Menschen gegenüber Gott ist die Unbotmäßigkeit der Geschlechtsorgane gegenüber dem Menschen. In einem Satz: «Der Mensch wollte nicht, was er konnte; nun will er, was er nicht kann.»

Neben dem Abwehrkampf gegen Manichäer und Pelagianer und außer der Darlegung der Paradiesehe hat Augustinus – zum dritten – versucht, auch über die geschlechtliche Lust nachzudenken. Dabei ist er auch stark vom stoischen Ideal jenes Weisen geprägt, der über Lust und Leidenschaft erhaben ist.

Zwar ist für ihn das sexuelle Lusterlebnis nicht gerade Sünde. Denn um wirklich zu sündigen, fehlt dem Menschen dabei die nötige Freiheit. Doch ist das sexuelle Lusterlebnis immerhin ein Übel: Der Mensch gerät außer sich.

Ein Übel aber kann durch andere Werte aufgewogen werden und wird dann – um dieser anderen Werte oder Güter willen – auch selber wertvoll. In diesem Sinne ist die Sexualität samt ihrer Lust wertvoll, weil das Übel sexueller Lust durch drei Werte ausgeglichen und aufgewogen werden kann, nämlich durch die Nachkommenschaft, durch die Treue und durch das Sakrament. Werden diese drei Werte bejaht, ist auch die mit der Sexualität gegebene Lusterfahrung sittlich gut. Zwar darf man sie nicht um ihrer selbst willen anstreben. Wohl aber kann man sie, wenn man dabei das Kind, die personale Treue und auch die religiöse Dimension bewußt anstrebt, in Kauf nehmen.

So hat Augustinus die sexuelle Lusterfahrung wenigstens nicht rundweg abgelehnt. Dennoch blieb während Jahrhunderten die Sexualität in hohem Maße verdächtig. Diese Verdächtigung der Sexualität hatte zum Teil auch mit den jüdischen Ursprüngen des Christentums zu tun. Das Judentum hatte verschiedene mit der menschlichen Sexualität zusammenhängende Reinheitsvorschriften entwickelt. Sie hatten zum Teil hygienische und ästhetische Gründe. Man denke an die Beschneidung der Buben. Es kam auch zu kultischen Reinheitsvorstellungen. Diese waren eine Reaktion auf eine kultische Prostitution. Bei den Nachbarvölkern der Juden gab es – vielfach im Zusammenhang mit dem Kult – Tempeldirnen und Tempelprostitution. So lag es nahe, in der Sexualität auch in besonderer Weise eine Gefahr für den Glauben zu sehen. Begreiflich, daß man alles, was mit Sexualität zusammenhing, vom Tempel und Kult fernhalten wollte[5].

Solche alttestamentlichen kultischen Reinheitsvorstellungen fanden mit der Zeit auch Eingang in die christliche Sexualmoral. So konnte Bischof Augustin von Canterbury den Papst Gregor I. (590–604) fragen, ob der Mann nach dem Geschlechtsverkehr oder nach einem Samenfluß die Kirche betreten und zur Kommunion gehen dürfe. Der Papst antwortete: Der Mann dürfe den heiligen Ort nicht betreten, weil auch der erlaubte Beischlaf ohne Fleischeslust nicht möglich sei, diese Lust aber immer mit Schuld verbunden bleibe. Zwar ist dieser Briefwechsel zwischen Bischof und Papst wahrscheinlich eine Fälschung. Dennoch drückt er eine offenbar weitverbreitete Denkweise der damaligen Zeit aus und erreichte einen nicht geringen Einfluß auf Theologen der Folgezeit. Darüber vergaß man leicht, daß schon Jesus die alttestamentlichen Reinheitsgesetze ausdrücklich abgeschafft und das böse Herz als Quelle der eigentlichen Unreinheit, nämlich des Bösen, bezeichnet hatte (Mk 7,14–23).

Die ins Extreme gesteigerte Auffassung von der Gefährlichkeit der Sexualität führte unter anderem auch zur mittelalterlichen Hexenverfolgung. Diese hatte gewiß mit der Volksanschauung zu tun, die die Urgewalt der Sexualität und ihrer Lust zu dämonisieren versuchte. Wenn der Mensch etwas in sich erfährt, worüber er selber so wenig Herr ist, kann es wirklich nicht mit rechten Dingen zugehen. Offenbar ist hier der Teufel los. So glaubten manche Theologen, Dämonen könnten den Geschlechtsverkehr verhindern.

Wiederum ging man von richtigen Beobachtungen aus. Man wußte um die Frigidität der Frau und die Impotenz des Mannes. Aber man konnte sich diese medizinisch nicht erklären. Darum deutete man sie theologisch. Die einfachste Deutung hieß: Gerade im Sexuellen ist der Teufel los.

Dies alles zeigt wohl deutlich genug, daß man in der Kirche während Jahrhunderten den ehelichen Verkehr nur unter einer doppelten Voraussetzung als etwas Gutes wertete. Man durfte nur ehelich verkehren, um ein Kind zu zeugen. Dabei mußte die Lust vermieden oder durfte sie höchstens in Kauf genommen, aber niemals gesucht werden. Derart kommen wir zu folgendem Zwischenergebnis.

Zwischenergebnis

Die sexuelle Betätigung des Menschen ist unter einer dreifachen Voraussetzung sittlich gut. Erstens muß sie innerhalb der Ehe geschehen; sexueller Verkehr muß ehelicher Verkehr sein. An dieser Grundvoraussetzung wird bis zum heutigen Tage nicht gerüttelt. Zweitens muß man beim ehelichen Verkehr ein Kind erzeugen wollen. Drittens darf man dabei nicht die geschlechtliche Lust suchen.

Um diese beiden weiteren Voraussetzungen geht nun während weiteren Jahrhunderten die Auseinandersetzung in der Kirche. Zum einen fragt man sich immer wieder: Muß man beim ehelichen Verkehr immer und unter allen Umständen ein Kind wollen? Zum anderen stellt man die Frage: Muß man wirklich die sexuelle Lust beim ehelichen Verkehr zu vermeiden suchen? Zunächst bleibt die Forderung nach dem Willen zum Kinde unangefochten. Hingegen beginnt man sich vermehrt zu fragen, ob denn Lust wirklich so schlimm sei.

Dritter Schritt: Der eheliche Verkehr ist gut, vorausgesetzt, daß das Kind gewollt und die Lust nicht bloß um der Lust willen gesucht wird

Einer der großen Lehrer im Mittelalter war Thomas von Aquin (1225–1274). In diesen Fragen des menschlichen Lebens, also auch der Ehe und Sexualität, ging er weniger von persönlichen Beobachtungen und Erfahrungen aus als sein Lehrer Albert der Große (1193–1280). Er vertraute stärker der Autorität eines Aristoteles und Augustinus. Dennoch enthielt seine Ehelehre weiterweisende Gesichtspunkte.

Thomas stellt fest: Erster Zweck der menschlichen Geschlechtlichkeit ist die Arterhaltung. Sie entspricht dem Menschen, insofern er zu den Lebewesen zählt. Zweiter Zweck ist die gegenseitige Treue. Sie entspricht dem Menschen, insofern er Mensch ist und sich darin vom Tier unterscheidet. Das Tier kennt keine Treue. Dritter Zweck der Ehe ist ihre Sakramentalität. Sie entspricht dem Menschen, insofern er Gläubiger und Getaufter ist.

Thomas spricht also von einem dreifachen Sinngehalt der Ehe. Darin lag ansatzweise bereits unsere moderne Auffassung, daß nämlich die biologische Gestalt der Ehe von der personalen Gestalt durchformt werden müsse und in der sakramental-göttlichen

Gestalt ihre Vollendung finden sollte. Bedauerlicherweise griff die Folgezeit diesen personalen Ansatz lange Zeit nicht weiter auf.
Vielleicht weil sich mittlerweile die Frage nach der sexuellen Lust stärker in den Vordergrund drängte. Langsam gewann man der sexuellen Lust gegenüber eine unbefangenere Einstellung. Ein früher Zeuge ist Peter Abaelard. Entfaltet wurde diese Auffassung durch verschiedene Pariser Theologen.
Peter Abaelard (1079–1142) erklärte als erster, auch die Lust beim Geschlechtsverkehr sei von Gott gegeben und folglich durchaus annehmbar. Er sagte ausdrücklich: Der eheliche Verkehr sei erlaubt auch wegen der Gefahr der Unenthaltsamkeit. Schließlich habe dies schon Paulus festgestellt (1 Kor 7,2). Zum zweiten sei die Empfindung der Geschlechtslust weder Übel noch Sünde, sondern einfach eine naturgegebene und von Gott geschaffene Tatsache.
Diese Sicht wurde später neben anderen auch von Thomas von Aquin gestützt. Weil ursprünglich von Gott gewollt, sei die Geschlechtslust im Paradies sogar noch größer als jetzt gewesen. Damit stellte man sich gegen Augustinus. Dieser war ja noch der Ansicht, im Paradies hätten die Zeugungsfunktionen vom Menschen ebenso lust- und erregungslos gesteuert werden können wie jetzt z.B. das Gehen. Mit Augustinus hielt man aber daran fest, im Paradies sei der Zeugungsakt dem Geiste untergeordnet gewesen, so daß man auch bei der lustvollen sexuellen Erregung nicht außer sich geraten, sondern zu sich gekommen sei.
Dies alles ergab die Ansicht: Grundsätzlich sei die geschlechtliche Lust zwar gut, weil von Gott geschaffen. Aber tatsächlich entfremde sie den geistigen Menschen von sich selbst und sei daher nicht in Ordnung. Deshalb dürfe man die geschlechtliche Lust praktisch nicht unmittelbar anstreben. Kurzum: Die sexuelle Lust ist grundsätzlich in Ordnung und gut, aber praktisch in Unordnung geraten und daher zu meiden oder wenigstens nicht unmittelbar anzustreben.
Nach Thomas von Aquin, aber noch vor der Reformation lehrten in Paris eine Reihe von Theologen, die sich durch eine besondere Unbefangenheit gegenüber der sexuellen Lust auszeichneten. Der erste war Martin Le Maistre (1432–1481). Man hat ihn den unabhängigsten Kritiker der christlichen Sexualethik genannt. Er war der Ansicht: Man darf auch zur Vermeidung der Unzucht die eheliche Vereinigung erbitten. Ebenso, um die körperliche Gesundheit zu pflegen oder den Geist zu beruhigen. Er sagt wörtlich:

«Es kommt manchmal vor, daß das Verlangen nach sinnlicher Lust so stark ist und den Geist so in Verwirrung bringt, daß ein Mann kaum Herr seiner selbst bleibt.» Dann kann ihm kein Gesetz den Geschlechtsverkehr mit der Frau verbieten, «die ihm zu seinem Troste und als Heilmittel gegeben worden ist».
Er meint also: Die Ehe ist auch als Heilmittel gegen die Unzucht eingesetzt. Deswegen muß auch der Geschlechtsverkehr zur Vermeidung der Unzucht erlaubt sein. Ja, er geht noch weiter: «Ich sage, daß jemand den Wunsch haben kann, die Lust zu genießen, erstens aus reiner Freude an dieser Lust; zweitens, um dem Lebensverdruß und der Qual der Schwermut zu entfliehen, die durch den Mangel an Sinnenfreude entstehen. Der eheliche Verkehr, der die Verdüsterung aufhellen will, die entsteht, wenn die geschlechtliche Lust fehlt, ist keine Schuld.»
Folglich kann man nach Le Maistre in der Ehe die sexuelle Lust genießen auch aus reiner Freude an der Lust. Damit redet er keineswegs der Auffassung «Lust um der Lust willen» das Wort. Denn er erläutert: «Die klare Vernunft sagt dir, daß es erlaubt ist, die eheliche Vereinigung um der Lust willen zu suchen, geradeso, wie es mir erlaubt ist, Lammfleisch oder Hammel zu essen, und obwohl ich annehme, daß beides gesund ist, doch Lammfleisch vorzuziehen, wenn es mir besser mundet.» Ich darf es mir also schmecken lassen.
Derart ist die Lust nicht einfach Selbstzweck, wohl aber – als Mittel zu einem erstrebenswerten Zweck – selber zweckmäßig. Darum will er auch nicht «der Lust dienen», sondern von der Lust einen zweckmäßigen und damit auch vernunftgemäßen Gebrauch machen. Auf diese Weise kann ich mich der Lust dann sogar «auch für Gott bedienen».
Die Ansichten Le Maistres wurden von der nächsten Generation an der Pariser Universität wieder aufgegriffen und besonders von dem Schotten Johannes Major (1470–1550) fortgesetzt. Auch er meint, man dürfe den Geschlechtsverkehr um der eigenen Gesundheit oder um der Gesundheit des Gatten willen pflegen. Wenn man schon einen schönen Apfel aus Lust darnach essen dürfe, könne man es schwerlich als Sünde bezeichnen, um der Geschlechtslust willen ehelich zu verkehren. Schließlich habe doch Gott selbst diese Lust mit dem ehelichen Verkehr verbunden.
Im übrigen betont Major – im Anschluß an Aristoteles –, die Gemeinschaft zwischen Mann und Frau sei nicht allein zur Art-

erhaltung da, sondern auch zur Freundschaft, zu gegenseitigem Trost und anderen Liebeserweisen. Daraus wird deutlich, daß auch er nicht die isolierte Lusterstrebung, sondern die lustbetonte personale Liebe der Ehegatten im Sinne hat.
Die Lehre von Le Maistre und Major blieb lange Zeit in der Minderheit. So vertrat die Mehrheit nach wie vor die Ansicht, die sexuelle Lust in der Ehe sei zwar grundsätzlich gut, aber praktisch mindestens bedenklich, also eher zu meiden. Damit kommen wir wiederum zu einem Zwischenergebnis.

Zwischenergebnis

1. Nach wie vor ist man mehrheitlich der Meinung, die Ehe und damit auch der eheliche Verkehr sei von Natur aus und damit natürlicherweise mehr oder minder ausschließlich auf Zeugung ausgerichtet.
2. Die sexuelle Lust beim ehelichen Verkehr wird nach wie vor als bedenklich angesehen.
3. Diese einseitige Ausrichtung der Ehe auf Zeugung, die Verdächtigung sexueller Lust und fehlerhafte naturwissenschaftliche Einsichten hatten merkwürdige Folgen.

Eine erste merkwürdige Folge ergab sich beispielsweise aus einer Fehleinschätzung von Natur und Natürlichkeit. Dies zeigte sich bei manchen Beginen, einer im 13. Jahrhundert entstandenen religiösen Vereinigung von verheirateten oder verwitweten Frauen:
Manche waren der Auffassung, der Kuß einer Frau sei eine Todsünde. Denn hierzu fände man in der Natur – sprich: im Tierbereich – keine entsprechende Neigung. Küssen sei also nicht natürlich. Dagegen sei Geschlechtsverkehr auch außerhalb der Ehe keine Sünde, wenn jemand von seiner Natur her dazu gedrängt werde. Das sei dann eben, weil von der Natur dazu getrieben und gedrängt, natürlich.
Die Kirche hat diese Auffassung ausdrücklich als Irrtum zurückgewiesen. Aber sie zeigt, wie gefährlich es ist, unkritisch von Natur und natürlich zu reden und die Natürlichkeit des Menschen vom Tier her zu bestimmen.
Eine zweite Folge ergab sich daraus, daß man naturwissenschaftlich in den Anfängen steckte und stark unter dem antiken grie-

chischen Einfluß stand. So sah man im männlichen Samen den ganzen Menschen enthalten. Der männliche Same war nichts anderes als ein zwar winzig kleiner, aber doch ganzer Mensch. Deshalb galt Samenvergeudung als Angriff auf ein Menschenleben, also als eine Sünde, die unmittelbar hinter dem Mord folgt und darum noch schwerer wiegt als Geschlechtsverkehr zwischen zwei Unverheirateten.

Eine dritte Folge ergab sich schließlich daraus, daß die Ehe und der eheliche Verkehr zu ausschließlich auf das Kind hin bezogen wurden. Denn derart mußten sich das partnerschaftliche personale Element der Ehe und das Element der Lust neben der Ehe einen Ausweg suchen. Eine Ausflucht für die fehlende partnerschaftliche und personale Liebe in der Ehe war beispielsweise das eigenartige mittelalterliche Minnewesen. Die Verdrängung der sexuellen Lust aus der Ehe trug sicher nicht wenig zur Erscheinung der mittelalterlichen Bordelle bei. Deshalb werden wir das Mätressentum des Mittelalters behutsam beurteilen müssen. Was aus der Ehe verdrängt wurde, nämlich die erotisch-sexuelle Dimension, suchte sich außerhalb oder neben der Ehe einen eigenen Raum.

Exkurs

In diesem Zusammenhang – es geht um die Lehrentwicklung innerhalb der katholischen Kirche zu Ehe und Sexualität – brauchen wir nicht ausgiebig auf die Reformatoren einzugehen. Immerhin sei bemerkt, daß die Reformatoren, als Männer ihrer Zeit, ebenfalls den Hauptzweck der Ehe in der Kindererzeugung erblickten und gleichfalls noch kein unbefangenes Verhältnis zur sexuellen Lust in der Ehe fanden.

So sagt beispielsweise Martin Luther (1483–1546): «Das Allerbeste im ehelichen Leben, um deswillen auch alles zu leiden und zu tun wäre, ist, daß Gott Frucht gibt und befiehlt aufzuziehen zu Gottes Dienst. Das ist auf Erden das alleredelste, teuerste Werk.» Kurzum: Die Ehe ist um des Kindes willen da.

Was die Lust angeht, muß man bedenken, daß Luther die verbreiteten Keuschheitsprobleme bei Klerikern und Ordensleuten aus nächster Umgebung kannte. Angesichts dessen neigte er dazu, das Eingehen einer Ehe als Heilmittel gegen die Begierlichkeit fast immer für notwendig zu halten, zumal die Ehe als Lebensstand von Gott gebilligt, das Zölibat aber nicht von Gott geboten

sei und die Unterdrückung der Begierlichkeit sehr schlechte Folgen zeige. Dementsprechend sah Luther die Ehe als «ein Spital für die Kranken» an. Denn zum ersten erhalte in der Ehe der durch die Erbsünde verderbte Mensch eine Kur gegen die Unkeuschheit. Zum zweiten würden durch die Ehe – ähnlich wie beim Staat – die sozialen Auswirkungen der Sünde begrenzt.
Dies zeigt, daß die Reformatoren durchaus der Tradition verhaftet blieben. Dennoch wiesen sie auch nach vorn. Dadurch, daß sie die Jungfräulichkeit und das Zölibat entweder ganz oder doch in seiner Überbewertung ablehnten, schätzten sie die Segnungen des Ehe- und Familienlebens praktisch weit höher ein, als dies im Mittelalter – wenigstens in theoretischen Erörterungen – zum Ausdruck kam. So sprechen sie ausdrücklich von den Tröstungen des Ehe- und Familienlebens; und sie würdigen die sexuelle Betätigung in der Ehe, weil dies den menschlichen Bedürfnissen entspreche.
Zusammenfassend läßt sich für die nachreformatorische Zeit folgendes sagen:
1. In der katholischen Kirche sieht man neben der Ehe auch die (freiwillige) Ehelosigkeit als einen legitimen Weg christlichen Lebens. Für die Ehe wird jedoch als klare Gewissensweisung der Dienst an der Fortpflanzung gegeben. Jede Verhütung der Empfängnis, ja auch jede eheliche Begegnung ohne Zeugungswillen gilt als Sünde.
2. Innerhalb der reformatorischen Kirche geht während Jahrhunderten der Blick für eine Relativierung der Ehe verloren. Ehe erscheint als der einzig gebotene normale Weg des Menschen und Christen. Gleichzeitig verzichtet man mehr und mehr auf klare, ins einzelne gehende Weisungen bezüglich der Gestaltung und Führung der Ehe und auch der Sexualität innerhalb der Ehe.

Vierter Schritt: Der eheliche Verkehr ist gut, vorausgesetzt, daß das Kind nicht ausgeschlossen wird

Wir erinnern uns an die drei Voraussetzungen, damit der Geschlechtsverkehr sittlich gut ist. Grundvoraussetzung ist, daß er innerhalb der Ehe geschieht. Dazu kommt als zweite Voraussetzung, daß das Kind gewollt, und als dritte, daß die Lust nicht einfach um der Lust willen gesucht wird. Lange Zeit hatte man der sexuellen Lust nachgefragt. Mit der Zeit dachte man diesbe-

züglich etwas unbefangener. Nunmehr trat die zweite Voraussetzung stärker ins Blickfeld. Man fragte, ob man beim ehelichen Verkehr wirklich jedesmal beabsichtigen müsse, ein Kind zu zeugen. Während Jahrhunderten war man — wenigstens mehrheitlich — dieser Ansicht.
Anfangs des 17. Jahrhunderts tritt auch hier eine Wendung ein. 1602 schrieb der berühmte Theologe Thomas Sanchez (1550–1610) ein umfassendes Werk über die Ehe. Darin legte er dar: Wenn Eheleute bei der ehelichen Begegnung in erster Linie nicht das Kind erstreben, sondern einen anderen Zweck, den Hauptzweck aber, nämlich das Kind, nicht ausschließen, dann liegt lediglich eine als läßliche Sünde zu wertende Unordnung vor.
Sanchez geht also nicht so weit, die eheliche Liebe ausdrücklich als ein genügendes Motiv für den ehelichen Verkehr zu erwähnen. Aber er geht wenigstens in dieser Richtung. Das Ziel dieser Richtung heißt: Um auf sittlich gute Weise miteinander ehelich zu verkehren, muß man nicht ein Kind erzeugen wollen.
Nur darf man das Kind nicht — durch empfängnisverhütende Mittel — ausschließen. Diese Auffassung setzt sich im 17. Jahrhundert immer deutlicher durch. Immer mehr ist man davon überzeugt, man dürfe ehelich verkehren, um die Unzucht zu vermeiden, um sich an der geschlechtlichen Lust zu erfreuen und sich gegenseitig die Liebe zu bekunden. Dabei müsse man nicht die Absicht hegen, ein Kind zu zeugen. Doch dürfe man es auch nicht verhüten.
Auf diese Weise war man auf bestem Wege, zu einem menschlicheren Verständnis der Sexualität zu kommen. Doch noch im gleichen Jahrhundert kam auch die Reaktion. Unter dem Einfluß des Jansenismus nahm erneut ein sexueller Rigorismus überhand.

Fünfter Schritt: Der Rückschritt des Jansenismus zu Augustinus

Unter dem Einfluß des Jansenismus — zu dem immerhin ein so großer und großartiger Mensch wie Blaise Pascal (1623–1662) zu rechnen ist — versuchte man, zu Augustinus zurückzukehren. Kein Wunder, daß auch die sexuellen Ansichten Augustins in ihrer ganzen Strenge erneuert wurden. Dies zeigt sich in dreifacher Weise.
Zum ersten geht man wiederum von der sogenannten Natürlichkeit des Geschlechtsaktes aus. Wiederum heißt «natürlich»: Was Mensch und Tier gemeinsam ist. So vergleicht man den Geschlechtsverkehr beim Menschen mit der Begattung bei den Tie-

ren. Bei den Tieren dient die Begattung von Natur aus der Erzeugung von Nachkommenschaft. Also kann es nur natürlich sein, daß auch die menschliche Sexualität auf die Nachkommenschaft ausgerichtet ist.

Aus dieser Ansicht zieht man entsprechende Folgen. Man sagt beispielsweise: Außerehelicher Geschlechtsverkehr, der das Kind nicht verhütet, ist zwar eine Sünde, aber wenigstens eine «Sünde gemäß der Natur». Masturbation jedoch oder Geschlechtsverkehr der Eheleute mit Empfängnisverhütung ist eine «Sünde wider die Natur». Wir sehen: Man blickt lediglich auf die wirkliche oder vermeintliche Naturgemäßheit des Geschlechtsaktes. Die eigentlich menschlichen Belange bleiben fast völlig außer Betracht.

Zum zweiten verficht man wiederum die Unnatürlichkeit der Geschlechtslust. Man frischt die alte Auffassung auf, wonach Gott den Menschen so strafe, wie er gesündigt habe – mit der Folge, daß sich der menschliche Ungehorsam gegenüber Gott als Strafe auswirke im Ungehorsam der menschlichen Sexualität gegenüber den Menschen. Was lag näher, als in der Ursünde des Menschen eine Sünde der Sexualität zu vermuten? Desgleichen war man der Meinung, die Lust bedrohe den Geist, also sei die Lust abzulehnen.

Zum dritten ist man von der Wichtigkeit der Sexualsphäre überzeugt. Die Heftigkeit, mit der die sexuellen Auffassungen vorgetragen wurden, und die Leidenschaft, mit der man sich gegenseitig bekämpfte – bis hin zu kirchenamtlichen Verurteilungen –, ließen vermuten, daß bei der Sexualität für den Menschen Entscheidendes auf dem Spiel steht. Überspitzt formuliert, könnte man fast sagen: Je mehr man die Sexualität abwertete, desto mehr spielte man sie hoch. Das Ergebnis war die sogenannte «Materia gravis-Lehre in sexto». Sie bedeutete, daß es im Bereich der Sexualität (also im 6. Gebot) von der Sache her eigentlich keine Geringfügigkeit gebe. Man ging so weit, daß jede freigewollte Bejahung sexueller Lust – wenngleich auch nur in Gedanken – von Natur aus schon als schwere Sünde bezeichnet wurde.

Auch der geringste Verstoß im Bereich der Sexualität galt damit als schwere Sünde, vorausgesetzt, daß er frei gewollt war. Wie merkwürdig diese Haltung war, ergibt sich daraus, daß man zur gleichen Zeit über etwas leichterhand hinwegging, was wir heute als ausgesprochen schwerwiegend werten. Es handelt sich um die Erscheinung der Kastratensänger[6].

Die eigentliche Zeit dieser Kastratensänger begann erst nach 1600; und noch bis ungefähr 1920 sangen solche Kastraten in der Sixtinischen Kapelle des Vatikans. Buben wurden also kastriert, damit sie ihre Kinderstimme beibehielten und zur Ehre Gottes kindlich hoch, aber männlich kräftig singen konnten. Die kirchlichen Behörden haben während der ganzen Zeit, in der die Kastraten auf der Bühne oder im Chor sangen, keine Gesetze gegen die Entmannung erlassen und das Kastratenwesen stillschweigend gebilligt oder geduldet. Die Theologen waren geteilter Ansicht.
Der weitaus größere Teil der Theologen lehnte die Kastration, vorgenommen aus künstlerischen und – damit verbunden – wirtschaftlichen Gründen, ab. Sie argumentierten: Der Mensch ist nicht unbeschränkter Herr über seinen Körper, sondern nur dessen Verwalter. Deshalb darf er sich nur dann eines Gliedes berauben, wenn dies für die Erhaltung des Gesamtorganismus – also aus Gesundheitsgründen – notwendig ist.
Einige wenige Theologen waren anderer Meinung. Sie argumentierten mit gleichen Gründen, aber umgekehrten Schlußfolgerungen. Sie sagten: Gewiß, der Mensch ist nicht Herr seines Leibes, sondern nur dessen Verwalter. Aber gerade als Verwalter darf er über die Glieder verfügen, wenn das ein lebenswichtiges Interesse verlangt. Er darf sich eines weniger nützlichen und wertvollen Gliedes berauben, wenn dadurch ein nützlicheres und wertvolleres gerettet wird. Nun aber ist die Erhaltung des Knaben-Kehlkopfes für viele wichtiger und wertvoller als die Erhaltung der Keimdrüsen. Denn die Entmannung macht sie reich und angesehen; jedenfalls schützt sie vor Not und gibt ihnen eine Lebensstellung, was so wichtig ist wie die Gesundheit, für deren Erhaltung die Entmannung doch, wie alle zugeben, erlaubt ist. Also dürfe man, um den Kehlkopf zu erhalten, die Keimdrüsen verstümmeln.
Außerdem diene diese Verstümmelung dem öffentlichen Wohl. Denn die hohen Stimmen seien für den weltlichen und kirchlichen Gesang, der ohne sie unerträglich wäre und nicht gefiele, nützlich oder sogar notwendig. Also werden die Übel, welche diese Operation mit sich bringt, reichlich wettgemacht; und die Buben, welche diese Möglichkeit haben, dürfen die Erlaubnis Gottes voraussetzen.
Heute scheint es uns sehr merkwürdig, «wie angesehene Theologen diese Entmannung, die so stark in die unveräußerlichen Menschenrechte eingriff und so sehr den bis dahin in der Kirche

allgemein angenommenen Grundsätzen entgegen war, verteidigen und erlauben konnten» (Browe). Jedenfalls zeigt es, wie zwiespältig man damals über die menschliche Sexualität dachte; und man ist geneigt zu vermuten, daß es die gleiche Befangenheit gegenüber der Sexualität war, die dazu führte, auf der einen Seite die Sexualität sündhaft so schwer zu gewichten und auf der anderen Seite sie menschlich so gering zu bewerten.

Sechster Schritt: Der eheliche Verkehr ist gut, vorausgesetzt, daß der Geschlechtsakt nicht (unnatürlich) angetastet wird

Im 18. und 19. Jahrhundert trat eine gewisse Beruhigung in der bisherigen innerkirchlichen Auseinandersetzung um die menschliche Sexualität ein. Vielleicht geschah dies deshalb, weil sich zwei neue Fragenkreise immer stärker in den Vordergrund drängten.

Zum einen war es die Frage der sexuellen Erziehung[7]. Mit und nach der Aufklärung war auch die Frage der sexuellen Aufklärung gegeben. Die Aufklärung ging davon aus, man müsse nur genügend aufgeklärt sein, dann würde man sich auch entsprechend richtig verhalten. Diese Auffassung war nicht nur einseitig, sondern im sexuellen Bereich auch fatal. Denn gerade in der sexuellen Aufklärung versuchte man oft eine Art Schocktherapie. Derart wurde einem das Sexuelle verleidet. Die Folge war jene seltsame Prüderie des 19. Jahrhunderts, der sich auch die katholische Kirche bis in unsere Tage nur schwer entziehen konnte.
Sodann trat das Problem der Empfängnisregelung mehr und mehr in den Vordergrund[8]. Solange die Kinder- und Müttersterblichkeit sehr hoch blieb, waren die Eheleute von der Notwendigkeit, Kinder zu haben, überzeugt. Im 19. und vor allem im 20. Jahrhundert wurde dies anders. Nun wurde in den hochentwickelten Industrieländern die Überbevölkerung zum Problem. Dazu kamen neue Methoden der Empfängnisverhütung auf. Deshalb konnte sich die katholische Kirche je länger desto weniger der Auseinandersetzung um die Empfängnisregelung entziehen.
Zuerst hatte man gesagt: Ehelicher Verkehr heißt, ein Kind zeugen zu wollen. Dann hatte man abgeschwächt: Man muß beim ehelichen Verkehr ein Kind zwar nicht ausdrücklich wollen; aber man darf es auch nicht absichtlich vermeiden. Das hieß: Der Geschlechtsverkehr ist gut, sofern und solange man die Natur

machen ließ, was sie machen wollte, und solange man in die natürlichen Vorgänge der Sexualität nicht eingriff.
Im Verlauf des 19. und beginnenden 20. Jahrhunderts glaubte man nun zu beobachten, die Frau sei nur an ganz bestimmten, und zwar mehr oder weniger genau berechenbaren Tagen empfängnisfähig. Daraus schloß man: Die Natur hat schon ihrerseits die Empfängnisfähigkeit der Frau beschränkt und geregelt. Damit ergab sich eine neue Frage: Darf man sich die Kenntnis von der naturhaften Regelung der menschlichen Fruchtbarkeit zunutze machen, um auf diese Weise beim Geschlechtsverkehr das Kind zu vermeiden?

Nach einigem Hin und Her stellte sich immer deutlicher und einhelliger die Meinung heraus: Man darf die Empfängnis regeln, vorausgesetzt, daß es auf diese natürliche Weise geschieht, also dadurch, daß man nur während der natürlich unfruchtbaren Zeit der Frau geschlechtlich verkehrt. Eigentlich war diese Antwort logisch. Denn auf diese Weise ließ man der Natur ihren Lauf; man blieb natürlich. Nur daß man diesem Lauf der Natur bewußt und absichtlich folgte.
Diese Auffassung gipfelte in einer Antwort von Papst Pius XII.[9] Ihm war die folgende Frage vorgelegt worden: Können Menschen, die beispielsweise aus Vererbungsgründen keine Kinder haben dürfen, überhaupt gültig heiraten und erlaubterweise geschlechtlich verkehren? Der Papst ließ antworten: Auch solche Menschen können gültig heiraten. Man kann sogar verpflichtet sein, Kinder grundsätzlich zu vermeiden. Trotzdem dürfen auch sie geschlechtlich verkehren. Nur haben sie sich beim Verkehr an die unfruchtbaren Zeiten der Frau zu halten.
Mit dieser Auffassung war ohne Zweifel ein neuer Schritt in der kirchlichen Ehelehre gesetzt. Er hieß: Der eheliche Verkehr ist gut, vorausgesetzt, daß der Geschlechtsakt nicht unnatürlich angetastet wird, selbst wenn man ihn ausschließlich auf die unfruchtbaren Zeiten verlegt und damit bewußt das Kind ausschließt. Trotzdem hielt man daran fest, daß in der natürlichen Ordnung der erste Zweck der Ehe grundsätzlich das Kind sei. Die andern Ehezwecke, wie die gegenseitige Gattenliebe und die wechselseitige Entspannung und Lust, kommen erst danach.
Ein typischer Vertreter dieser Ansicht ist Josemaria Escriva de Balaguer (1902–1975), der Gründer der internationalen katholischen Vereinigung Opus Dei. Er schreibt in seinen Lebensregeln

«Der Weg» – bis heute in nahezu drei Millionen Exemplaren verbreitet –: «Die Ehe ist für den Großteil des Heeres Christi, nicht aber für seinen Führungsstab. Nahrung ist für jeden einzelnen Menschen notwendig, Fortpflanzung aber nur zur Erhaltung der Art; ihr dürfen sich einzelne Menschen entziehen. Sehnsucht nach Kindern? Kinder, viele Kinder und eine unauslöschliche Lichtspur hinterlassen wir, wenn wir den Egoismus des Fleisches opfern (Nr. 28) [10].»
Es ist in dieser Lebensregel vom «Egoismus des Fleisches», von der «Arterhaltung» und von «Fortpflanzung» die Rede. Das Wort Liebe fehlt. Kurzum: Die Ehe ist zur Erhaltung der Art da, also für die Fortpflanzung. Deutlicher als in diesem Text ist die Auffassung, wonach das Kind der Hauptzweck der Ehe ist, in jüngster Zeit kaum vertreten worden.
Dennoch wurde noch bis in die vierziger Jahre unseres Jahrhunderts die Lehre, daß die personale Liebe der Gatten zueinander der grundlegende Sinngehalt der Ehe sei, von Rom gemaßregelt. Erst das Zweite Vatikanische Konzil vermied es, und zwar bewußt, eine bestimmte Rangordnung der Ehezwecke festzulegen.

Siebter Schritt: Der eheliche Verkehr ist gut, vorausgesetzt, daß er Ausdruck fruchtbarer Liebe ist

Allzu lange betrachtete man – in einer sogenannten Aktmoral – den ehelichen Verkehr isoliert als einzelnes Geschehen. Langsam gewann man jedoch den Blick für die Ehe als ganze und als lebenslängliche Gemeinschaft. Die umfassende eheliche Lebensgemeinschaft hat nun ihrerseits unter anderem auch eine sie tief prägende, sexuelle Dimension. Nicht der einzige, wohl aber der deutlichste Ausdruck dafür ist der eheliche Verkehr. Er ist Ausdruck jener Liebe, die die ganze Ehe durchwaltet und die auch auf das Kind hin offen sein soll. Aber wohlgemerkt: Die Ehe soll auf das Kind hin offen sein, nicht unbedingt jeder einzelne eheliche Verkehr.
Oder man kann auch sagen: Gewiß soll auch der einzelne eheliche Verkehr auf das Kind hin offen sein. Aber indem er die Liebe stärkt und die sexuelle Spannung mindert, hilft er mit, eine Atmosphäre zu schaffen, in denen Kinder heranwachsen können. Insofern dient auch ein unfruchtbar bleibender Geschlechtsverkehr noch einmal den Kindern, sei es den bereits geborenen und heranwachsenden, sei es den erst noch kommenden.

Aus dieser Sicht muß man die alte Auffassung, wonach auch der einzelne eheliche Verkehr auf Kinder hin offenbleiben müsse, differenzieren. Differenziert heißt es: Der eheliche Verkehr ist gut, vorausgesetzt, daß er mittel- oder unmittelbar auf Kinder ausgerichtet bleibt. In diesem Sinne haben verschiedene Theologen von «fruchtbarer Liebe» gesprochen.
Im großen und ganzen dürfte auch das Zweite Vatikanische Konzil so gedacht haben. Denn zum einen vermeidet es ganz bewußt, von einer bestimmten Rangordnung innerhalb der einzelnen Sinngehalte der Ehe zu sprechen. Zum zweiten geht es ausdrücklich nicht vom einzelnen ehelichen Verkehr aus, sondern erklärt: «Ehe und eheliche Liebe sind ihrem Wesen nach auf die Zeugung und Erziehung von Nachkommenschaft ausgerichtet[11].» Zum dritten bejaht es eine verantwortete Geburtenregelung. Zum vierten spricht es sich nicht über die Methoden der Geburtenregelung aus. Vielmehr legt es einige Prinzipien dar, von denen her es den Gläubigen «nicht erlaubt sein könne», «in der Geburtenregelung Wege zu beschreiten, die das Lehramt in Auslegung des göttlichen Gesetzes verwirft». Zudem weist es auf eine kommende päpstliche Entscheidung hin[12].
Bekanntlich ist diese Stellungnahme des Papstes 1968 im Rundschreiben «Humanae vitae»[13] erfolgt. Darin spricht der Papst mit Bezug auf das Konzil ausdrücklich von der fruchtbaren ehelichen Liebe, «da sie nicht ganz in der ehelichen Vereinigung aufgeht, sondern darüber hinaus fortzudauern strebt und neues Leben wekken will (Nr. 9)». Damit hat auch der Papst die alte Lehre von den verschiedenrangigen Ehezwecken aufgegeben.
Umgekehrt macht sich der Papst die ältere Lehrauffassung insofern zu eigen, als er die neuere Meinung ablehnt, wonach «ein absichtlich unfruchtbar gemachter und damit in sich unsittlicher ehelicher Akt durch die fruchtbaren ehelichen Akte des gesamtehelichen Lebens seine Rechtfertigung erhalten» könne (Nr. 14).
Auf diese Weise lehrt der Papst ein Zweifaches:
Zum einen sagt er: Jeder einzelne eheliche Verkehr – also nicht bloß die Ehe als ganze – müsse auf das Kind hin offenbleiben. Zum andern hält er zwar die Geburtenregelung für eine sittliche Pflicht der Ehegatten, aber nur die Methode der natürlichen Zeitwahl für sittlich erlaubt.
Inzwischen ist die Lehrentwicklung der Kirche weitergegangen. Diese Entwicklung fand ihren Niederschlag in vielen Dokumen-

ten der europäischen katholischen Kirchensynoden. So hieß es beispielsweise bei den Schweizer Synoden: «Die Familienplanung ist für jedes Ehepaar eine Pflicht. Die Eheleute sollen im gegenseitigen Einvernehmen selber bestimmen, wann sie Kinder wollen. Ist die Zeugung eines Kindes zeitweilig oder für immer unverantwortbar, entscheiden die Ehegatten in ihrem christlich gebildeten Gewissen über die Methode der Empfängnisverhütung, nachdem sie sich sorgfältig informiert haben, falls notwendig nach einer Beratung durch Fachleute» (St. Gallen 5.2.1.3; Chur 2.1.2; Basel 7.9.1–6[14]).

Zuletzt hat sich die römische Bischofssynode im Herbst 1980 zur Frage der ehelichen Sexualität geäußert. In der «Botschaft der Synode an die christliche Familie» heißt es: «Der Akt der ehelichen Vereinigung muß gemäß dem Rundschreiben ‹Humanae vitae› wahrhaft menschlich, ganzheitlich, ausschließlich und offen für neues Leben sein (Humanae vitae, 9,11).» In seiner Schlußansprache bestätigt Papst Johannes Paul II. diese Aussagen: «Die Synodenväter haben offen die Gültigkeit und die sichere Wahrheit der in der Enzyklika ‹Humanae vitae› enthaltenen prophetischen Botschaft erneuert; eine Botschaft, die von tiefem Sinn erfüllt ist und den heutigen Zeitumständen genau entspricht. Die Synode hat auch die Theologen aufgefordert, ihre Kräfte dem hierarchischen Lehramt bereitzustellen, um die biblischen Fundamente und die ‹personalistischen› Gründe dieser Lehre klarer ins Licht zu stellen, auf daß die ganze Lehre der Kirche allen Menschen guten Willens einsichtiger werde und ihr Verständnis täglich vertieft wird.»

Deuten diese Aussagen eine Wende nach rückwärts an? Manche möchten es meinen. Andere weisen darauf hin, daß «diejenigen deutlich in der Minderzahl waren, denen es primär und fast ausschließlich um die Verteidigung kirchlicher Doktrin zu tun war». «Hinter der immer wieder leitmotivisch geäußerten Zustimmung zur Lehre von ‹Humanae vitae› zeigten sich sowohl in den Einzelvoten wie in den Ergebnissen der Sprachgruppen durchaus unterschiedliche Akzentsetzungen und Zielvorstellungen.»

«Bei der bloßen Wiederholung und Bekräftigung von ‹Humanae vitae› wollte es außer einigen konservativ-doktrinären Voten auch niemand bewenden lassen. So kristallisierten sich in der Synodendiskussion als Schwerpunkte die Forderung nach einer ‹Vertiefung› der Enzyklika Pauls VI. durch eine positivere Argu-

mentation und einen ‹neuen Kontext› (diese Stichworte tauchten immer wieder auf), die pastorale Sorge um die Gläubigen, die das Verbot künstlicher Mittel nicht akzeptieren können oder wollen, sowie Bemühungen um die natürlichen Methoden der Geburtenkontrolle heraus, wobei Gewichtung und konkrete Entfaltung dieser Anliegen unterschiedlich ausfielen.»
Zu diesen unterschiedlichen Meinungen an der Synode kommen die Meinungen der einzelnen Bischofskonferenzen. Als besonders bedeutsam darf die «Erklärung der österreichischen Bischöfe zur Bischofssynode» gelten. Denn sie wurde schon wenige Tage nach dem Ende der Bischofssynode veröffentlicht und stand also noch ganz unter dem unmittelbaren Eindruck der römischen Bischofssynode. Darin heißt es: «Das christliche Eheleben soll von verantworteter Elternschaft geprägt sein. Die Ehepartner sollen also in einer großzügigen Bejahung des Lebens entscheiden, wie vielen Kindern sie das Leben schenken wollen. […] In diesem Zusammenhang wird seit Jahren die Frage diskutiert, welche Methode der Empfängnisregelung Eheleute anwenden sollen, wenn ein weiteres Kind nicht zu verantworten ist. […]
Ehegatten, die nach ernster Prüfung meinen, der in der Enzyklika ‹Humanae vitae› vorgelegten (Methode der) Empfängnisregelung nicht zustimmen zu können, verfehlen sich nicht, wenn sie bereit sind, ihre Überlegungen gewissenhaft fortzusetzen. Dazu haben die österreichischen Bischöfe schon im September 1968 erklärt: ‹Wer auf diesem Gebiet fachkundig ist und durch ernste Prüfung, aber nicht durch affektive Übereilung zu dieser abweichenden Überzeugung gekommen ist, darf ihr zunächst folgen. Er verfehlt sich nicht, wenn er bereit ist, seine Untersuchung fortzusetzen und der Kirche im übrigen Ehrfurcht und Treue entgegenzubringen. Klar bleibt jedoch, daß er in einem solchen Fall nicht berechtigt ist, mit dieser seiner Meinung unter seinen Glaubensbrüdern Verwirrung zu stiften.›
Wir wiederholen das, weil durch Differenzen in dieser Frage die Einheit der Christen in den wesentlichen Anliegen nicht gestört werden soll. Gleichzeitig betonen wir: Die Frage nach der Methode darf jene noch größere Anforderung nicht vergessen lassen, nämlich in der gegenseitigen Liebe mehr und mehr zu wachsen.»
Wer solche Äußerungen bedenkt, wird einsehen, daß die Bischofskonferenzen nicht hinter das zurückgehen wollen, was sie seinerzeit 1968 erklärt haben. Ebensowenig ist damit zu rechnen, daß

sie die Einsichten der verschiedenen Synoden in Frage zu stellen gedenken, es sei denn im Sinne einer größeren Vertiefung.
Darum scheint der Schluß berechtigt, daß sich auch nach der römischen Bischofssynode in der innerkirchlichen Auseinandersetzung um die eheliche Sexualität kaum Wesentliches geändert hat.

Ergebnis

So sind wir beim Heute angekommen. Wir haben eine wahrlich vielfältige Geschichte kirchlicher Lehrmeinungen und Lehrentwicklungen gesehen. Was ergibt der Überblick? Nichts anderes als die Begründung für die These: Im Blick auf Ehe und Sexualität hat sich die Lehre der Kirche im Laufe der Jahrhunderte vielfach gewandelt.
Der Überblick beschränkte sich auf eine einzige Frage, nämlich auf die Frage, unter welchen Voraussetzungen der eheliche Verkehr sittlich gut sei. Selbstverständlich müßte man diese Frage durch andere ergänzen. Man müßte fragen, was die Kirche im Verlauf der Jahrhunderte etwa zur Zärtlichkeit, zum vorehelichen Verhalten, zur geschlechtlichen Erziehung gesagt hat. Aber schon diese eingeschränkte Fragestellung belegt genügend den Wandel der kirchlichen Lehrauffassung. Denken wir noch einmal an die einzelnen Schritte der Lehrentwicklung:
Die Kirche lehrt: Der Geschlechtsverkehr, sofern er in der Ehe geschieht, ist
1. nur ein notwendiges Übel;
2. gut, sofern das Kind gewollt und die Lust vermieden wird;
3. auch die geschlechtliche Lust ist gut, vorausgesetzt, daß sie nicht bloß um der Lust willen gesucht wird;
4. dabei muß das Kind gar nicht unbedingt gewollt, es darf nur nicht bewußt ausgeschlossen werden;
5. auch das Kind darf ausgeschlossen werden, vorausgesetzt, daß man beim ehelichen Verkehr der Natur nicht in den Arm fällt und sich an die natürlicherweise unfruchtbaren Tage der Frau hält;
6. der Geschlechtsverkehr in der Ehe ist gut, wenn die Ehe als ganze fruchtbar bleibt, auch wenn beim einzelnen ehelichen Akt die Empfängnis mit anderen als mit der natürlichen Methode der Zeitwahl verhindert wird.

Ergebnis: Ein wirklicher Wandel der kirchlichen Ehe- und Sexualauffassung. Es ist nun leicht, diesen Wandel zu kritisieren und die heutige Lehrauffassung der Kirche als hinterwäldlerisch hinzustellen. Beispielsweise tut dies ein kurzer Limerickvers unter der Überschrift: «Rom antik ohne Romantik»:
«Rom fürchtet kraft eines Reflexes
die fröhlichen Freuden des Sexes.
Mit mancher Postille
bekämpft man die Pille
und andere Details des Komplexes[15].»
Wer sich indes mit solchen Versweisheiten nicht begnügen will, wird kritisch weiterfragen müssen. Dann stellt sich die Frage: Auf der einen Seite beobachten wir einen vielfältigen Wandel der kirchlichen Lehren und Auffassungen im Blick auf Ehe und Sexualität. Halten sich aber nicht doch – durch allen Wandel hindurch – bestimmte Konstanten der sexuellen Ordnung?

Die nachträgliche Besinnung: Die kirchliche Lehre über Ehe und Sexualität weist – bei allem Wandel der sexuellen Auffassungen – bestimmte Konstanten im Grundverständnis der menschlichen Sexualität auf

Um den Wandel der kirchlichen Lehre über Ehe und Sexualität deutlich zu machen, haben wir stark vereinfacht, vielleicht sogar ein wenig zu stark, und darum auch schon verfälscht. Hätten wir Raum, den Wandel eingehender zu beschreiben und zu belegen, würde das Bild des Wandels noch viel verwirrender. Vielleicht gewänne man dann fürs erste sogar den Eindruck: Es gibt keine Lehrmeinung und Auffassung über Ehe und Sexualität, die im Verlaufe der Geschichte nicht auch innerhalb der katholischen Kirche vertreten und – vielleicht nur mit Mühe und nach einigem Zögern – wieder abgelehnt worden ist. Indes trügt dieser Eindruck. Denn beim genaueren Hinsehen zeigen sich – in den vielfältigen Wandel der sexuellen Auffassungen eingebettet – bestimmte Grundkonstanten im Verständnis der menschlichen Sexualität. Lediglich drei solcher Grundkonstanten seien im folgenden kurz besprochen.

Die menschliche Sexualität ist und bleibt, weil von Gott geschaffen, grundsätzlich gut

Zum ersten hält die Kirche beharrlich daran fest: Auch die Sexualität gehört zu Gottes guter Schöpfung. Der Mensch ist von Anfang an geschaffen als Mann und Frau. So ist er als geschlechtlich geprägtes Wesen aus Gottes Hand hervorgegangen; als solcher wird er auch immerdar in Gottes Hand bleiben. Deshalb ist der Mensch auch in seiner Geschlechtlichkeit von seinem Grunde her gut und wird es auch bleiben.

Gewiß ist es der Kirche nicht immer gelungen, diese Grundauffassung ungebrochen durchzuhalten. Immer wieder hat sich ein Sexualpessimismus eingeschlichen. Nur zu oft wurde die menschliche Sexualität verketzert oder gar verteufelt, freilich um dann hinterrücks und handkehrum wieder seltsam hochgespielt zu werden. Dennoch ist grundsätzlich diese erste Konstante nie ernsthaft in Abrede gestellt worden.

Die menschliche Sexualität ist und bleibt, weil von der menschlichen Unheilsgeschichte in Mitleidenschaft gezogen, dauernd gefährdet

Zum zweiten lehrt die Kirche: Durch den Sündenfall – was immer man darunter des nähern versteht – ist Gottes ganze Schöpfung in Unordnung geraten; und von dieser Unordnung ist auch die menschliche Sexualität betroffen. Weil der ganze Mensch in Unordnung geraten ist, kann er von sich aus auch weder sich selbst noch seine Geschlechtlichkeit in Ordnung bringen. Folglich ist der Mensch auch mit sich und seiner Geschlechtlichkeit erlösungsbedürftig.

Diesen erlösungsbedürftigen Menschen hat Gott nicht seiner menschlichen und geschlechtlichen Unordnung überlassen. Vielmehr ist der Mensch mit seiner ganzen Welt durch Jesus Christus erlöst worden. Derart wird sie nicht einfach eine «heile» Welt, als ob die ursprüngliche Harmonie wiederhergestellt wäre. Vielmehr bleibt der Mensch und seine Welt eine «geheilte» Welt. Das heißt: Narben bleiben; und bei jedem Wetterwechsel beginnen die Narben zu schmerzen. Auch im Sexuellen. Theologisch gesprochen: Der Mensch ist erlöst. Aber er bleibt weiterhin erlösungsbedürftig. Er kann nie die Erlösung einfach hinter sich lassen; er ist immer wieder aufs neue auf die Erlösung angewiesen.

Auch hier gilt: Gewiß ist es der Kirche nicht immer gelungen, diese Grundüberzeugung von der gleichzeitigen Erlöstheit und Erlösungsbedürftigkeit des Menschen und seiner Sexualität ungebrochen zu verkünden. Nur zu oft geriet man in Gefahr, die Sündhaftigkeit in besonderer Weise auf die Sexualität zu konzentrieren. Die Ursünde des Menschen wurde als sexuelles Vergehen verstanden und von daher die Sexualität in besonderer und übersteigerter Weise als Einfallstor des Bösen gewertet. Gelegentlich drohte auch die umgekehrte Gefahr. Man fühlte sich als geistiges Wesen über die Niederungen der Sexualität hoch erhaben. Man glaubte, die sexuelle Zügellosigkeit könne einem darum auch gar nichts anhaben. Mit Sünde brauche man folglich in diesem Bereich schon gar nicht mehr zu rechnen.

Derart tat sich die Kirche schwer, die Sexualität unbefangen und selbstverständlich zu den menschlichen Grundgegebenheiten zu rechnen, nicht mehr, aber auch nicht weniger. Nicht mehr, aber auch nicht weniger als der ganze Mensch ist die menschliche Sexualität von der Sünde betroffen worden und in Unordnung geraten. Nicht mehr, aber auch nicht weniger als der ganze Mensch ist auch die menschliche Sexualität erlöst worden und bleibt sie weiterhin erlösungsbedürftig. Trotz alledem bleibt es wahr: Im Grunde hat die Kirche immer daran festgehalten, daß der Mensch auch in seiner Geschlechtlichkeit erlöst und erlösungsbedürftig ist und daß die Geschlechtlichkeit – wie alles Menschliche und überhaupt alles Geschöpfliche – gefährdet und gefährlich ist, ohne daß sie deswegen verteufelt werden müßte.

Die menschliche Sexualität erweist sich, weil gut, aber gefährdet und darum auch gefährlich, wie alles Menschliche und Geschaffene, seltsam zwiespältig

Die Kirche hat immer wieder von der Konkupiszenz des Menschen gesprochen[16]. Im Verlauf der Kirchengeschichte wurde dieser Begriff immer wieder anders verstanden. Doch im Grunde genommen meint er nichts anderes als die bleibende Zwiespältigkeit aller geschaffenen Wirklichkeit und damit auch des Menschen und seiner Sexualität.

Im Blick auf die Sexualität bedeutet sie: Auch die menschliche Sexualität ist seltsam vieldeutig und zwiespältig. Sie kann Ausdruck der Liebe, aber auch der Gewalt sein. Durch die Sexualität kann ich einem Menschen besonders deutlich zeigen, daß ich ihn liebe. Aber mit der gleichen Sexualität kann ich ihn auch – wie man dann sagt – «fertigmachen». Und manchmal ist alles so unheimlich nahe beisammen: Ich habe jemanden wirklich lieben wollen; und am Ende habe ich ihn trotzdem fertiggemacht und er mich vielleicht auch. Nicht der geringste Sinn der sexuellen Erziehung besteht darin, den Menschen mit dieser Zwiespältigkeit seiner Sexualität vertraut zu machen und ihn zu lehren, mit seiner Sexualität so umzugehen, daß sie immer mehr Ausdruck von Liebe und nicht von Gewalt ist.

Diese Zwiespältigkeit menschlicher Sexualität hat der Kirche immer wieder zu schaffen gemacht. Sie findet ihren Niederschlag sowohl im theoretischen wie im praktischen Bereich.

Theoretisch, das heißt im Bereich der kirchlichen Lehre, hat schon die frühe Kirche gegen eine zwiespältige Zeit und Zeitmeinung ankämpfen müssen. Auf der einen Seite standen die Manichäer mit der Verachtung der Sexualität. Auf der anderen Seite bewegten sich die Pelagianer, die die Sexualität verharmlosten, weil sie es nicht wahrhaben wollten, daß durch die Erbsünde die Welt und damit auch der Mensch mitsamt seiner Sexualität wirklich in Unordnung geraten war. Gegen beide extremen Haltungen kämpfte die Kirche an, auch wenn es ihr nicht immer gelungen ist, sich auf die richtige Mitte einzustellen.

Heute befinden wir uns in einer ähnlich zwiespältigen Zeit. Auf der einen Seite wogt die Sexwelle über die Welt. Auf der anderen Seite ist die Sexualangst noch keineswegs überwunden.

Von den verschiedenen Sexwellen – angefangen von den überhitzten Aufklärern über die linkischen Sexualbefreier bis zu den kapitalistischen Sexverkäufern – brauchen wir nicht weiter zu reden[17]. Aber daß die marktschreierisch angepriesenen Sexwellen eine tiefere Sexualangst verdecken, sollte uns zu denken geben.

Der bekannte Sexualpädagoge Horst Scarbath führt dazu aus: «Mir fällt auf, daß auf Fachtagungen vielfach und seit Jahren unverändert ein penetrant negatives Bild von Sexualität und speziell Jugendsexualität vorgetragen wird. Wenn aus dem spannungsreichen und widersprüchlichen Bild von Sexualität heute selektiv nur die problematischen Anteile wahrgenommen werden, kann sich bei der erwachsenen Generation eine negative Erwartungs-

haltung verstärken, die durch Definitions- und Lernprozesse das unerwünschte Verhalten bei der jungen Generation allererst stimuliert oder wenigstens bekräftigt[18].»
Der gleiche Autor bietet uns gewissermaßen eine knappe Zusammenfassung dessen, was auch in unserem geschichtlichen Überblick deutlich werden sollte. Er schreibt: «Sieht man von den Sexualängsten des Maria-Goretti-Kreises und ähnlicher kleiner Gruppen ab, scheint eine negative Einstellung zu Leiblichkeit und Sexualität überwunden. Die Bejahung des Leibes und grundsätzlich auch der Sexualität ist inzwischen Gemeingut evangelischer und katholischer Theologie, jedenfalls im deutschen Sprachraum. Leibfeindliche Strömungen, aus altpersischer Religion und Teilströmungen antiker Philosophie früh in das Christentum eingedrungen, hatten bis in die kirchliche Sexualpädagogik der Mitte des 20. Jahrhunderts hinein die christliche Botschaft überwuchert. Oberflächlich gesehen, gehört der Manichäismus heute der Vergangenheit an.
Aber meldet sich nicht in der isolierten und affektiv überreizten Weise unserer Aufmerksamkeit auf Sexualität genau jene spätantike Trennung von Leiblichkeit und ‹eigentlichem Menschen› an, nur gelegentlich mit umgekehrtem Vorzeichen? [...] Nach wie vor tun wir uns schwer, Sexualität als selbstverständliches Moment unseren Lebensvollzügen zu integrieren. Ob wir es wahrhaben wollen oder nicht: der Manichäismus sitzt uns mehr in den Knochen, als wir es vermuten[19].»
Horst Scarbath kommt zum Schluß: Die gegenwärtige Situation von Sexualität in unserer Gesellschaft läßt sich nur von verschiedenen, einander zum Teil widerstreitenden Motiven her verstehen[20]. Mit anderen Worten: Auch Scarbath stellt die Zwiespältigkeit der Sexualität fest, und zwar sowohl im theoretischen wie im praktischen Bereich. Noch heute steckt uns der Manichäismus als Leib- und Sexualfeindlichkeit in den Knochen und nicht weniger der Hedonismus als raffinierter sexueller Lust-Genuß in den Gliedern.
Dies zeigt sich zum einen in den gängigen Lehrmeinungen über Ehe und Sexualität, also im theoretischen Bereich. Zum andern wirkt sich diese theoretische Zwiespältigkeit auch praktisch aus. Man denke nur an die Sexualerziehung, wo man versucht, die theoretischen Erkenntnisse für die Erziehung junger Menschen praktisch werden zu lassen. Eben darum kann es auch zu einem

von Prof. Martin Furian herausgegebenen Buch kommen, das da heißt: «Sexualerziehung kontrovers»[21].

Darin schreibt Prof. Günther Bittner: «Vor nunmehr 10 Jahren erschien ein Büchlein, eine Kampfschrift sozusagen, an der Scarbath, Kentner, ich und eine Reihe weiterer Autoren beteiligt waren: ‹Für eine Revision der Sexualpädagogik›. Diese Schrift hat, glaube ich, das Bewußtsein der ‹neuen› Sexualpädagogik recht gut ausgedrückt.

Wenn ich diese Aufsätze heute wieder lese, kommen sie mir reichlich naiv vor. Wir meinten alle miteinander, es genüge, die Tabus, die sexuelle Fremdbestimmung aufzuheben, das aufgeklärte mündige Ich in seine Rechte einzusetzen – und das Goldene Zeitalter werde hereinbrechen.

Was wir nicht vorausgesehen haben, war der Funktionswandel der Sexualität – daß sich diese nämlich nach dem Fortfall von Tabus und Fortpflanzungsdruck in den Dienst neuer, nämlich narzißtischer Bedürfnisse stellen und damit eine recht ungewohnte explosive Dimension gewinnen würde, auf die wir keineswegs vorbereitet waren[22].» Er endet mit der Frage, ob wir uns in der Sexualpädagogik nicht vielleicht ein Schild um den Hals hängen sollten mit der Aufschrift «wegen Umbau vorübergehend geschlossen[23]».

Gewiß, antwortet ihm Hanne-Lore Freifrau von Cannitz, befindet sich die Sexualpädagogik in einem Umbruch. Doch deswegen brauchen wir das Haus der Erziehung keineswegs zu schließen. Denn, so meint sie, «der unbestreitbar sich vollziehende ‹Umbau›, d.h. Funktionswandel, in dem sich unser Verständnis von Sexualität befindet, hat zumindest so viel gebracht, daß wir uns zunehmend mehr befreien von der Triebtheorie, wie sie Freud noch vertreten hat.

Zunehmend mehr wird Sexualität nicht mehr als furchterregender Trieb verstanden, dem der Mensch mehr oder weniger hilflos ausgeliefert oder unterworfen ist. Auch die in manchen Angehörigen der älteren Generation Schrecken verursachende Ausuferung, die die sogenannte Liberalisierung und Enttabuisierung mit sich gebracht haben, beginnt sich offenbar wieder einzupendeln[24].»

Fassen wir zusammen: Wir sprachen von der dritten Konstante, die die Kirche im Bereich von Ehe und Sexualität durchhielt. Sie heißt: Gut, aber gefährdet und gefährlich, erweist sich menschliche Sexualität als zwiespältig. Diese Zwiespältigkeit können wir auch heute feststellen. Denn zum einen gehen die Meinungen darüber auseinander, was Sexualität theoretisch ist. Noch immer schwanken wir unsicher hin und her, ob wir Sexualität hochspielen oder abwerten sollen. Diese theoretische Unsicherheit und Zwiespältigkeit wirkt sich – zum andern – praktisch darin aus, daß wir nicht recht wissen, in welcher Weise wir Kinder sexuell erziehen sollen. Auch die Sexualpädagogik nimmt an der Zwiespältigkeit unserer Zeit teil; und es besteht kein Zweifel, daß sich die pädagogische Zwiespältigkeit und Unsicherheit noch einmal im erzieherischen Alltag und in dem dadurch geprägten menschlichen Verhalten zwiespältig auswirkt.

Ergebnis

Was ergibt sich daraus? Mir scheint das Folgende: Die theoretische und praktische Zwiespältigkeit, in der, wie jedes Menschliche, auch die menschliche Sexualität steht, wird bleiben. Darüber brauchen wir uns gar nicht zu wundern. Denn jeder von uns erfährt sich selber als zwiespältig. Wir sind weder Engel noch Teufel, weder schwarz noch weiß, sondern – mit Verlaub – Zebras, das heißt eine Mischung von schwarzen und weißen Streifen. Manchmal sind wir auch Esel, weil die schwarzen und weißen Streifen ineinanderlaufen und alles gräulich wird.
Dies gilt für uns Menschen. Dies gilt bestimmt auch für unsere Sexualität. Weder der Mensch noch seine Sexualität werden je ganz eindeutig sein. Die Vieldeutigkeit wird bleiben. Darum wird es auch immer wieder die Auseinandersetzung oder gar den Kampf um die Deutungen des Menschen und seiner Sexualität geben.
Kein vernünftig und rechtlich denkender Mensch wird es deshalb der Kirche verargen, wenn auch sie dazu beiträgt, die menschliche Sexualität zu deuten und verstehen zu helfen. Die bisherige Erfahrung mit der kirchlichen Deutung der menschlichen Ehe und Sexualität ergibt folgenden Eindruck:
1. Die Kirche nimmt jeweils teil an den Sexualauffassungen einer bestimmten Zeit.
2. Sosehr sie daran teilhat, bleibt sie dabei doch nicht unkritisch. Vielmehr kritisiert sie die zeitgenössischen Sexualauffassungen
3. mit dem Prüfstein des Evangeliums.
4. Dieses Evangelium bewahrt die Kirche vor den größten Zeit-

irrtümern und gewährt ihr wenigstens im Kern jene Wahrheit, die sie von Zeit zu Zeit weiterzugeben sucht.
5. Im Kern dieser Wahrheiten liegen einige Grundkonstanten, als da sind: Die menschliche Sexualität ist gut, weil von Gott geschaffen; sie ist, weil in Unordnung geraten, erlösungsbedürftig und weil durch Christus in Ordnung gebracht, zugleich erlöst, und zwar so, daß sie, als erlösungsbedürftige und erlöste, seltsam zwiespältig bleibt.
6. Aus dieser Erfahrung der Kirche sollten wir schließlich auch eine Lehre für die Zukunft ziehen.

Lehren für die Zukunft

In der Vergangenheit ist die Kirche im Blick auf Ehe und Sexualität zwar für irrige Meinungen anfällig gewesen, aber doch vor den größten Irrtümern bewahrt geblieben. Daraus sollte die Kirche Lehren für die Zukunft ziehen. Sie heißen: Auch in Zukunft wird die Kirche für irrige Auffassungen der Ehe und Sexualität anfällig bleiben. Zugleich wird sie damit rechnen dürfen, daß sie im Blick auf das Evangelium den Wahrheitskern auch im Bereich von Ehe und Sexualität nicht verlieren wird.
In dieser Hoffnung und belehrt durch die Erfahrungen der Vergangenheit, sollte sich die Kirche in zweifacher Weise bemühen. Zum einen sollte sie mithelfen, daß die Menschen immer mehr ein richtiges Verständnis der menschlichen Sexualität gewinnen. Zum andern sollte sie dazu beitragen, daß die Menschen – entsprechend dem richtigen Verständnis von Sexualität – sich auch sexuell richtig, das heißt wahrhaft menschlich verhalten.
Dies bedeutet: Mehr denn je wird der Mensch auch sexuell erzogen werden müssen. Dabei geht es gerade nicht um eine sexuelle Erziehung im Sinne einer ganz besonderen, speziellen und isolierten Erziehung. Vielmehr muß es sich um eine gesamtmenschliche Erziehung handeln, in der alle Fragen des Menschen und der Menschlichkeit – und in diesem Zusammenhang eben auch der menschlichen Sexualität – ihren altersgemäßen Platz beanspruchen. Nur innerhalb einer Gesamterziehung kann sexuelle Erziehung Erziehung sein; und eine Gesamterziehung ist nur dann Gesamterziehung, wenn sie auch sexuelle Erziehung ist. Eine so verstandene Sexualerziehung wird sich – wie gesagt – einerseits

um ein richtiges Verständnis der Sexualität, andererseits um das entsprechende Verhalten bemühen müssen.

Zum Verständnis der Sexualität: Sexualität zielt auf liebevolle, fruchtbare Mitmenschlichkeit

Wie also verstehen wir heute die menschliche Sexualität? Lassen wir uns von zwei heutigen Psychologen eine Beschreibung vorlegen.
Im Sinn einer Arbeitsdefinition beschreibt Freifrau von Cannitz Sexualität wie folgt: Sexualität ist «eine jedem Menschen angeborene Anlage, die es ihm ermöglicht, auf bestimmte von außen kommende Reize in einer Art und Weise mit einer bestimmten Stärke lustvoll zu reagieren. Sie ist im allgemeinen auf einen Partner ausgerichtet und hat zum Ziel, sowohl Lust zu spenden als auch zu empfangen.
Sie ist damit ein Mittel menschlicher Kommunikation, vorwiegend auf non-verbalem Weg. Wie reich und differenziert diese ‹Körpersprache› wird, hängt davon ab, wie weit man seine eigenen sexuellen Wünsche kennt, akzeptiert und ausdrücken kann, aber auch davon, ob die Wünsche des Partners verstanden und ernst genommen werden, ob man Phantasie entwickeln kann und Geschicklichkeit. Dazu braucht man Kenntnisse vom eigenen Körperempfinden und dem des Partners, aber auch von den eigenen Hemmungen und Schwierigkeiten und denen des anderen.
Sexualität auf die genitalen Zonen, die Leistungsfähigkeit der Genitalorgane, auf Koitus und Orgasmus zu beschränken, ist eine unzulässige Einengung. Sie umfaßt vielmehr auch das Bedürfnis des Menschen nach Begegnung, die ihn in seiner Ganzheit befriedigen, auch sein Zärtlichkeitsbedürfnis, seinen Wunsch nach Geborgenheit, nach Verstehen und Verstandenwerden. Sie hat sozialen Charakter und schließt somit die Bereitschaft zur Übernahme von Verantwortung für den anderen mit ein[25].»

Aus dieser reichlich komplizierten Umschreibung können wir wenigstens das eine entnehmen: Sexualität ist mehr als Orgasmus und die damit verbundene Lust. Sie weist hin auf partnerschaftliche Mitmenschlichkeit. Darum schließt sie auch Verantwortung ein. Doch welcher Art ist diese zu verantwortende partnerschaftliche Mitmenschlichkeit?

Der bekannte Psychologe E. H. Erikson beschreibt sie als «eheliche Liebesfähigkeit» wie folgt. «Eheliche Liebesfähigkeit beinhaltet
1. eine Wechselseitigkeit des Orgasmus,
2. mit einem geliebten Partner
3. des andern Geschlechtes,
4. mit dem man wechselseitiges Vertrauen teilen will und kann,
5. mit dem man imstande und willens ist, die Lebenskreise der Arbeit, Zeugung, Erholung in Einklang zu bringen, um
6. der Nachkommenschaft alle Stadien einer befriedigenden Entwicklung zu sichern[26].»
Nach Erikson hat es also Sexualität mit Liebe zu tun, mit vertrauensvoller Partnerschaft und ausdrücklich auch mit Nachkommenschaft. Ist eine solche vertrauensvolle partnerschaftliche Liebe aber auch in einem noch genaueren Sinne eheliche Liebe?
In einer Diskussion zitierte der bekannte Münchner Psychoanalytiker Prof. Matussek die soeben genannte Umschreibung menschlicher Sexualität von Erikson. Daraufhin wurde er gefragt, ob er das Wort «Ehefähigkeit» ersetzen würde durch «Partnerfähigkeit». Damit wurde er gefragt, ob nach ihm die menschliche Sexualität nur eine partnerschaftliche oder aber eine eheliche Liebe anziele. Matussek antwortete: «Ich ziehe den Begriff ‹Ehefähigkeit› vor, nicht etwa aus ideologischen Gründen, sondern weil die Ehe auch für den Analytiker individuell und sozial immer noch die vollkommenste Institution ist, die wir heute für eine partnerschaftliche Liebe kennen. Wenn zwei Menschen sich lieben, aus ökonomischen Gründen aber nicht heiraten, dann liegt in ihrer Liebe dennoch ein Auftrag zur Ehe als Institution, als der ‹idealen› Gemeinschaft der Partner[27].»
Daraus können wir entnehmen, daß menschliche Sexualität über den Augenblick orgastischer Lust hinausweist auf Partnerschaft hin und diese Partnerschaft am besten aufgehoben ist, wo sie sich den Rahmen einer Ehe gibt. In diesem Sinne kann dann der katholische Moraltheologe Waldemar Molinski «daran festhalten, daß die volle geschlechtliche Vereinigung ihren legitimen Platz in der Ehe hat, da nur in der Ehe eine solche Totalität, Ausschließlichkeit und Dauerhaftigkeit der Lebensgemeinschaft gewährt ist, die den der Menschenwürde entsprechenden Rahmen für die geschlechtliche Ganzhingabe bietet[28]».
Ja, ein katholischer Christ wird noch weitergehen und seine Ehe und eheliche Liebe in den Umkreis auch seines Glaubens stellen.

Für ihn ist die Ehe ein Sakrament. Dies bedeutet: In der Ehe können und sollen Mann und Frau einander auf wirksame Weise zeigen, daß in ihrer gegenseitigen Liebe eine noch größere Liebe wirksam ist, nämlich die Liebe Gottes zu den Menschen, so wie sie uns geschenkt worden ist in Jesus Christus und seiner Liebe. Dies gilt nicht nur für die Ehe und eheliche Liebe im allgemeinen. Es gilt auch für die Liebe in ihrer geschlechtlichen Ausprägung.
Dies bedeutet keineswegs eine neue Sakralisierung menschlicher Sexualität. Die menschliche Sexualität ist genausowenig sakral wie der Mensch selbst. Aber der Mensch selbst ist mitsamt seiner Welt und allem, was zu ihm gehört, umfaßt von jener Wirklichkeit Gottes, die uns in Jesus Christus nahegebracht worden ist und die die Kirche darzustellen und zu bezeugen hat.
So verstanden, dürfen wir noch einmal an Thomas von Aquin erinnern, der im hohen Mittelalter gelehrt hat: «Erster Zweck der menschlichen Geschlechtlichkeit ist die Arterhaltung. Sie entspricht dem Menschen, insofern er zu den Lebewesen zählt. Zweiter Zweck ist die gegenseitige Treue. Sie entspricht dem Menschen, insofern er Mensch ist und sich darin vom Tier unterscheidet. Dritter Zweck der Ehe ist ihre Sakramentalität. Sie entspricht dem Menschen, insofern er Gläubiger und Getaufter ist[29].»
Damit lehrt Thomas von Aquin im Ansatz: Ihren tiefsten Sinngehalt hat die menschliche Sexualität erst dann gefunden, wenn die biologische Gestalt der Ehe und ihrer Sexualität von der personalen durchformt worden ist und in der sakramental-kultischen Gestalt ihre Vollendung gefunden hat. Auf eine derart umfassend verstandene Sexualität hin will eine christliche Sexualerziehung die Menschen hinführen.

Zum entsprechenden sexuellen Verhalten: leibhaft miteinander unterwegs

Über sexuelle Erziehung als Weg zur ehelichen Liebesfähigkeit werden zwei weitere Beiträge handeln. Im Blick darauf genügt es hier, mit einigen Sätzen unseren Rückblick und Ausblick zu beschließen.
Im Grunde geht es bei der Sexualität um den Umgang des Menschen mit seiner eigenen Leibhaftigkeit. Denn Sexualität meint Leibhaftigkeit; und die Leibhaftigkeit ist uns Menschen gegeben als geschlechtlich geprägte Leibhaftigkeit.

Die eigene Leibhaftigkeit ist aber gerade zu verstehen auch als Weg zum andern Menschen hin. Und auf diesem Weg zum andern soll man ein Leben lang bleiben. Wie also kann ich mit meiner eigenen Leibhaftigkeit umgehen und so der Leibhaftigkeit des anderen Menschen begegnen, daß aus dieser Begegnung persönlicher und leibhafter Art ein Lebensweg und eine Lebensgeschichte werden kann? Das ist die Grundfrage einer wahrhaft menschlichen sexuellen Erziehung.

So verstanden, zeigt sich, daß die Lust – auch die sexuelle Lust – nicht jenen Wert beanspruchen kann, den ihr manche gegeben haben und heute geben möchten, wenn sie behaupten: «Der Kern des Lebensglückes ist das sexuelle Glück[30].» In Wirklichkeit sind Lust und Glück Begleitwerte. Das heißt: sie sind wirkliche menschliche Werte; aber man kann sie nicht unmittelbar anstreben oder gar erzwingen wollen. Wer um jeden Preis glücklich sein will, macht sich und die andern unglücklich. Wer rücksichtslos die Lust erstrebt, dem vergeht die Lust sehr bald. Glück und Lust sind die Dreingabe des Lebens. Zwar ist man des Glückes Schmied. Man kann etwas zu seinem Glück und der lustvollen Befriedigung tun. Zugleich muß man jedoch auch Glück haben. Glück und das Genießen der Lust sind auch Geschenke, die einem zuteil werden.

Hier müßte man lange über den alten Satz nachdenken: «Omne animal post coitum triste[31].» Auf deutsch: Nach dem Genießen der sexuellen Lust ist man seltsam traurig. Warum eigentlich? Wohl darum, weil unser Herz zu groß ist, als daß bloße Lust es auszufüllen vermöchte. Darum läßt Lust allein das Größere in uns leer. Diese Leere stimmt uns traurig. Erst wenn die Lust eingebettet ist in eine gesamtmenschliche Freude, empfängt sie – als Begleiterscheinung, Zugabe und Färbung dieser Freude – ihren hohen, aber nicht abschließenden und ausschließlichen Wert.

Sexualität hat nicht nur mit einer seltsamen Traurigkeit zu rechnen, sondern auch mit der Angst zu tun. Es ist offenbar für den Menschen seltsam beängstigend, zu lieben und das Leben weiterzugeben. Was Tabu und Scham meinen, haben wir in den letzten Jahren vielleicht zu leichtfertig beiseite geschoben oder gar lächerlich gemacht. Langsam dämmert in uns wiederum die Einsicht: Der Mensch bedarf, soll er der Angst vor sich und dem andern nicht erliegen, der Grenzen und Geborgenheit, des Tabus und der Scham. Nur darf man wiederum Tabu und Scham nicht zur

Hauptsache machen, sondern muß sie als notwendige und hilfreiche Begleiterscheinungen des Menschlichen werten [32].

Kurzum: Sexualität hat mit Lust und Traurigkeit, hat mit Nähe und Fremdheit zu tun und wird zwiespältig bleiben wie das menschliche Leben überhaupt. Der christliche Glaube lehrt uns dazu: Die menschliche und damit auch sexuelle Zwiespältigkeit ist zu verstehen und zu leben aus der Einsicht, daß der Mensch schon wirklich und wahrhaft erlöst ist und dennoch noch immer, unerlöst bleibend, der Erlösung bedarf. Insofern deckt der christliche Glaube weder die menschliche Gespaltenheit noch die Spannung, in die die Sexualität den Menschen führt, leichtfertig zu. Aber der Glaube hilft sie zu verstehen, anzunehmen und auf einem Weg lebenslänglichen Reifens langsam zu überwinden. Aus dieser Sicht zeigt sich, daß auch das Wort des Glaubens als Wort des Verständnisses und der Ermutigung sich für eine wahrhaft menschliche Sexualerziehung hilfreich erweisen kann.

Ergebnis

Von solchen Fragen und Aussichten her ist weiterzudenken. Dann wird es uns einigermaßen gelingen, die Kinder richtig zu erziehen – nicht zuletzt sexuell. Dann werden wir auch eine menschliche Antwort auf die bedrängende Frage finden, was denn der staatliche und kirchliche Trauschein mit der personalen Liebe in der Ehe zu tun hat. Für jetzt muß das folgende Ergebnis genügen:
1. Die Kirche hat ihre Lehre zu Ehe und Sexualität immer wieder geändert und weiterentwickelt.
2. Es lassen sich bei dieser Weiterentwicklung Konstanten beobachten.
3. Diese Konstanten weisen darauf hin, daß die menschliche Sexualität so zum Menschen gehört, daß sie teilhat an der Güte, aber auch Zwiespältigkeit des Menschen.
4. Diese Zwiespältigkeit und Vieldeutigkeit des Menschen und seiner Sexualität verlangen, daß der Mensch sich und seiner Sexualität immer wieder selber eine gute Deutung zu geben hat.
5. Die Deutung des christlichen Glaubens heißt: Sexualität hat erst dann ihr eigenes Wesen ganz eingeholt, wenn sie nicht bloß Orgasmus, sondern Liebe geworden ist. Dort, wo Sexualität ganz sie selber geworden ist, ist sie hinausgewachsen über sich

selbst. Sie ist als personale Liebe zweier Menschen auf einem lebenslänglichen Weg, der – noch einmal christlich gedeutet – auch im Tode nicht enden wird. Denn der christliche Glaube weiß um eine Liebe, die lebendiger ist als Sexualität und stärker als der Tod.

Nachwort

Die vorangegangenen Ausführungen über die kirchliche Lehre zu Sexualität und Ehe haben nicht eigens darauf hingewiesen, daß diese Lehre zu einem großen Teil von Männern erarbeitet worden ist, von denen zudem wiederum ein Großteil ehelos gelebt haben. Gewiß darf man diesen Gesichtspunkt für die Vergangenheit nicht überbewerten. Aber man sollte ihm für die Zukunft alle Beachtung schenken. Heute melden sich mehr und mehr auch die Frauen in der Theologie zu Wort und sollen dies auch selbstverständlich gleichberechtigt tun. Man braucht deshalb noch lange nicht einer unter Umständen sehr verkürzenden sogenannten «feministischen Theologie» das Wort zu reden. Aber gerade die kirchlichen Synoden haben gezeigt, wie unersetzlich wichtig es ist, daß Männer und Frauen gemeinsam über das nachdenken, was sie auch gemeinsam angeht. Darum werden wir vom Beitrag der Frauen und Mütter zur kirchlichen Auffassung von Sexualität und Ehe in naher Zukunft noch vieles zu erwarten haben – gewiß nicht zu deren Schaden.

Anmerkungen

[1] Enzyklika «Humanae vitae» über die rechte Ordnung der Weitergabe menschlichen Lebens. Ansprache Papst Pauls VI. am 31. Juli 1968 (lateinisch-deutsch). Wort der deutschen Bischöfe = Nachkonziliare Dokumentation (Band 14) (Trier ³1972).
[2] Für die folgenden Ausführungen sei vor allem auf die Literatur verwiesen. Zur Einführung vgl. den Sammelband Böckles. Zur geschichtlichen Einführung vgl. das ausgewogene und besonnene Werk Molinskis.
[3] Vgl. den Beitrag Halters (S. 9).
[4] «Sexuelle Beziehungen kommen – wenn unvermeidbar – nur in der Ehe in Betracht. Nicht-eheliche Beziehungen können auf keinen Fall sexuelle sein» (Hermann Ringeling, Sexuelle Beziehungen Unverheirateter: An-

selm Hertz u.a. [Hrsg.], Handbuch der christlichen Ethik 2 [Freiburg im Breisgau 1979] 162). – Für den folgenden geschichtlichen Überblick vgl. das grundlegende Werk von Noonan. Im übrigen wird vor allem ausgewertet Molinski, Gründel (bei Böckle) und Hofmann (bei Göppert). In diesen Werken findet man auch die genaueren Belege der zitierten Autoren.

[5] Ringeling (Anm. 4) 160.

[6] Vgl. Browe.

[7] Vgl. vor allem Bleistein.

[8] Vgl. Hofmann (Anm. 4).

[9] Ansprache an die Mitglieder des Verbandes katholischer Hebammen Italiens: 29. Oktober 1951. AAS XLIII (1951) 835–854 = A.F. Utz/ J.F. Groner, Soziale Summe Pius' XII. 1 (1954) Nr. 1066–1073; vor allem 1073.

[10] Josemaria Escriva de Balaguer, Der Weg (Köln ³1967).

[11] Pastorale Konstitution über die Kirche in der Welt von heute «Gaudium et spes», Nr. 50 = Karl Rahner/Herbert Vorgrimler, Kleines Konzilskompendium (Freiburg im Breisgau 1967) 501 ff.

[12] «Gaudium et spes», Nr. 51 mit Anm. 14 (vgl. Anm. 11).

[13] Vgl. «Humanae vitae» (Anm. 1).

[14] Vgl. Camenzind-Weber, 68. – Vgl. auch für Deutschland: Sinn und Gestaltung menschlicher Sexualität. Ein Arbeitspapier = Gemeinsame Synode der Bistümer in der Bundesrepublik Deutschland. Ergänzungsband: Arbeitspapiere der Sachkommissionen (Freiburg im Breisgau 1977) 159–188.

Zu den folgenden Hinweisen auf die römische Bischofssynode vom Herbst 1980 vgl. Ulrich Ruh, Ehe und Familie: Realistische Fragen – wenig realistische Antworten. Themen und Ergebnisse der römischen Bischofssynode = Herder Korrespondenz 34 (1980) 620–626; die angeführten Zitate: 622; 624. – In diesem Heft findet sich auch «die Schlußansprache Johannes Pauls II.» und die «Botschaft der Synode an die christlichen Familien» in der von vatikanischer Seite verbreiteten deutschen Übersetzung (612–617). Hier ebenso zur Erklärung der österreichischen Bischöfe (638 f.). Ferner: Joseph Ratzinger, Sorge um Ehe und Familie = Schweizerische Kirchenzeitung 149 (1981) 50–59. – Dazu David A. Seeber = Herder Korrespondenz 35 (1981) 57–60.

[15] Vgl. Gründel (Anm. 4) 104.

[16] Vgl. Karl Rahner/Herbert Vorgrimler, Kleines theologisches Wörterbuch (Freiburg im Breisgau ¹⁰1976) 52 (Begierde, Begehrlichkeit).

[17] Vgl. Bleistein.

[18] Horst Scarbath, Sexualität in unserer Gesellschaft – Analyse und pädagogische Problemstellung = Furian, 35.

[19] Scarbath (Anm. 18) 28 f.

[20] Scarbath (Anm. 18) 24; 28.

²¹ Vgl. Literatur.
²² Günther Bittner, Funktionswandel der Sexualität = Furian, 69.
²³ Bittner (Anm. 22) 66.
²⁴ Hanne-Lore Freifrau von Cannitz, Sexualerziehung: Fragen ohne Antwort? = Furian, 71.
²⁵ von Cannitz (Anm. 24).
²⁶ Vgl. Paul Matussek, Sexualität als Partnerschaft: Erich Kellner (Hrsg.), Sexualität ohne Tabu (Mainz 1970) 83.
²⁷ Vgl. Matussek (Anm. 26) 160.
²⁸ Molinski (bei Oertel) 49.
²⁹ Vgl. oben S. 35.
³⁰ Wilhelm Reich, Die sexuelle Revolution (Frankfurt a. M. 1966) 23. – Vgl. Bleistein, 60; Georg Scherer, Anthropologische Aspekte der Sexwelle (Essen 1970) 75.
³¹ Vgl. S. Moser (bei Kellner [Anm. 26] 62). – A. Heigl-Evers/F. Heigl, Lieben und Geliebtwerden in der Ehe. Eine tiefenpsychologische Studie (Stuttgart ²1971) 32–35.
³² Vgl. Jörg Splett, Der Mensch: Mann und Frau (Frankfurt a. M. 1980). Darin Kultur der Unterscheidung: Scham (95–112).

Literatur

Franz Böckle (Hrsg.), Menschliche Sexualität und kirchliche Sexualmoral. Ein Dauerkonflikt? (Düsseldorf 1977). Darin: *Johannes Gründel*, Die eindimensionale Wertung der menschlichen Sexualität. Zur Geschichte der christlich-abendländischen Sexualmoral (74–105).
Waldemar Molinski, Theologie der Ehe in der Geschichte (Aschaffenburg 1976). Das Buch trägt auf dem Umschlag den falschen Titel: «Theologie der Ehe in der Gegenwart». In Wirklichkeit soll dieses Thema einem zweiten, noch nicht erschienenen Band vorbehalten bleiben.
Hans Göppert/Wolfgang Wickler (Hrsg.), Sexualität und Geburtenkontrolle (Freiburg im Breisgau 1970). Darin: *Rudolf Hofmann*, Geburtenkontrolle als Frage der Moraltheologie (168–199). – In den Abschnitten: «Der geschichtliche Weg des christlichen Gewissens», «Das kirchliche Lehramt vor der Gegenwartsfrage», «Die Moraltheologie nach ‹Humanae Vitae›» geht Hofmann auf unser Thema ein.
John T. Noonan, Empfängnisverhütung. Geschichte ihrer Beurteilung in der katholischen Theologie und im kanonischen Recht (Mainz 1969). – Dieses amerikanische Standardwerk wird von allen Autoren verwendet.
Michael Müller, Grundlagen der katholischen Sexualethik (Regensburg 1966).

Martin Furian (Hrsg.), Sexualerziehung kontrovers. Analysen. Perspektiven. Hilfen (Fellbach-Öffingen 1978).
Bruno Schlegelberger, Vor- und außerehelicher Geschlechtsverkehr. Die Stellung der katholischen Moraltheologen seit Alphons von Liguori (Remscheid 1970).
Peter Browe, Zur Geschichte der Entmannung. Eine religions- und rechtsgeschichtliche Studie (Breslau 1936).
Ferdinand Oertel (Hrsg.), Lieben vor der Ehe? Beiträge zur Diskussion über voreheliche Geschlechtsbeziehungen (Essen 1969). – Darin: *Waldemar Molinski,* Voreheliche Geschlechtsbeziehungen in pastoraler Sicht (38–57).
Roman Bleistein, Sexualerziehung zwischen Tabu und Ideologie (Würzburg 1971).
Hildegard Camenzind-Weber, Die Synode zum Thema Liebe – Sexualität – Ehe (Zürich 1975).
Erich Kellner (Hrsg.), Sexualität ohne Tabu und christliche Moral. Gespräche der Paulus-Gesellschaft (Mainz 1970).
Hans Rotter, Fragen der Sexualität (Innsbruck 1979).
Josef Maria Reuß, Familienplanung und Empfängnisverhütung. Überlegungen im Anschluß an die Synodenvorlage «Christlich gelebte Ehe und Familie» sowie an die Enzyklika «Humanae Vitae» (Mainz 1975).
Eberhard von Gemmingen (Hrsg.), Wachset und mehrt euch. Verantwortete Sexualität (Kevelaer 1980).
Eberhard von Gemmingen (Hrsg.), Jugend – Freundschaft – Sexualität. «Anders als ihr denkt» (Kevelaer 1981).
Philipp Schmitz, Der christliche Beitrag zu einer Sexualmoral (Mainz 1972).
Adrian Holderegger, Norm und Freiheit = informatio 26 (1981) 23–31.
Eugen Drewermann, Ehe-tiefenpsychologische Erkenntnisse für Dogmatik und Moraltheologie = Renovatio 36 (1980) 53 ff.; 114 ff.

Hildegard Camenzind-Weber

Erziehung zur Liebesfähigkeit

«Erziehen ist nicht kinderleicht» – diese Erfahrung haben wir alle, die wir mit Kindern umgehen, schon gemacht. Es fragt sich aber, was wir mit unserer Erziehung wollen, welches unsere ersten und höchsten Erziehungsziele sind. Ist es die Anpassung des Kindes an die bestehende Kultur, an bestehende Verhaltensnormen, also eine Erziehungshaltung, die auf Gehorsam, Wohlverhalten und Leistung abzielt? Oder haben wir noch andere Erziehungsziele?
Ich glaube, wenn wir unsere Kinder als Menschen ernst nehmen, können wir uns nicht mit oberflächlichen Dressurmaßnahmen begnügen. Wir wünschen uns doch Kinder, die sich in Freiheit entscheiden und glücklich sein können. Das heißt, daß wir also nicht gut programmierte und funktionierende Erwachsene anstreben, sondern Menschen, die sich selber gern haben – und auch andere lieben können.
Für diese Erkenntnis braucht es keine Reform – oder Antipädagogik – diese Haltung, die den ganzen Menschen im Auge behält, sehen wir schon bei Pestalozzi: «Unser höchstes Ziel ist nicht euer ausgebildeter Verstand, nicht euer Können, sondern eure Menschlichkeit. Die Liebe ist das einzige, durch nichts ersetzbare Fundament der Bildung zur Menschlichkeit» (Neujahrsrede 1809).
Die Liebe ist also das Fundament, der feste Grund, auf dem wir als Erzieher aufbauen können – und zwar eine Liebe, die den ganzen Menschen in seiner körperlichen und geistigen Wirklichkeit meint. Die Liebesfähigkeit, die Möglichkeit, mir als ganzer Mensch zu antworten und mit mir in eine Beziehung zu treten, wäre dann das Ziel dieser Erziehung.

Brauchen wir eine Sexualerziehung?

Weil wir als Christen, aus kirchlicher und gesellschaftlicher Entwicklung heraus, Sexualität zu einem Problem gemacht haben,

stehen wir auch plötzlich vor dem Problem einer Sexualerziehung, statt daß wir es ganzheitlich sehen, eben als Erziehung zur Liebesfähigkeit. Sexualerziehung wird aber erst dann bedeutungsvoll und fruchtbar, wenn sie in die Gesamterziehung eingebettet ist.
An der Synode 72 wurde über diese konfliktreiche Beziehung des Christen zur Sexualität nachgedacht. So steht zum Beispiel in einem Text des Bistums Basel: «Wenn es nötig wurde, Sexualerziehung als spezifische Form einzuführen, weist dies auf ein zur Sexualität gestörtes Verhältnis von Eltern, Gesellschaft und Kirchen hin: Sie wurde negiert und verdrängt.
In Fehlhaltungen spaltete der junge Mensch das Geschlechtliche, zu dem auch die Dimensionen des Gefühls, der Zärtlichkeit, des Sich-Bestätigens gehören, ab als unpersönliche, gefährliche Macht oder als irreale Fantasiewelt. Er vermochte so das Geschlechtliche nicht in seine Persönlichkeit zu integrieren und voll zu entwickeln.»
Wie ist es denn möglich, integrative Sexualerziehung zu leisten, so daß sie Erziehung zur Liebesfähigkeit wird?
Unsere Aufgabe ist ja, aus dem Annehmen des Kindes dieses Kind – diesen Menschen – zur Selbstbejahung, zur Selbstannahme zu führen. Dazu gehört auch die Annahme der Geschlechtsrolle.
«Wir hätten uns so sehr ein Mädchen gewünscht ...»
«Du denkst ja wie ein Junge ...»
Solche Aussprüche zeigen die zwiespältige Haltung des Erziehers gegenüber dem Geschlecht des Kindes. Dies hindert das Kind, als Junge oder als Mädchen glücklich zu sein – und später das Mann-Sein oder Frau-Sein zu akzeptieren. Allerdings gehört dazu auch eine nicht allzu starre Auffassung der Geschlechterrollen – was ist männlich, was ist weiblich.

Ziele der Erziehung zur Liebesfähigkeit

Geschlechtserziehung, die den ganzen Menschen meint, will:
1. versuchen, emotionale Bereiche, sachlich-informative Bereiche und ein daraus resultierendes Verhalten miteinander zu verbinden;
2. sehen, daß diese Bereiche immer einen individuellen, einen partnerschaftlichen und einen gesellschaftlichen Bezug haben (Beispiel: Geschlechtsunterschied). Die verschiedenen Bereiche und Bezüge hängen jedoch zusammen und überschneiden sich. Entwicklungspsychologisch ist auch zu beachten, daß die Entwicklung

der Sexualität den gleichen Gesetzmäßigkeiten unterliegt wie die übrige Entwicklung. Sie äußert sich in altersspezifischen Verhaltensformen. Deshalb ist es in jedem Alter nötig, alle oben genannten Bereiche immer wieder aufzugreifen und mitzuleben und den jungen Menschen fühlen zu lassen, daß man Sexualität in all ihren verschiedenen Funktionen bejaht – sonst gefährdet man die personale Reife des jungen Menschen.
3. Kleine Kinder wollen über Sexuelles reden, nicht nur der «Inhalte» wegen.

Dies bedeutet nun für den Erzieher, daß ihm ganz klar bewußt wird, daß es mit einer einmaligen sogenannten «Aufklärung» nicht getan ist, daß der Erzieher seine eigene Sexualität bejaht.

Ich will nun versuchen, zuerst die Ziele der Erziehung zur Liebesfähigkeit darzustellen, die die einzelne Person des Kindes betreffen im individuellen, im partnerschaftlichen und im gesellschaftlichen Bereich.

Ziele im individuellen Bereich

Da wäre einmal die Mündigkeit zu nennen. Darunter verstehe ich in jedem Alter etwas anderes. Es sollte aber eine selbständige, altersentsprechende Orientierungs- und Entscheidungsfähigkeit sein, z. B. wenn ein Sekundarschulmädchen sich entscheidet, mit seinem Freund einen Spaziergang zu machen: das Recht auf Alleinsein, dann das persönliche Glück; das Bejahen und Ausschöpfen der persönlichen Möglichkeiten. Dieses «Glück» hat viele Namen und ist auf verschiedenen Stufen der Selbstverwirklichung möglich, nicht nur in einer «glücklichen Ehe». Dazu gehört auch, daß der junge Mensch keine Angst hat vor dem Geschlecht und dem Geschlechtlichen.

Ziele im partnerschaftlichen Bereich

Zuerst erlebt das Kind «Partnerschaft» in der Familie. Dazu würde ein Zusammengehörigkeitsgefühl mit dem Elternhaus gehören. Dann ist der nächste Schritt, daß ich einem Partner außerhalb der Familie Offenheit und Vertrauen entgegenbringen kann, also daß das Kind Freundschaften schließen kann. Das nächste Ziel ist, daß man sich überhaupt als gegengeschlechtlichen Partner kennenlernen kann. So lernen die Heranwachsenden auch einander verstehen und anerkennen. Einübung in partnerschaftliches Verhalten ist hilfreich für alle Beziehungen, nicht nur im Hinblick auf eine Erziehung zur Ehe!

Ziele im gesellschaftlichen Bereich

Manchmal ist es für den jungen Menschen schwierig zu erkennen, daß Sexualität etwas mit der Umwelt zu tun hat. Sexuelle Sozialisation soll helfen, hier ein richtiges Maß zwischen Anpassung und Widerstand, z.B. bezüglich Leistungsdruck und Konsumzwang, zu finden. Das heißt, daß der junge Mensch nicht aus seiner Gruppe herausfällt und doch sich nicht einfach einer «Gruppennorm» fügt. Diese Ziele, die sich je anders in der Kindheit, im Jugend- und Erwachsenenalter verwirklichen, haben alle einen emotionalen und informativ-sachlichen Bereich und münden dann in ein entsprechendes Verhalten.

Da mir der gefühlsmäßige Bereich ein besonderes Anliegen ist, möchte ich zuerst von diesem sprechen. Wenn es uns selber und damit auch unseren Kindern gelingt, unsere Geschlechtsbeziehungen zu kultivieren, so fallen viele Fragen nach «erlaubt» und «verboten» weg, und das wichtige Ziel der «Kultur des Eros» kommt ins Blickfeld.

Emotionale Erziehung

Damit wir liebesfähige Menschen werden, ist es nötig zu sehen, daß die «Geschichte der Zuwendung» richtig verläuft. Nur zu oft überlassen wir dieses wichtige Kapitel dem Zufall. Seufzend kommt die siebzehnjährige Tochter von der Mittelschule heim: «Jetzt wurden wir zum zwanzigsten Mal ‹aufgeklärt›, wie es Kinder gibt, aber niemand sagt mir, wie ich mit meinem Freund umgehen soll, wenn wir einander nicht verstehen!»

Wie ich mit Zuwendung in meinem Leben umgehen kann, entscheidet darüber, ob mein Leben glückt oder nicht. Zuwendung ist eine Lerngeschichte, die aber nicht in der frühen Kindheit abgeschlossen ist. Wohl beginnt sie dort, und es ist ein großes Kapital für das Lebensglück eines Kindes, wenn es in seiner ersten Lebenszeit diese Zuwendung voll erfahren durfte. Diese Erfahrung, geliebt zu werden, nicht weil man klug oder schön oder reich ist, sondern einfach, weil man existiert, sollte jedes Kind machen dürfen. Doch ist dies erst der erste Schritt in dieser Lerngeschichte. Menschen, die hier stehenbleiben, machen die andern gerne zum Objekt ihrer Befriedigung und erwarten vom Mitmenschen immer «Leistungen».

Der nächste Schritt ist der, daß ich auf die Zuwendung antworte: Ich wende mich anderen zu. Schon wenn das kleine Kind der Mutter die Arme entgegenstreckt, ist etwas von dieser Antwort da. Ich kann mich dem andern aber nur zuwenden, wenn ich mir selber gegenüber gute Gefühle habe, wenn ich «etwas wert» bin. Aber gerade der heranwachsende Jugendliche mag sich selber oft gar nicht, und deshalb ist in diesem Alter der Lernprozeß der Zuwendung oft schmerzhaft. Auch als Erwachsene begleitet uns oft die Angst vor dem Nicht-akzeptiert-Sein, Angst vor der Getrenntheit. Dann aber kann ich auch das «Glück» erleben in der Erfahrung der Einheit, des erlebten Vertrauens. Peter Paul Kaspar schreibt in seinem Buch «Zuwendung» mehr und sehr Beherzigenswertes über diese emotionalen Lernprozesse.

Zur emotionalen Erziehung gehört unbedingt die Einübung der Zärtlichkeit. Auf weiten Bereichen des Lebens ist uns dies verlorengegangen, daß wir einander Zärtlichkeit zeigen dürfen. Wir müssen dies als Erwachsene mühsam lernen – und weil doch schon so viele dies erkannt haben, sind Kurse in Selbsterfahrung, in der Richtung «spontan leben» beliebt und notwendig. Mit zur Zärtlichkeit gehört das Einfühlungsvermögen, der Sinn für die Qualität einer Beziehung. Beim Kind ist es wichtig, daß man es von seinen Sinnen her die Welt erleben läßt, wir müssen mit ihm hören, fühlen, tasten, sehen ... Dies sind keine modernen Weisheiten, schon Pestalozzi und Maria Montessori haben dies erkannt und praktiziert, und Piaget hat es wissenschaftlich erforscht: Je mehr ein Kind seine Sinne gebrauchen lernt, je mehr seine selbständigen Entdeckungen im Bereich des Tönenden, des Greifbaren, des Schaubaren und Schmeckbaren gefördert werden, desto differenzierter werden auch seine Gefühle. Dies ist ein Schritt hin auf die eingangs erwähnte Menschlichkeit.

Von einer solchen differenzierten Entwicklung der Sinne her komme ich dann auch auf das, was ich unter Kultur des Eros verstehe. Alte östliche Kulturen zeigen uns, daß Sex etwas phantasievoll Verfeinertes sein kann. Zu dieser Kultur kann auch gehören, daß ich auf einen möglichen Lustgewinn verzichte – daß es schöner sein kann, in einer verfeinerten Partnerbeziehung nicht allzu geradlinig auf eine Befriedigung der genitalen Bedürfnisse zuzusteuern. Wenn wir von der Überbewertung von Potenz und Orgasmusfähigkeit wieder wegkommen, so werden auch unsere Kinder eher den Weg zu einer zärtlichen Partnerbeziehung finden ohne Leistungsehrgeiz und verbissenen Ernst, sondern mit Einfühlungsvermögen, Phantasie und Humor. Auf diesem Weg findet sich der junge Mensch auch eher zu einem Einüben in ein selbstbestimmtes Geschlechtsverhalten. Dann müßten wir als Eltern auch nicht zu viel Angst haben, daß die jungen Menschen einander zu sehr verletzen, wenn sie ein Gespür für das Empfinden des Partners entwickelt haben. Solche schon in frühester Kindheit entwickelte und gepflegte «Sinnlichkeit» läßt die Begegnung der Geschlechter als ein Fest erleben. Zu diesem Fest kommt dann auch die spielerische Komponente, wie dies Fritz Leist ausdrückt: «Zur vollen Gestalt gehört das Spiel der Liebe. Allerdings ist unerläßlich, daß Liebe im Spiel ist, sonst entartet das Spiel zur Routine. Spielen überhaupt ist zweckfrei; ich will nichts im Spielen, ich bin darin. Spiel der Liebe will herauslösen aus den Zwecken und Absichten, will beide füreinander gegenwärtig machen.»

Inhalte der Erziehung zur Liebesfähigkeit

Was muß mein Kind wissen?

Nebst dieser vordringlichen emotionalen Seite der Erziehung hat der informativ-sachliche Bereich seine wichtige Daseinsberechtigung. Eltern täuschen sich oft über die Informiertheit ihrer Kinder, sie über- oder unterschätzen den Wissensstand in geschlechtlichen Dingen. Informationen werden sozusagen in konzentrischen Kreisen weitergegeben. Auf jeder Altersstufe muß von den gleichen Inhalten wieder gesprochen werden, z.B. von Zeugung und Geburt, jedoch erhalten dieselben Inhalte andere Akzente. Auch der Ton und die Art, in der Wissensvermittlung im sexuellen Bereich geschieht, haben ihre Bedeutung. Man muß sich vor außerfamiliären Einflüssen nicht zu sehr fürchten: Die Eltern prägen die Einstellung der Kinder früh und entscheidend, ebenso die familiären Gewohnheiten, z.B. bezüglich Nacktheit.
Welche Inhalte gehören nun zum Wissen unserer Kinder?

Wenn ich einen kleinen Katalog aufstellen soll, sieht er etwa folgendermaßen aus:
– Geschlechtsorgane haben richtige Namen: dem Kind sollen die Namen Glied und Scheide vermittelt werden – es ist auch nötig, über die Gassensprache, die familiären Ausdrücke – ich würde sie «Zimmersprache» nennen – zu reden. Unnötige lateinische Wörter verdecken eher das Gemeinte.
– Gesunde Kinder entdecken ihren Körper. Wenn das Kleinkind mit seinen Fingerchen und seinen Zehen spielt, findet dies jedermann herzig. Auch wenn es seine übrigen Körperteile untersucht, ist kein «Pfui» am Platz.
– Kinder sollen die Geschlechtsunterschiede anschaulich erfahren. Wenn in einer Familie nur Knaben oder nur Mädchen sind, ist das gegenseitige Interesse größer, und Eltern sollen bei entsprechendem Forschungsdrang möglichst natürlich reagieren.
– Fragen erfordern wahre und altersgemäße Antworten. Es ist aber nicht nötig, daß auf jede Frage biologische Vorträge gehalten werden. Es ist wichtig zu spüren, wo im Augenblick gerade der springende Punkt des Interesses ist. Wenn man eine Frage wahrheitsgetreu beantwortet hat, muß man jedoch nicht meinen, daß die Information ein Jahr später nicht wieder eingeholt werden will.
– Die Herkunft der Babys ist für die kleinen Kinder eine Existenzfrage. Deshalb sollten alle Vorgänge um Schwangerschaft und Geburt von der Mutter möglichst liebevoll geschildert werden. Dabei helfen die ausgezeichneten Photobücher von Nelson oder «Tanja und Fabian» von Brauer. Auch hier ist der gefühlsmäßige Unterton das wichtigste: «Wir freuen uns, daß du geboren bist.»
– Die geschlechtliche Vereinigung sollte als Ausdruck der Liebe dargestellt werden. Dabei sollte das Kind auch Klarheit über die Rolle des Vaters bekommen.
Diese Inhalte sollten bis zum Schuleintritt schon ein erstes Mal besprochen werden!
Dies ist nicht nur meine persönliche Ansicht. Auch die Vereinigung der Schulpsychologen und Kinderpsychiater hat sich in diesem Sinne ausgesprochen.
Weitere Inhalte sind ebenfalls aufzugreifen:
– Nicht alle Kinder leben bei ihren leiblichen Eltern: Fragen nach Adoption, nach Scheidungskindern oder Kindern alleinstehender Mütter tauchen oft kurz nach dem Schuleintritt auf.

– Der Schutz vor Sexualdelikten erfordert mehr als nur Angstmachen. Ein altersgemäßes Gespräch von kranken Menschen, die Kinder mitlocken wollen, und klare Verhaltensanweisungen sind der beste Schutz. «Wissende Kinder sind geschützte Kinder» gilt sicher. Doch sollte dieser Schutz nicht die einzige Motivation der Eltern sein, mit dem Kind über die sexuellen Zusammenhänge zu sprechen.
– Je nach dem körperlichen Entwicklungsgrad des Kindes muß frühzeitig über die körperlichen Reifungsvorgänge gesprochen werden. Es ist ein Unrecht der Eltern, wenn sie ihre Kinder auf die Pubertät zulaufen lassen, ohne mit ihnen über die körperlichen und seelischen Veränderungen gesprochen zu haben.
– Auch über Empfängnisregelung kann und muß man sprechen.
Diese kurze Inhaltsangabe zählt nur die wichtigsten Informationen auf. Natürlich sind nicht die Eltern die einzigen Informanten. Gerade auf diesem Sektor fällt auch der Schule eine wichtige Aufgabe zu. Sie muß elterliche Informationen aufnehmen und vertiefen – im neuen Beziehungsfeld einer Klasse kommen auch andere Akzente auf. Ich bedaure es, daß die Diskussion um die schulische Sexualerziehung in den letzten Jahren wieder so verstummt ist. Oft fällt es dem Berufserzieher, wenn er die nötige Vorbildung hat, leichter als den Eltern, sexuelle Zusammenhänge zu verbalisieren, weil er eine größere Distanz zum Kind hat. Dies kann vor allem in der Pubertät eine Rolle spielen. Da aber auch die Schule einen ganzheitlichen Erziehungsauftrag hat, ist sie nicht nur mit dem Bereich der Wissensvermittlung konfrontiert, sondern befaßt sich ebensosehr mit Einstellungen und Haltungen und hat so auch ihre Einflüsse auf das Verhalten.

Was muß ich tun ...?

So kämen wir zu unserem dritten Teil, dem Verhaltenssektor. In der Diskussion um Sexualpädagogik wurde oft der Verhaltenssektor ausgeklammert. Die Meinung, wenn die emotionalen Lernprozesse und die informativen Inhalte richtig vermittelt wurden, resultiere ein angemessenes Verhalten von selber, herrschte vor. Meine Meinung jedoch ist die, daß der heranwachsende Mensch ein Recht hat, Orientierungshilfen für sein Verhalten im Bereich des Geschlechtlichen zu bekommen.
Je jünger ein Kind ist, desto mehr lernt es von unseren Haltungen

und unserem Verhalten durch Nachahmung. Deshalb ist es wichtig, daß Vater und Mutter über ihre Geschlechtsrolle nachgedacht haben und positive Identifikationsmuster bieten können. Dann muß das Kind unterscheiden lernen zwischen Verhaltensformen, welche in der Intimität der Familie angebracht sind, und zwischen denen, welche in der Öffentlichkeit üblich sind.
Im Jugendalter ist es die große Aufgabe, die kindlichen Teiltriebe einzuordnen und so zur Reife der Person zu kommen. Dies geht oft nicht ohne Schmerzen und Verzicht. Eltern und Erzieher müssen einsehen lernen, daß die Jungen die Art und Weise des Umganges mit der Sexualität selber finden müssen. Nur so können sie sich in Eigenverantwortung und Selbststeuerung üben.
Horst E. Richter drückt dies so aus:
«Es bedeutet eine schwerwiegende Irreführung der Kinder und Jugendlichen, wenn man ihnen eine moralische Selbstverantwortung als Selbstverständlichkeit predigt, die man ihnen auf Schritt und Tritt wieder abnimmt durch Normen, die man willkürlich von außen setzt.»
An der Synode 72 gab es lange und außerordentlich voneinander abweichende Diskussionen über das Geschlechtsverhalten im Jugendalter. Die verschiedenen Kommissionen erhielten jedoch praktisch keine Äußerungen von den Jungen, den «Betroffenen». Haben sie das Gespräch mit der Kirche in der Frage der Sexualität schon abgebrochen? Beinahe im letzten Moment haben die jungen Synodalen versucht, die Stimme der Jungen, die sich als innerhalb der Kirche stehend betrachten, zu formulieren. In meinem Synoden-Buch habe ich diesen Teil ausführlich dargestellt und möchte nun einige Hinweise für Verhaltensformen geben, die etwas stichwortartig diese Überlegungen der Jungen selber darstellen:
– «Respektiere die Freiheit der Person!» Hier ist das Nähe–Distanz-Problem angesprochen, das sich sowohl auf die Partner wie auch auf die Eltern beziehen kann. In jeder menschlichen Beziehung ist es gut, wenn die Frage: «Wieviel Nähe – wieviel Distanz?» immer neu besprochen und gelebt werden kann.
– «Suche das Gespräch!» Dies betrifft ein Einüben in verschiedene Kommunikationsformen vom wortlosen Sich-Verstehen bis zu klaren Ausmarchungen des Freiheitsraumes. Ich meine hier Gespräche der Heranwachsenden untereinander ebenso wie das Gespräch mit Eltern und Erziehern. Über Sexuelles reden können gehört mit zu den Kultivierungen der Geschlechtsbeziehungen.

Die Frage: Ist das jetzt Liebe? Bin ich jetzt verliebt? bewegt den Jugendlichen oft mehr, als von außen gesehen sichtbar wird. Christa Meves meint dazu:
«Ob eine gegengeschlechtliche Beziehung Liebe werden kann, hängt von vielerlei Kommunikationsversuchen ab, die den Sinn haben, danach zu fragen, inwieweit geistig-seelische Übereinstimmung zwischen den Partnern wachsen kann. Nur auf der Basis eines solchen Erlebens kann Liebe in einer den ganzen Menschen befriedigenden Weise entstehen.»
– «Suche das Wohl des andern ebenso wie das deine!» In jeder Altersstufe muß gezeigt werden, daß man dem andern nicht antun soll, was man selber auch nicht erleben möchte. Dies ist eine Ausformulierung des Liebesgebotes: «Liebe deinen Nächsten wie dich selbst!»
– «Sei bereit, die Folgen für dein Tun zu tragen!» ist eine Umschreibung der Verantwortung. Wenn in der Gesamterziehung eine Erziehung zur Verantwortung stattgefunden hat, so ist der junge Mensch auch im Geschlechtsbereich zur Selbststeuerung zur Verantwortung fähig.
Im Synodentext heißt es dazu:
«Man muß dem Jugendlichen nun nicht Angst machen vor der Verantwortung; man wird ihm Mut machen zur Verantwortung, so daß er nicht nur an sich selber denkt, sondern auch an den Partner und dessen Gefühle nicht rücksichtslos ausnützt und ihn nicht mutwillig enttäuschenden Erfahrungen aussetzt.»
Erziehung zur Liebesfähigkeit ist ein großes Ziel. Es wird für uns selber und für unsere Kinder nicht immer gelingen. Es ist aber auch schön zu wissen, daß diese Erziehung nie abgeschlossen ist – daß Fehler und Schmerzen mit zu den Lernprozessen gehören. Doch hoffen wir mit Bernanos, daß wir und unsere Kinder dies spüren:
«Seine Freude in der Freude des andern finden können, das ist das Geheimnis des Glücks.»

Dietmar Mieth

Ehe als Entwurf

Daß ein Theologe die Ehe unter dem Vorzeichen des «Entwurfs» betrachtet, mag überraschend sein. Es sei denn, es handle sich um eine geharnischte Kritik an einzelnen Zeiterscheinungen, wie z.B. der «Ehe ohne Trauschein».
Dennoch möchte ich gerne in einem positiven Sinne, wenn auch nicht unkritisch, die Ehe als Entwurf verstehen. Nun werden einige fragen: Was heißt denn eigentlich in diesem Zusammenhang «Entwurf»? Denn man ist doch eher gewohnt, die Ehe als etwas in sich Geschlossenes, als etwas Festes zu betrachten denn als Entwurf. In der Tat war es notwendig, daß ich selbst eine Weile darüber meditierte, ehe mir der Sinn des Wortes «Entwurf» aufging. Dieser Sinn besteht ganz sicher darin, daß das heutige Eheverständnis in der Gesellschaft sich gewandelt hat, so daß die Ehe wirklich Entwurfscharakter hat. Sie wird als ein Verhältnis zwischen Menschen verstanden, das sich entwickelt und das immer noch im Entstehen begriffen, noch nicht abgeschlossen, noch nicht ausgefüllt ist. Das birgt auf der anderen Seite auch ganz bestimmte Risiken in sich: Risiken des Entwurfs. Von Entwürfen sagt man, man kann mehrere machen, man kann mehrere nacheinander entwerfen, man kann alte Entwürfe zerreißen. Entwürfe sind sozusagen, weil sie nichts Endgültiges sind, auch etwas eminent Gefährdetes. Hier liegt das Problem, daß wir auf der einen Seite sehr viel Offenheit für die Ehe oder zumindest für eheähnliche Partnerschaften haben, daß wir auf der anderen Seite aber die Risiken dieser Vorstellung tragen müssen. Ich erinnere mich an ein Beispiel. Bei einer Hochzeit sagte der Bräutigam in seiner Rede: «Laßt uns tanzen und fröhlich sein, wer weiß, wie lange es dauert.» Die Eltern des Brautpaares sahen sich ganz konsterniert an, als sie das hörten. Den Älteren erschien dies als «Peinlichkeit». Aber darin liegt vielleicht zugleich auch die ungeheure Aufrichtigkeit, die in einem aktuellen Eheverständnis enthalten ist. Wir werden auf einzelne Aspekte davon noch zu sprechen kommen.
Eine erste These, die ich aufstellen möchte, lautet:

1. Die Ehe ist nicht tot, aber die Partnerschaft sucht neue Formen

Neue Formen des Zusammenlebens

Es sind die neuen Formen des Zusammenlebens, die eben das aufgreifen, was im Wort «Entwurf» zum Ausdruck kommt.
Da ist das Zusammenleben für die Dauer der Zuneigung. Das ist die erste und am wenigsten verbindliche Form. Dieses Zusammenleben für die Dauer der Zuneigung entspricht einer weit verbreiteten Minimalvorstellung von der Sexualmoral, die davon ausgeht, man solle sich geschlechtlich selbst verwirklichen in Rücksicht auf die Person des anderen. Das ist der erste Grundsatz. Der zweite Grundsatz lautet: unter Vermeidung der Zeugung unerwünschter Kinder. Diese beiden Grundsätze hat Alex Comfort in seinem «aufgeklärten Eros» vor über zehn Jahren bereits aufgestellt, und nach ihnen leben viele in unserer Gesellschaft. Die Schwierigkeit dieser Form besteht darin, daß das Glück und das Gelingen des anderen für mich in irgendeiner Weise berechenbar sein muß, damit diese Form gehen soll. Es gibt jedoch nichts Unberechenbareres als den Menschen.
In einer zweiten Form wird ein solches Zusammenleben durch eine Gruppe gedeckt, in der dieses Paar lebt. Ich habe manche solcher Verhältnisse kennengelernt, bei denen nicht nur die Zuneigung zueinander die Dauer des Zusammenlebens bestimmt, sondern auch eine gemeinsame Aktivität (z.B. kannte ich eine Gruppe von Behinderten, in der es für die Betreuer solche Formen von geschlechtlichen Gemeinschaften gab). Es handelt sich dabei um Gruppenleben verschiedener Form, soziale Öffnung der persönlichen Zuneigung, aber eben solange diese gemeinsame Aktivität im Rahmen der gemeinsamen Zuneigung dauert. Hier ist die Frage zu stellen: Inwieweit ist eine Paarbildung eine befristete Aktionsgemeinschaft?
Eine dritte Form ist die sogenannte Probeehe. Probeehe sagt schon vom Wort her, daß der Gedanke an Ehe zumindest nicht positiv ausgeschlossen wird, ja sogar als eine echte Möglichkeit anvisiert ist. Probeehe ist mit einem sehr sinnvollen Ideal verbunden, nämlich mit dem Ideal der persönlichen Prüfung vor der ehelichen Bindung, ein Ideal, das ja auch unsere Väter schon vertreten haben. «Drum prüfe, wer sich ewig bindet.» Aber Probeehe steht

eben auch in der Gefahr und in dem Risiko, den Menschen gleichsam in einer Prüfungssituation zu testen. Eine Prüfungssituation ist eine Streßsituation, ist keine normale Situation. Auch hier geht es um ein Ideal, aber ein Ideal, das bestimmte Risiken in sich trägt, das Glück des anderen zu verfehlen.

Die nächste, intensivere Form könnte man so umschreiben: Ehe ja, aber nur dann, wenn wir Kinder haben wollen. Man nennt diese Form auch «Ehe ohne Trauschein». Es ist eine sehr weit verbreitete Form. Die meisten Verhältnisse unter Studenten sind von dieser Art. Dabei wird in keinem Falle ausgeschlossen, daß, wenn etwa ein Kind kommen sollte, erwünscht oder unerwünscht, die Ehe öffentlich vollzogen wird, und zwar deshalb, weil man die Ehe doch heute noch als die beste Sicherung des Kindes betrachtet und weil man vor allen Dingen dem Kind nicht anlasten möchte, sich so gegen Institutionen in der Gesellschaft zu behaupten, wie man es selber tut, indem man nicht heiratet. Auch hier gibt es eine Anfrage: Dieses Verständnis von Ehe erscheint geradezu als eine Bestätigung für den Vorrang des Ehezwecks der Fruchtbarkeit, wie er vor dem Zweiten Vatikanischen Konzil sehr stark vertreten worden ist. Es scheint also, als würde hier die Ehe gleichsam als eine konservative Hülle angesehen, die man nun mal notwendigerweise überstreifen muß.

Es gibt auch Formen neuer Partnerschaft in der Ehe selber. Zum Beispiel: die «offene» Ehe, die Ehe auf Zeit und die Ehen in Abfolge, wie wir sie bei Menschen kennen, die einmal oder mehrere Male auf dem Weg über die Scheidung zu neuen Ehen finden. Ich will jetzt hier nicht im einzelnen darauf eingehen, vielleicht nur auf die «offene» Ehe. Die «offene» Ehe ist durch ein amerikanisches Buch als Modell sehr bekannt geworden. Dies ist eine Ehe, in der die Öffnung des Paares zur Gruppe und zur Gesellschaft so weit geht, daß das Paar in vielerlei – auch vielerlei erotische – Beziehungen verflochten ist. Das Paar setzt sich sozusagen dauernd selbst aufs Spiel, um auch für andere dasein zu können und um dem einzelnen seine freie Entfaltung zu sichern. Die offene Ehe trägt nun auch ein Risiko, nämlich das Risiko, das eben die Last der bindungsarmen Freiheit in sich birgt, die Last einer Freiheit, die keine Betreuung und keine Verpflichtung im gegenseitigen Verhalten mehr kennt.

Einige Hintergründe: Ambivalenz der Emanzipation

Das geschlechtliche Zusammenleben ist also im Stadium des Experiments. Das Experiment ist eben ein Teil des Entwurfcharakters. Aber man wird sehen müssen, daß der Experimentierraum inzwischen doch nicht nur durch ältere, sondern auch durch jüngere Erfahrungen eingeengt worden ist. Man bewegt sich nicht mehr im Experimentierraum aus dem reinen Gegensatz zur sogenannten Repression – was immer das auch gewesen ist –, sondern man bewegt sich im Experimentierraum mit der Erfahrung, daß die Experimente «freier Liebe», etwa in den Kommunen zur Zeit der Studentenrevolte, gescheitert sind. Sie sind vor allen Dingen daran gescheitert, daß sie hohe Ideale mit Praktiken verbunden haben, die die Menschen herabsetzen: z.B. das Ideal der Freiheit der Frau mit ihrer Gebrauchsfertigkeit. Der Experimentierraum beginnt sich also durch neue Erfahrungen einzuschränken, und es ist möglich, daß aus diesen neuen Erfahrungen heraus vielleicht auch einige befruchtende Gedanken gelingen, die in eine christliche Ehe eingehen können.

Die Hintergründe dieses Experimentierfeldes liegen in dem, was man die sexuelle Emanzipation genannt hat. Nun ist die sexuelle Emanzipation ganz sicher etwas, das man als zweideutig bezeichnen müßte. Wenn man Emanzipation im allgemeinen Sprachgebrauch zu deuten versucht, dann heißt sie nicht-repressive, d.h. freie Selbstverwirklichung. Dabei gibt es zwei – und daher ist Emanzipation eben zweideutig – Vorstellungen von Emanzipation: Emanzipation ohne jede Anerkennung von Ordnungsgestalten, das ist die immer wieder aufgeworfene Permissivität «erlaubt ist, was gefällt», und Emanzipation in Bindung an humane Sinnwerte. Diese könnte man mit einem anderen Wort auf «Autonomie», Mündigkeit des Menschen in Bindung an seine Würde, nennen. Es entscheidet sich also sehr viel daran, welche Erfahrung von Emanzipation besteht: die Erfahrung der Permissivität oder die Erfahrung der Autonomie. Unter der Erfahrung der Permissivität haben sich bestimmte Formen herausgebildet, die die Fragwürdigkeit der vorher genannten Partnerschaftsformen noch ergänzen. Eine davon ist die frühe Paarbildung. Durch das relativ frühe Herangehen an die Erfahrung der Sexualität kommt es, vermittelt durch die eigendynamische Kraft der Sexualität, zu einer Paarbildung, die die Menschen sehr früh an einen Partner fesselt, d.h. mit einem Partner so viel gemeinsam erleben läßt, daß er u. U. dann Schwierigkeiten hat, in andere Erfahrungsstufen des Lebens überzugehen. Die Situation dieser Ehe, die aus relativ früher Paarbildung entsteht, ist von dem amerikanischen Schriftsteller John Updike beschrieben worden, vor allen Dingen in seinem Buch «Ehepaare». Die Situation der Ehe zeigt er als Spiegel verödeter Landschaften der Seele in der Produktgesellschaft. Die auf früher Paarbildung beruhende Ehe kann sehr schnell in einen Zustand der Leere geraten, nachdem der berufliche Aufbau und die Möglichkeiten des Konsums erreicht sind. Aus dieser Leere entsteht die Suche nach neuen Partnern, und im Partnertausch, so zeigt Updike, schwindet allmählich der Sinn für die Tiefe einer menschlichen Beziehung.

Eine andere Form der modernen Ehebedrohung hat Martin Walser schon vor über zehn Jahren in seinem Buch «Das Einhorn» beschrieben. Er zeigt zwei Menschen in der Ehe, die sich völlig verschieden verstehen. Der Mann als jemand, der für vielerlei Wanderungen auf dem Gefilde der Geschlechtlichkeit offen ist, während die Frau die Geborgenheit des ehelichen Daches vorzieht, was natürlich auch ein umgekehrtes Verhältnis sein könnte. Es scheint so, als würden einige, die an die völlig freie geschlechtliche Selbstverwirklichung glauben, davon ausgehen, der Mensch wäre dazu geboren, entweder sexuell heimatlos oder behaust zu sein. Truffauts Film über «den Mann, der die Frauen liebte» zeigt eine ähnliche Erfahrung. Der Unterschied zu früher besteht darin, daß die doppelte Moral des Mannes zur doppelten Moral für verschiedene Veranlagungen geworden zu sein scheint. Manche meinen daher einfach, man brauche je eine verschiedene Moral für verschiedene Personen in verschiedenen Situationen.

Ich will mir schließlich nicht versagen, noch einen letzten und christlichen Grund für die neuen Formen und die neuen Risiken auf dem Gebiet der Ehe zu nennen. Das ist ein Wandel im Sakramentsverständnis. Drei bekannte Theologen – Edward Schillebeeckx, Josef Ratzinger und Walter Kasper – haben in verschiedenen Beiträgen dieses neue Sakramentsverständnis der Ehe zu formulieren versucht. In allen diesen Beiträgen ist klar, daß das Sakrament nicht nur von dem gültigen Eheabschluß her gesehen wird, den zwei Menschen miteinander bewirken, sondern daß das Sakrament – so formuliert es Schillebeeckx – als «ein innerer Auftrag … diesem Zusammenleben gegeben wird, das Glaubensleben füreinander und miteinander voll zu entfalten». Eine innere Dynamik der Ehe, ein Entwurf auf Ganzheit hin. Hier begegnet offensichtlich ein Wandel des dogmatischen Sakramentsverständnisses genau der Mentalität, die wir vor uns haben, wenn wir vom Entwurfcharakter der Ehe sprechen. Wir kommen noch einmal darauf zurück.

Wenn ich bisher in der Hauptsache kritisch den Risikocharakter der verschiedenen Formen neuer Partnerschaft hervorgehoben habe, so möchte ich doch darauf verweisen, daß man zu einer Entwicklung auch dann ja sagen kann, wenn man die Risiken und die Gefahren voll sieht und auch abwehren möchte. Ich finde in der Tat, daß die Ehe im Sinne einer fixierten starren Institution – z.B. nur von einer vertraglichen Unauflöslichkeit her betrachtet – sehr schnell ihren Zwangscharakter entfalten kann. Der Wandel der Situation zum Entwurf eines Lebensbundes schafft in der Tat einen neuen Freiraum der Bejahung und einen neuen inneren Auftrag, die Ehe als Entwurf so zu gestalten, daß sie, so unvollkommen sie auch bleibt, wirklich das Bestmögliche, was beide menschlich geben können, erreicht. Und das scheint unter dem Charakter des Entwurfes besser gesichert zu sein als unter dem Charakter des Zwanges. Aber dies alles gilt eben nicht, ohne daß man auf die Risiken und Gefährdungen, die darin liegen, Rücksicht nimmt. All diese Entwürfe sehen zwar etwas Richtiges, aber sie lösen auch Bedenken aus. Letztlich befriedigen sie nicht, weil sie nur einen Teil des Geheimnisses von Liebe und Treue erfassen. Ihre Mängel regen aber dazu an, die rechte Lebensform zu suchen, auf die hin diese Entwürfe vielleicht unterwegs sind.

«Entwurf» besagt, daß in der Ehe die Entfaltung der Partner nie an ihr Ende kommt. Die gemeinsam verantwortete Gestaltung der Beziehung beansprucht sie immer neu und in jedem Lebensabschnitt anders. Die Ehe ist dann noch nichts Abgeschlossenes und Endgültiges, wenn sie, wie man sagt, «geschlossen» wird.

Bejaht man aber die Ehe als Lebensform, so nimmt die Beliebigkeit, die dem Entwurf anhaftet, ab. Der Entwurf, den man als gelungen betrachtet, wird nun ins Leben umgesetzt. Einmal grundsätzlich bejaht, kann die Lebensform nicht mehr beliebig abgeändert werden.

Deshalb möchte ich als zweite These aufstellen:

2. Die Ehe lebt, aber sie lebt in der Krise und in der Bedrohung durch Scheitern

Frühe Krisen

Man kann unterscheiden zwischen frühen Krisen, schleichenden Krisen und offenem Scheitern. Frühe Krisen sind mit dem Entwurfcharakter der Ehe verbunden. Das Ende der Probe ist oft auch ein Ende der Leidenschaft; die Abflachung geschieht sehr schnell, wie ja überhaupt, je mehr die Sexualität zwanglos konsumiert wird, deutlicher wird, daß die gute alte Leidenschaft abnimmt, die sich früher an der Schwelle des Verbotes um so höher entzündet hatte. Mit diesem Abflachungsproblem ist eine frühe Krise in der Ehe verbunden: die Abflachung des sexuellen Reizes, die Abflachung der erotischen Steigerung der eigenen Existenz durch den anderen. Frühe Krisen sind aber auch oft durch Verhältnisse bedingt, die gar nichts mit der Ehe selbst zu tun haben. Sie entstehen dadurch, daß die wirtschaftliche Versorgung nicht zureicht, daß der Mann oder auch beide in beruflichen Krisen, in Arbeitslosigkeit usw. hineingeraten, daß Kinder nicht verkraftet werden oder auch Großeltern, je nachdem, wie man zusammenleben muß. Man kann sagen, daß gerade wirtschaftliche Gesichtspunkte bei frühen Krisen von Ehen nicht zu unterschätzen sind und daß auch sonst die Umwelt bei der Frage nach Ehekrisen eine förderliche oder hinderliche Rolle spielt. In der frühen Krise zeigt sich auch, wie gut die sittliche Vorbereitung auf die Ehe war; d.h. wie gut es den Ehepaaren gelungen ist, sich vorher ein bestimmtes Ethos der Ehe bereits fest anzueignen. Wir kommen auf dieses Ethos noch zu sprechen. Nun zu den

Schleichenden Krisen

Hier kann ich nur einige Gedanken und Gesichtspunkte nennen. Ich will sie mit einem kleinen Text einleiten, den ich bei Bert Brecht in den «Geschichten von Herrn Keuner» gefunden habe: «Wenn Herr Keuner einen Menschen liebte».
«Was tun Sie», wurde Herr K. gefragt, «wenn Sie einen Menschen lieben?» «Ich mache einen Entwurf von ihm», sagte Herr K., «und sorge, daß er ihm ähnlich wird.» «Wer, der Entwurf?» «Nein», sagte Herr K., «der Mensch.»

Dies ist gewiß eine der schleichenden Krisen in der Ehe; daß man sich voneinander einen Entwurf macht und diesen Entwurf dann als eine Art Erziehungsprojekt betrachtet: Gefahr von zuviel gegenseitiger Pädagogik, Gefahr von zuwenig gegenseitiger Betreuung und Füreinanderdasein.
Schleichende Krisen entstehen auch aus den Verunsicherungen der bisherigen Rollen in der Ehe. Rollen in einer Gesellschaft sind zu bejahen, wenn auch nicht unbedingt so, wie sie sind. Man muß zwar in Rollen leben – kein Mensch kann sozusagen ohne Rolle sein, dafür sind wir nicht instinktgesichert genug –, aber eine Gefahr für die Ehe ist sicherlich eine ungenügende Rollendistanz. Denn die unbewegliche Festlegung in den Rollen des Mannes oder der Frau, in den Rollen des Vaters oder der Mutter, bedeutet eine Erhöhung der Schwelle gegenseitigen Verständnisses. Wenn man sich verstehen will, muß man die Rolle auch einmal wechseln können. Ich finde es ganz gut, wenn in Ehen eine Art «fliegender Rollenwechsel» stattfinden kann, auch wenn er sich nur auf einige Zeiten beschränkt. Ich persönlich habe die besten Erfahrungen damit gemacht.
Eine dritte Ursache für die schleichenden Krisen ist die Kindererziehung. Oft entzündet sich eine schleichende Krise an unterschiedlichen Konzepten und Verhalten in der Kindererziehung, wobei der eine Ehepartner sich durchsetzt und der andere sich als Unterdrückter gleichsam in einer dauernden, kaum artikulierten Opposition befindet. Dann tritt er vielleicht an einer bestimmten Einbruchstelle des Erziehungskonzepts aus sich heraus, um zu sagen: Ich hab's ja immer schon gewußt. Meist handelt es sich um den Mann, der der Mutter das Konzept überlassen hat. Konzept und Verhalten in der Kindererziehung, wenn sie nicht gegenseitig beraten werden, wenn sie nicht gegenseitig abgeklärt sind, bedeuten in der Tat eine Bedrohung.
Zur schleichenden Krise führt auch eine mangelnde Kultur des Erotischen. Darüber ist heute sehr viel gesagt und geschrieben worden: über den Impuls der neuen Zärtlichkeit, über die erotische Feinfühligkeit als eigentliches humanes Ziel der Sexualität. Das ist freilich der Punkt, an dem die Humanwissenschaftler aufhören: bei der erotischen Feinfühligkeit. In der Tat ist eine hohe Kultur des Eros in der Ehe notwendig; denn der Eros ist ein sehr wichtiger Bestandteil einer geschlechtlichen Partnerschaft auch über lange Zeiten hinweg. Eros bedeutet aber, daß ich den anderen

als eine Steigerung meines eigenen Selbst erfahre, daß ich mich freuen kann, daß er da ist, weil auch ich dadurch mehr wert bin. Nun gibt es oft Situationen, in denen dieser «Mehrwert» in der Ehe zu erlöschen scheint, weil der «Vorsprung» des anderen, um dessentwillen ich ihm zuneige, eingeholt oder zusammengeschmolzen ist. Es kommt dann zu den sogenannten «Ent»-täuschungen, weil Eros in jeder Form auch eine Art Täuschung ist; deswegen ist er nicht etwas Negatives. Eros erhöht ja den anderen, bevorzugt ihn und bedeutet daher auch eine Art liebenswürdige Täuschung. Was wir brauchen, ist daher eine Kultur dieser Täuschung, eine Kultur der Aufwertung des anderen, die ihm seinen Vorsprung läßt. Ich meine damit die Kunst, den anderen oberhalb seines eigenen Selbstverständnisses zu nehmen, nicht unterhalb seines eigenen Selbstverständnisses. Bei manchen Ehen sieht man sehr wohl die schleichende Krise, wenn man erlebt, wie Mann und Frau, wenn auch vielleicht in scherzhafter Weise, sich dauernd gegenseitig herabsetzen und sich unterhalb ihres eigenen Selbstverständnisses annehmen. Eine mangelnde Kultur des Eros ist eine schleichende Krise der Ehe. Jeder Witz über den anderen, meint Sigmund Freud, ist der Zeuge des Verlustes eines Gefühls.
Dazu kommt oft die fehlende Entfaltung eines gemeinsamen Ethos. Wo nicht daran gearbeitet wird, vom Du des Eros in das Wir des Ethos überzugehen, d.h. sich nicht nur zu mögen, sondern sich auch zutiefst zu verstehen und miteinander gemeinsam handeln zu können, dort bröselt die Basis des Eros um so mehr ab. Denn die Kultur des Eros beinhaltet, je länger sie dauern soll, um so mehr Anspruch an das Ethos der beiden.
Es wären noch mehrere Punkte zu diesen schleichenden Krisen zu nennen, z.B. immer länger dauernde Zeiten zur Versöhnung nach dem Streit. Jedes Ehepaar erfährt, daß es Zeiten des Streites und Zeiten der Versöhnung gibt. Es gab im Rahmen meiner Bekanntschaft einmal den schönen Spruch: Es ist so wunderbar, wenn der Schmerz nachläßt, d.h. wenn die Versöhnung nach einem Streit wieder eintritt und intensiv zusammenführt. Aber die Kunst der Versöhnung will geübt sein. Werden die Zeiten der Unversöhnlichkeit immer länger, überdauern sie die Nacht, überdauern sie die Woche, dann wird es immer schwieriger werden, den Akt der Versöhnung neu zu setzen, und zwar unabhängig von Schuld oder Unschuld. Und das ist dann auf dem Wege zu dem, was man in der Tat eine «Zerrüttung» nennen kann.

Es wäre noch einiges zu sagen über Alter und Lebensenttäuschung, aber da dies weniger meinen Erfahrungsbereich berührt, möchte ich mich dazu nicht äußern.
Fassen wir zusammen: Ehe als Entwurf muß offensichtlich dynamisch bleiben und an sich weiterarbeiten, ihr eigenes Maß des Ethos und des Eros und ihr Maß für die Familie finden. Eros und Ethos dürfen nicht auseinanderfallen, sondern müssen füreinander dienstbar gemacht werden.

Offenes Scheitern

Schließlich stellt sich die Frage des offenen Scheiterns. Das offene Scheitern kann die Radikalisierung eines der Gesichtspunkte sein, die ich vorher erwähnt habe, z.B. des Endes der erotischen Zuneigung. Dieses Ende ist dadurch bedingt, daß die Steigerung meiner eigenen Identität durch den anderen nicht mehr erfüllt wird, sondern daß ich den anderen als Herabsetzung und Gefährdung meiner Identität erfahre. Man sieht darin den verfeinerten Egoismus des Erotischen. Das Wort «Egoismus» bedeutet in diesem Zusammenhang keine Abwertung der Selbstliebe in der Hingabe; jeder Mensch kennt das Phänomen der berechtigten Selbstliebe. Der verfeinerte Egoismus oder das Negative der Selbstliebe im Erotischen besteht eben nur darin, daß sie sich selbst sozusagen nicht durchschaut und deswegen auch ihr Ende nicht aufarbeiten kann. Wenn mir der andere gerade nur so viel wert war, als ich mich selbst sozusagen durch seine Gegenwart mehr wert fühlte – Mauerblümchen liebt Tanzstar oder so etwas –, solange die Beziehung nur so läuft, besteht immer die Gefahr, daß sie in ein erotisches Ende hineinläuft. Wenn dieser verfeinerte Egoismus nicht zumindest erkannt und relativiert wird, dann kann es sein, daß die Ehe offen scheitert, weil das Ende des Eros oft mit einem Einbruch eines neuen Eros von außen in diese Ehe verbunden ist. Meistens geschieht aber dieser Einbruch von außen, wenn bereits von innen etwas zu Ende gegangen oder von innen etwas gefährdet worden ist.
Offenes Scheitern geschieht zweitens durch das, was man «Zerrüttung» nennt. Zerrüttung heißt, das Beieinanderbleiben ist keine Frage des Wollens mehr, sondern eine Frage des Könnens. Selbst wenn man wollte, man könnte nicht mehr. Man muß das als ein existentielles Problem sehr ernst nehmen: einmal getroffene ein-

zelne persönliche Entscheidungen erweisen sich als nicht mehr rückgängig zu machen. Vielleicht ist nur noch möglich, daß man sich gegenseitig als Mensch und Christ respektiert, aber das Zusammenleben ist nicht mehr möglich. Ein Kriterium des Nichtmehr-Könnens ist, daß die Versuche der Versöhnung mit mißlungenem Ausgang bereits unzählbar geworden sind. Angesichts solchen Scheiterns könnte man nun fragen: Warum ist eigentlich ein Scheitern der Ehe so selten ein Scheitern des Ehebedürfnisses? Denn die Erfahrung lehrt, daß Gescheiterte in der Ehe sehr oft sofort oder bald in eine neue Ehe übergehen. Die Ehe scheint weiterzuleben, jeder wünscht weiterhin von der Ehe, daß sie jetzt das unverbrüchliche Verhältnis sei, das er am Anfang gesucht hat. Offensichtlich steht hinter der Tatsache, daß man die Zerrüttung der Ehe heute ernster nimmt als früher und es daher auch ein Mehr an Ehescheidungen gibt, noch nicht von vornherein und überall eine Herabsetzung des Charakters der Unverbrüchlichkeit in der Ehe, sondern wiederum – würde ich sagen – eigentlich ein Mehr an Aufrichtigkeit.

Der Hauptgrund des Scheiterns könnte ein Mißverständnis der Tragfähigkeit des Erotischen aus sich selbst heraus (von Natur her) sein. Ehe ist jedoch nur zu einem kleineren Teil «Natur», zum größeren «Kultur»; daher spielt hier die menschliche «Reifung» im Sinne gelungener Selbstannahme eine wichtige Rolle. Offenes Scheitern kann durchaus durch einen «Einbruch» von außen geschehen; meist aber entsteht es aus der Unumkehrbarkeit einer langen Kette von negativ verlaufenen Prüfungen der Kraft zur Gemeinsamkeit. Es ist möglich, daß «Erfahrung» hier weiterhilft (z.B. auch in einer neuen Ehe), aber es ist nicht sicher, denn schlechte Erfahrungen können auch in neuen Krisen äußerst lähmend wirken.

Bisher haben wir versucht, bei der Frage nach der Ehe mit sittlichen Wertungen vorsichtig und enthaltsam umzugehen. Aber es gibt auch die sittliche Perspektive. Das ist meine dritte These. Sie lautet:

3. Ehe soll sein und gelingen (ethischer Ansatz)

Warum ist Ehe überhaupt ein Gut

Was ist eigentlich zu sagen zur sittlichen Realisierung der Geschlechtlichkeit in der Ehe? Die Antwort auf die Frage «Warum überhaupt Ehe?» kann nur darin liegen, daß man – ganz unabhängig vom christlichen Kontext – zeigt: die Grundwerte der Geschlechtlichkeit selber tendieren zu dem, was man in der Geschichte von jeher Ehe genannt hat. Man hat es nur in den verschiedenen geschichtlichen Epochen verschieden interpretiert. Grundwerte der Geschlechtlichkeit meinen den menschlich-vernünftigen Sinn, der in der menschlichen Geschlechtlichkeit enthalten ist. Die Beachtung solcher Werte ist für das Gelingen einer geschlechtlichen Beziehung entscheidend.

Ein erster Grundwert besteht darin, daß die Geschlechtlichkeit den Menschen leiblich und geistig auf den anderen verweist. Wer seine Geschlechtlichkeit leben will, ist auf den anderen angewiesen und erfährt sich gerade darin erst als er selbst, als Geschlechtswesen.

Ein zweiter Grundwert basiert auf der Erfahrung, daß man über sich hinausgehen kann, wenn man geliebt wird und liebt. Diese Erfahrung ist im angstfreien und hingebungsvollen Erleben der erotisch sensiblen geschlechtlichen Begegnung in einmaliger Weise möglich. Dazu gehört die Vielfalt der Formen der Zärtlichkeit, in denen der Mensch mit Leib und Geist, mit Herz und Seele sich einem anderen erschließt und von diesem ebenso angenommen wird.

Ein dritter Grundwert ist die fürsorgende Verantwortung, die in einer vom ganzen Menschen getragenen Beziehung zum Ausdruck kommen muß. «Ich bin für das verantwortlich, was ich mir vertraut gemacht habe», sagt der Kleine Prinz des St-Exupéry.

Ein vierter Grundwert ist die verantwortliche Schaffung neuen Lebens und die liebevolle Erziehung der Kinder. Die Kraft zur Gemeinsamkeit schafft stets einen Mehrwert, der den Innenraum der Liebesbeziehung überschreitet und sozial wirksam wird, auch wenn sich dies nicht stets in biologischer Fruchtbarkeit, also in Kindern, ausdrückt.

Die Grundwerte der Geschlechtlichkeit, Angewiesenheit, Zärtlichkeit, Verantwortung, sozialen Fruchtbarkeit verweisen darauf, daß die Ehe auf einer sozialen Sinnbildlichkeit der menschlichen Geschlechtlichkeit beruht. Der eheliche Bund baut auf der Symbolkraft der geschlechtlichen Zuneigung auf.

Elemente dieser geschichtlichen Erfahrung werden heute manchmal bestritten. Aber erst in einer angstfreien, d. h. nicht von Trennung und Zwängen bedrohten Beziehung können diese Werte voll zur Entfaltung gelangen. Kein Mensch darf zum Gebrauchswert erniedrigt werden. Die menschliche Würde einer Beziehung, die bis in die Tiefendimension des eigenen Daseins hineinreicht, verlangt die volle Entfaltung beider. Wer daher versteht, daß zum eigenen Glücken das Glücken des anderen voll hinzugehört, der muß am Modell der unverbrüchlichen Einehe festhalten.

Nun bedeutet die Möglichkeit, die Ehe aus Grundwerten der Geschlechtlichkeit plausibel zu machen, keineswegs bereits, daß man sich über die Ehe einig sein muß. Man kann sich über die Wertvorstellung von der Ehe einig sein und über die Normvorstellungen gegenüber der Ehe sehr uneinig sein. Das ist die Situation, in der wir uns heute befinden, in der verschiedene Modelle von «Ehe» oder verschiedene Modelle von verbindlichem geschlechtlichem Zusammenleben miteinander in offener Konkurrenz stehen. Wir Christen sollten u. a. auch darauf vertrauen und daran arbeiten, daß unser Modell sich als überzeugend erweist.

Warum überhaupt Ehe? Ehe ist eine sittliche Instanz, das sagt uns die Erfahrung der Geschichte, die ganz bestimmte Grundübel, die mit dem geschlechtlichen Leben verbunden sein können, demaskiert. Ehe macht als sittliche Ordnungsgestalt der geschichtlichen Erfahrung deutlich, daß der Mensch ein Recht auf eine Grundordnung hat, in der Grundübel ebenso demaskiert wie Grundwerte erschlossen werden. Solche Grundübel sind: gegenüber der eigenen Person die Verweigerung, die eigene Geschlechtlichkeit in die eigene Personwürde aufzunehmen; gegenüber anderen Personen der berechnende Mißbrauch ihrer Bedürfnisse nach eigenen Interessen; schließlich gegenüber dem Phänomen der Geschlechtlichkeit selbst der Götzendienst in der Form des Sexkultes bzw. in der anderen Form, der der Verteufelung oder der Sexualunterdrückung. Gegenüber solchen Grundübeln ist die Ehe in der Tat eine ordnende Instanz. Das ist mehr als der Gesichtspunkt, den man früher gekannt hat, daß nämlich die Ehe ein Heilmittel für die Begehrlichkeit sei. Aber gemeint war in der Tat, wenn man diese allzu enge Formel gebrauchte, daß die frei gewollte Ehe den Menschen vom Abfall in diese Grundübel bewahren kann.

Aus der geschichtlichen Erfahrung erwächst daher die Anerkennung des Modellcharakters erfüllter Lebensformen der Geschlechtlichkeit, die sich als beste menschliche Möglichkeiten erwiesen haben und denen gegenüber sich die Alternativen bisher als inhuman demaskierten. Man muß die Institution Ehe nicht wählen. Man kann so oder so an ihr vorbeileben. Aber durch welche Institution wollte man sie ersetzen?

Dies wäre eine vorläufige Antwort ohne Rekurs auf den christlichen Glauben.

Christlicher Sinnhorizont

Im christlichen Sinnhorizont erscheint die Ehe neu fundiert im Schöpfungswort und in seiner Erneuerung durch Jesus. Die Humanität der Ehe wird durch das Schöpfungswort des Genesis-Buches bestätigt, das ja von der gegenseitigen Hilfe in der Geschlechtsgemeinschaft des Menschen ausgeht. Jesus hat dieses Schöpfungswort in einer Ethik für alle Menschen bestätigt und verankert, während vorher das Schöpfungswort in seiner jüdischen Interpretation in einer Volksmoral verankert und kulturell verengt war, vor allen Dingen in einer patriarchalischen Kultur. Über die Fundierung der Ehe im Schöpfungswort hinaus weist der christliche Sinnhorizont darauf hin, daß die Ehe ein Symbol des in Christus anwesenden Heils und ein eschatologisches Geheimnis darstellt. Ehe ist gleichsam ein Heilsstand und ein Ort der Heiligung, ein Ort also, an dem Menschwerdung des Menschen in besonderer Weise möglich ist. Ehe ist zugleich ein Ort, an dem die menschliche Freiheit zur unverbrüchlichen Treue im Geschenk der Gnade konkret wird. Ehe ist im christlichen Sinnhorizont ein Ort des von Gott im vorhinein Geliebtseins für alle, die in sie hineingeboren werden. Ehe ist ein Ort, an dem die Liebe so gelebt werden kann, daß an ihr die Bedeutsamkeit von Glauben und Vertrauen erfahrbar wird. Und Ehe ist schließlich ein Ort einer indirekten Verehrung Gottes. Zeitweise hat man in der Theologie das zu direkt betrieben, da war in Ehebüchern die Rede davon, daß man im Geschlechtsakt in der Ehe noch die besondere Zusatzmotivation der Anwesenheit Gottes setzen könne, und ich finde,

eine solche unmittelbare Gottesverehrung wird dem weltlichen Charakter der Ehe keineswegs gerecht.
Die Frage ist nun: Was heißt denn dies alles zusammengefaßt in dem Wort Sakrament? Josef Ratzinger hat in dem schon vor einiger Zeit erschienenen Aufsatz über die Theologie der Ehe gesagt, daß das Wort Sakrament gegenüber der Ehe in gewissem Sinne fragwürdig sei. Man dürfe nicht von einem Sakramentsverständnis ausgehen, das einfach dem vollzogenen gültigen Akt des Konsenses und der vollzogenen Vereinigung, wie das katholische Kirchenrecht sagt, die Sakramentsstiftung zuweist, sondern: «Sakramentalität der Ehe besagt, daß die in der Ehe konkretisierte Schöpfungsordnung des Zueinander von Mann und Frau nicht neutral neben dem Bundesgeheimnis Jesu Christi steht, sondern daß die Bundestreue Gottes aus dem Glauben heraus in ihr die Bundestreue des Menschen bewirkt und besiegelt. Je mehr es also dem Glaubenden gelingt, die Ehe aus dem Glauben zu leben und zu gestalten, desto mehr ist sie Sakrament.»
Wir sprachen schon von diesem neuen und dynamischen Sakramentsverständnis. Bei Edward Schillebeeckx heißt es: «Wird die Ehe als eine gänzliche gegenseitige und dauerhafte Zuwendung zueinander in Liebe und Sorge gesehen, dann ist ihre Unauflöslichkeit und Sakramentalität keine aus der Ehe als Institution notwendig folgende Eigenschaft, sondern ein zu realisierender innerer Auftrag.»
Die kirchliche Rechtsgestalt der Ehe schützt dann diesen inneren Auftrag zum Unlöslichmachen der Beziehung. Schillebeeckx fährt fort: «Sakramentalität ist die aus dem Glaubensleben vollzogene Tiefe und Einheit dieser menschlichen Eheliebe selbst. Die menschliche Ehe ist deshalb unauflöslich, nicht weil sie ein Sakrament ist, sondern sie ist ein Sakrament, weil und insoweit sie den Willen in sich trägt, sich in unverbrüchlicher Bundestreue zueinander zu entwickeln.»
Der christliche Sinnhorizont wird also dem Ethos der Ehe nicht einfach übergestülpt wie ein Gnadenprinzip einer «Natur», sondern die christliche Sakramentalität sucht die Tiefe der menschlichen Eheliebe voll auszuloten und glaubt daran, daß diese volle Auslotung der Tiefe der menschlichen Eheliebe nur unter dem Gesichtspunkt der völligen Bejahung durch die Bundestreue Gottes möglich ist. Im Zeichen der Bundestreue Gottes kann dieser Bund seine volle menschliche Tiefe erfahren und erreichen. Auch

«Ehe» als Sakrament ist in Wirklichkeit ein Entwurf mit eschatologischer Perspektive; ein Versprechen gegenüber der Du- und Wir-Dimension menschlichen Daseins; eine Tiefendimension, die als Abglanz einer höheren Wirklichkeit erkannt wird; ein Ort, an dem die Tiefe der Bundestreue Gottes und damit vor allen Dingen seiner Hingabe in die Menschlichkeit religiös erfahrbar wird; ein gesichertes Zeichen göttlicher Bejahung innerhalb unseres geschöpflichen und sündigen Daseins und Soseins.

Der theologische Kern des christlichen Ethos: die Liebe

Niemand wird bezweifeln, daß das christliche Ethos mit der Liebe steht und fällt. Zwar gibt es auch andere Ethosformen, in denen die Liebe bedeutsam ist, aber die Eigenart des Christlichen liegt darin, daß alles sittliche Verhalten auf diese Grundgestalt «Liebe» zurückgeführt werden kann: «Liebe, und dann tu, was du willst!» sagt Augustin. Ohne die Grundgestalt der Liebe ist kein sittliches Werk verdienstvoll, meint Paulus (1 Kor 13,3). Die Liebe enthält in sich die Form aller Tugenden, schreibt Thomas von Aquin. Urbild dieser Liebe ist Gottes Liebe zu den Menschen selbst. Alle christliche Brüderlichkeit ist hier nur ein Gleichnis (vgl. 1 Joh). In der deutschen Sprache hat man kein Wort für dieses theologische «Prinzip Liebe»; im Mittelalter wurde es zum Teil mit «triuwe», vertrauende Hingabe, übersetzt. Damit wurde die verpflichtende Gestalt des Johanneswortes «in der Liebe bleiben» zu fassen versucht (vgl. Joh 15,9). Die Bundestreue Gottes in ihrer neuen Gestalt der Hingabe bis in die Todesgrenze der Menschlichkeit (vgl. Phil 2,1-11) ist hier der Hintergrund. Die Liebe ist bereits Gottes Wille für die ganze Schöpfung; der Glaube an die Schöpfung sieht sie als Gottes «Gutheißung» der Welt (J. Pieper) und als sein «Interessenehmen» an uns (A. Ganoczy). Darüber hinaus wird die Liebe zum Zeichen christlicher Menschlichkeit: «Wer liebt, ist ein Christ» (J. Ratzinger); durch die Liebe gewinnt der Mensch Anteil am Geist Christi.

Es gibt andere Grundworte, mit denen man dem Kern des christlichen Ethos zu begegnen versucht, z. B. Freiheit oder Gerechtigkeit. Aber sie führen, wenn man sie im christlichen Zusammenhang sieht, auf die Liebe zurück. Christliche Freiheit erscheint als Freilassung in der Liebe (Paulus); christliche Gerechtigkeit heißt mehr, als jedem das Seine zu geben, heißt, jedem sein Maß an Liebe zuteil werden zu lassen. So kommt im Kern des christlichen Ethos alles auf die Liebe an. Diese ist jedoch in der Offenbarung nicht als sittliches System gegeben, sondern als personale Größe, denn in der Person Jesu von Nazareth ist die Verbindung von Gottesliebe und Menschenliebe zutiefst zu erfassen. In der Art, wie der irdische Jesus die ihm begegnenden Menschen in die Kraft seiner Liebe hineinnimmt, erscheint diese Liebe als lebensspendend über alle Grenzen hinaus, als Befähigung zur Umkehr und zu neuem Leben. Sie eint Menschen mit sich selbst, und sie eint Menschen untereinander, ja sie stiftet eine neue Gemeinschaft, deren Kennzeichen der Herrschaftsverzicht ist, die sich nur aus dem gegenseitigen Dienst verstehen kann.

Der theologische Hintergrund christlicher «Kunst des Liebens» kann hier nur in Andeutungen entfaltet werden, die zur weiteren Meditation anregen. Hier kommt es uns ja auf Konsequenzen im Bereich der Lebensform Ehe an. Man weiß: dies sind nicht die einzigen Konsequenzen. Solche Konsequenzen zieht bekanntlich der Epheserbrief aus paulinischem Geist (vgl. Eph 5). Er entfaltet zunächst die Perspektive des Herrschaftsverzichts: «Ordnet in der Ehrfurcht Christi euch einander unter» (5,21). Die verschiedenen Dienste von Mann und Frau sieht er dann von ihren sozialen Rollen in der damaligen Gesellschaft her, aber das ist hier nicht entscheidend. Entscheidend ist das Geheimnis des Neuen Bundes zwischen Gott und den Menschen (vgl. 5,32) und daß die Ehe als Ort seiner Vergegenwärtigung erfahren werden kann. Hineingezogen in dieses Geheimnis, kann die Ehe zum Ort der Liebe als unverbrüchlichen Vertrauens und Treueseins werden. «Treue» ist für unseren alltäglichen Sprachgebrauch vielleicht eine unzulängliche Übersetzung. Aber wir erfassen sie vielleicht, wenn wir an ihren theologischen Hintergrund denken, der schon im Alten Testament die Ehe zum Symbol des Bundes machte. Auch das Wort «Ehe» verweist ja sprachgeschichtlich auf diesen Treuebund zurück. Dies darf man nicht vertraglich eng sehen, sondern muß es von seiner ganzen menschlichen Fülle her verstehen: trauen und vertrauen, aneinander glauben, aufeinander hoffen, Dasein als miteinander erfahren. Eheliche Liebe ist ein Hineinfinden in die Treue Gottes, in die Erfahrung des «Bleibens» seiner Liebe als Gutheißung, Interessenehmen, Hingabe. So wie die Treue Gottes die volle Entfaltung alles Menschlichen beabsichtigt, so erhält von ihr die menschliche Liebesbeziehung die Würde, d.h. die volle Entfaltung der zeitlichen Menschlichkeit beider. Dazu muß man sich ein Leben lang Zeit lassen können. Die Unverbrüchlichkeit der Einehe ist keine vertragliche Zähmung ungeordneter Antriebe von Sexualität und Eros, sondern eine Ermöglichung der Liebe in ihrer Fülle.

Christliche Ehe ist daher von vornherein nur als alternative Lebensform zur bürgerlichen Ehe als einem Ort gegenseitiger Regelung von Lust, Besitz und Nachkommenschaft richtig zu verstehen. In der bürgerlichen Ehe erscheint die Dauer rein rechtlich motiviert: Verträge muß man einhalten. Christlich gesehen ergibt sich die Dauer aus der Verpflichtung des Liebesauftrags: die Liebe in ihrer Fülle auszuschöpfen.

Von daher versteht man auch, daß Grenzen des partnerschaftlichen Ehemodells, dessen Stärke darin lag, daß es das patriarchalische Familienmodell ablöste, heute nicht ganz zu Unrecht wieder erfahrbar werden. Es geht in der Tat letztlich nicht um den Lebensstil des Tennisdoppels, auch letztlich nicht um die sogenannte persönliche Eroskultur mit ihrer Mischung von Privatheit und begrenzter Sozialität. Christliche Ehe ist weder eine Insel zu zweit noch ein Ort des gemeinsamen Kampfes um den Platz an der Sonne. Sie ist ein Ort, wo Liebe in ihrer Fülle möglich wird, eine Liebe, die daher auch nicht bei sich selber bleiben kann. Ohne den theologischen Hintergrund ist aber Liebe in ihrer Fülle nicht erfahrbar. Darauf muß letztlich auch ein nichtchristlicher Versuch, wie der Erich Fromms, die «Kunst des Liebens» zu bestimmen, zurückkommen. Gott wird dort gleichsam zum praktischen Postulat der zwischenmenschlichen Liebe.

Die Versuche, das partnerschaftliche Ehemodell ohne Rückkehr zum Paternalismus durch Familiengruppen größerer oder geringerer Intensität des Zusammenlebens aufzuschließen, sind als «Zeichen der Zeit» wohl zu beachten. Letztlich kommt dies auch den einzeln lebenden Kindern zugute.

Die Liebe in ihrer Fülle ausschöpfen: das ist gewiß leichter gesagt als getan. Daß dies auch einen ganz irdischen Sinn hat, bezeugt die Weisheit des Alten Testamentes; wir lesen dort bei Jesus Sirach: «Auf! Iß dein Brot mit Freude, trink heiteren Sinnes deinen Wein, wenn schon Gott Wohlgefallen hat an deinen Werken. Stets seien deine Kleider weiß, und deinem Haupte mangle nicht das Öl. Genieß das Leben mit dem Weibe, das du liebgewonnen, all deine eitlen Lebenstage, die Er dir unter dieser Sonne gibt» (Ekkl 9, 7–9).

Auf die bekannten Texte des Hohenliedes wäre hier ebenfalls zu verweisen. Wenn die Liebe aus dem göttlichen Bereich schöpft, wird sie damit nicht unsinnlich. Aber zur Fülle der Liebe gehören auch die «Einsatzzeichen» für das Reich Gottes, wie man sie in der Bergpredigt und in den Nachfolgeworten Jesu findet. Solche Worte richten sich vor allem gegen die Besitzstrukturen des menschlichen Daseins, gegen die Haben-Mentalität. Sie sprechen den gelassenen, großzügigen und hingabefähigen Menschen an, einen Mut zur Vorbehaltlosigkeit in der Liebe, den wir nur selten einlösen. Eines der wichtigsten Momente in solchen Grundhaltungen ist die grenzenlose Bereitschaft der Vergebung und das Überweisen des Urteilens an den Herrn selbst. In der Fülle der Liebe steckt das Geheimnis der Kunst, den geliebten Menschen nicht auf seine schlechten Merkmale zu fixieren, sondern ihn im Guten sehen zu können, wie es seiner Würde entspricht. Kein Opfer für den andern ist etwas wert, wenn es nicht in diesem Sinne geschieht, meint Paulus im ersten Korintherbrief (vgl. dazu 1 Kor 13,3).
Ergebnis: Die Elemente des biblisch-christlichen Ethos dürfen wir gleichsam als «Einsatzzeichen» für unsere Grundhaltungen betrachten. Diese ermutigen zum Ausnutzen der Chancen, die in der hohen Bereitschaft zur Hingabe innerhalb der Ehe liegen können. Im Glauben kann man die ganze Fülle der Liebe sehen lernen und sich darin stärken lassen, die Grenzen der erotischen Selbstbereicherung und der bürgerlichen Vertragswelt zu überschreiten.

Verhältnis von Ehe und Kirche

Ehe, haben wir gesagt, soll sein und gelingen. Wie verhält es sich nun mit dem Verhältnis Ehe und Kirche: Konflikt oder Harmonie? Es gibt eine ganze Reihe von Konflikten, die man nicht übersehen darf.
Der eine Konflikt besteht darin, daß die offizielle kirchliche Lehrmeinung eine auf den einzelnen Akt bezogene Sexualmoral vertritt. Das heißt, daß jeder Akt auf dem Gebiet der Geschlechtlichkeit, der nicht genau die «Natur» vollzieht und der nicht innerhalb der Ehe geschieht, in sich eine schwere Sünde ist. Dies ist in dem römischen Dokument zu einigen Fragen der Sexualmoral noch einmal bestätigt worden. Man kann aber auch Sexualmoral als schrittweise Einführung in die volle Liebesfähigkeit verstehen.

Feste, zu allen Zeiten, an allen Orten gültige Übernormen helfen da weniger als menschliche Zielgestalten, auf die man sich schrittweise hinbewegen kann.

Ein zweiter Konflikt: Das Verständnis der Ehezwecke ist immer noch nicht bereinigt. Der Ehezweck der Fruchtbarkeit wird oft rein auf die Kinder bezogen. Die Frage der Geburtenregelung ist immer noch ein Konfliktfall, den auch die Ermahnungen des neuen Papstes nicht ausräumen.

Schließlich der dritte Konflikt: Das Problem der Zweitehen für Geschiedene. Dazu muß man sagen, daß vom Neuen Testament an, d. h. von der Interpretation der radikalen Jesusforderungen über die Unauflöslichkeit her angefangen, bei Mattäus, Paulus und auch anderen, die Frage der Unauflöslichkeit der Ehe, sobald sie Rechtsgestalt angenommen hat, immer so entschieden wurde, daß bestimmte Momente der «Zerrüttung» anerkannt wurden. Auch das heutige katholische Kirchenrecht erkennt so etwas an, nur sucht es sozusagen das vorliegende Scheitern mit anderen Gründen abzudecken. Wenn eine Ehe gescheitert ist, gräbt man nach, ob man nicht irgendeine juristische Fiktion findet, daß am Anfang der Ehekonsens nicht in Ordnung war. Das Kirchenrecht mit seiner Kasuistik ist eine neue Form der Täuschung und des Betrugs geworden, ein Betrug, der in der Not zwar menschliche Züge erhält, aber der durch den Satz «Gott könne auf krummen Wegen gerade schreiben» (W. Kasper) keineswegs abgedeckt wird. Man muß bei diesem Problem der Zweitehe für Geschiedene in der Tat das moralische Phänomen sehen, daß der Mensch über sein Können hinaus nicht gefordert werden kann. Das heißt: dort, wo Zerrüttung im Sinne des Nicht-mehr-Könnens, nicht des Nicht-mehr-Wollens, wo also das Nicht-mehr-Wollen gar nicht zur Debatte steht, vorliegt, dort kann sozusagen die Chance auf eine sittliche Selbstverwirklichung in einer neuen Ehe weder abgesperrt noch negativ etwa durch Aussperrung vom Sakramentenempfang sanktioniert werden. Es sollte doch möglich sein, eine Form zu finden, in der die Gemeinde diese neue sittliche Gestalt, die Menschen füreinander gefunden haben, auch abzusichern und mitzutragen versucht. Man sollte aber nicht bei dieser Konfliktlage stehenbleiben und auch das kirchliche Eintreten für die Ehe positiv sehen.

In den letzten Jahrzehnten hat die personale Zuneigung und die geschlechtliche Liebe in der Ehe eine ungeheure Aufwertung erfahren. Am schönsten äußert sich dazu das Zweite Vatikanische

Konzil und auch die Enzyklika «Humanae vitae». Die Ehezwecke werden in Sinnwerte umgekehrt, und bei diesen Sinnwerten wird die Liebe vorangestellt. Leibfeindliche Reste werden in der Kirche heute mit allgemeiner Übereinstimmung bekämpft, wenn auch weiterhin ein Konflikt darüber besteht, was denn nun leibfeindlich sei und was nicht.

Ein zweiter Fortschritt ist die Aufwertung der gemeindlichen Verantwortung für die Ehe, sichtbar in kirchlichen Stellen der Eheberatung, sichtbar, wenn auch in zu wenigen Gemeinden, im Entstehen von Familienkreisen als Baustein der Gemeinde, in denen man sich gegenseitig in seinen Problemen im Miteinander und mit den Kindern zu tragen versucht.

Konflikte in der Kirche zwischen Kirche und Ehe bestehen also darin, daß der Wandel moralischer Normen und der Wandel von Rechtsnormen zu wenig unter Beteiligung der Betroffenen überlegt wird. Die ethische Gestalt der Geschlechtlichkeit und die Rechtsgestalt der sakramentalen Ehe gehen eben nicht unmittelbar aus der Glaubensgrundlage, die das Amt zu wahren hat, hervor, sondern die ethische Gestalt der Geschlechtlichkeit und die Rechtsgestalt der sakramentalen Ehe sind zum großen Teil Gegenstand einer menschlichen Entwicklung der christlichen Praxis. Es wird Zeit, daß die Kirche dies einzusehen lernt.

Ich komme zum positivsten Teil. Meine vierte These behauptet:

4. Es gibt Glücken in der Ehe. Man kann es in einigen Stufen aufzeigen.

Was heißt überhaupt «Glücken»?

Man erfährt es am besten, wenn man sich darüber klar ist, wie verschieden das Glücken sein kann. Eine Erfahrung von «Glücken» ist es z. B., wenn jemand sagt, «es hat geklappt», wenn es ihm gelungen ist, am Zoll eine Schmuggelware durchzubringen. Das nennt man auch Glück. Das ist sozusagen die niedrigste Form von Glücken. Es gibt aber Steigerungsformen von Glücken weit über das «Klappen» hinaus. Diese Steigerungsformen sind in die Schritte zu fassen: es geht, es gelingt und es glückt.

«Es geht» ist die Antwort, die wir formulieren, wenn uns jemand fragt: «Wie geht es?» «How do you do?» Wir sagen: «Es geht.»

Man hat dabei die Vorstellung einer schwerfälligen Kontinuität, es geht unter Belastung, die Ehe geht, es ist gut gegangen.
Die zweite Vorstellung: «es gelingt»; da denkt man jetzt schon nicht an das ganze Kontinuum mit seinen Hindernissen und Aufenthaltsamkeiten, sondern da denkt man an die erzählten Abschnitte, die gelungen sind. Wenn beispielsweise Eltern sich zusammensetzen und sich sagen, nachdem ihr Kind einige Jahre alt geworden ist: dieser Abschnitt ist uns doch gelungen, bei aller Kritik, die noch bleibt. Das ist kein Glücken, das ist Gelingen. Gelingen als erzählter Abschnitt.
Schließlich: «es glückt», Glücken als Ereignis. Glücken ist jene Augenblicksgestalt des Gelingens, in der nichts fehlt. Da wird voll erfahren, was menschlicher Wert ist, da sind sozusagen beide in ihrer ganzen Person voll da. «Gehen» als Kontinuum, «Gelingen» als erzählter Abschnitt, «Glücken» als Ereignis und «Klappen» der geschlechtlichen Liebe als die vielleicht geringfügigste Form des Glückens. Denn da sagt man auch: es hat geklappt, «zwischen uns klappt es». Damit ist noch nicht gesagt, ob es dann «gehen», ob es «gelingen» und schon gar nicht, ob es glücken wird.
Noch ein Gedanke ist in diesem Zusammenhang notwendig: Manche Menschen meinen, daß das «Glücken» ein Dauerzustand sein müsse und nicht das «Gehen», und meinen daher, Glück bestünde in der Abwesenheit von Leid. Dort, wo der Mensch nicht auch in der Tiefe seines Schmerzes für den anderen berührt werden kann, dort wäre dann eigentlich Glück. Das Wort «Leidenschaft» zeigt dagegen sehr deutlich und mit Recht, daß Liebe etwas mit dem zu tun hat, was auch Leiden schafft, und daß deswegen Glücken im Sinne des Gehens und des Gelingens nicht die Abwesenheit von Leiderfahrungen einschließt, sondern durch die Anwesenheit von Leiderfahrungen zwar gefährdet, aber auch vertieft werden kann.

Modelle des Glückens

Lassen Sie mich zum Schluß noch ein paar literarische Zitate bringen für das, was ich eben gesagt habe, sozusagen «Modelle» des Gelingens. Die Zuteilung ist offen und mag zur Diskussion anregen.
Eine Stelle fand ich in der Novelle von Martin Walser «Ein fliehendes Pferd», die ich Ihnen als Ehenovelle sehr empfehlen kann.

Dort sagt sich der Oberstudienrat Halm bei einem Spaziergang mit einem etwas sehr lebendigen früheren Schulfreund: «Mein Gott, wie wäre es jetzt schön, mit Sabine allein zu sein. Sie sprachen selten, wenn sie wanderten, höchstens, daß Sabine einmal sagte, was sowieso beide sahen. Sie sagte: eine Bank, wenn sie vor einer Bank standen. Und wenn er gerade dachte, ob sich das Wetter hält, sagte sie: Ich glaube nicht, daß es zum Regnen kommt. Und es war dann völlig egal, ob es zum Regnen kam oder nicht, weil es auch völlig egal war, was einer sagte oder gesagt hatte oder je sagen würde. Meistens hob er dann seine Stimme an und sagte: Ach, du einziger Mensch, Sabine.» Das wäre vielleicht ein Beispiel für «es geht».

Nun ein Beispiel für Zärtlichkeit. Es stammt aus Peter Handke «Das Gewicht der Welt»: «Zwei, die einander küssen und sich umarmt halten, ganz lang, ganz still. Mein Unverständnis, daß sie es so aushalten, ohne schließlich ineinander zu dringen, so als könne nur ihre stille ausdauernde Umarmung das Wahre sein.»

Und schließlich noch ein mehrdeutiges Wort von Bertold Brecht «Morgens und abends zu lesen»/«Der, den ich liebe, / hat mir gesagt, / daß er mich braucht. / Darum / gebe ich auf mich acht, / sehe auf meinen Weg und / fürchte von jedem Regentropfen, / daß er mich erschlagen könnte.»

Ich darf mit einem anderen Zitat abschließen, das vielleicht die verschiedenen Gesichtspunkte, die ich zu nennen versuchte, miteinander verbindet, ein Zitat aus Ingmar Bergmanns «Szenen einer Ehe». Dort sagt am Schluß die Marianne: «Manchmal trauere ich darüber, daß ich nie einen Menschen geliebt habe. Ich glaube auch nicht, daß ich geliebt worden bin, und das macht mich betrübt.» Johann antwortet: «Ich finde, daß ich dich auf meine unvollkommene und ziemlich selbstsüchtige Weise liebe, und manchmal glaube ich, daß du mich auf deine ungebärdige gefühlbeladene Weise liebst. Ich glaube einfach, daß wir uns lieben auf eine irdische und unvollkommene Weise.»

Ruft dies nicht nach mehr Hoffnung aus dem vertrauenden Glauben an Gottes Liebe zu den Menschen?

Literaturhinweise

1. *Zum Thema «Liebe»*

Baader Franz v., Sätze aus der erotischen Philosophie, hrsg. von G.K.Kaltenbrunner, Frankfurt a.M. 1966.
Fromm E., Die Kunst des Liebens, Frankfurt-Berlin-Wien 1972 (zuerst amerikanisch 1952).
Greeley A., Erotische Kultur, Graz, Wien, Köln 1977.
Pieper J., Über die Liebe, München 1974.
Prinzip Liebe. Perspektiven der Theologie, Freiburg-Basel-Wien 1975.
Welte B., Dialektik der Liebe, Frankfurt a.M. 1973.

2. *Zum Thema «Ehe»*

Auer A., Weltoffener Christ. Grundsätzliches und Geschichtliches zur Laienfrömmigkeit, Düsseldorf 1960.
Eheberatung, hrsg. vom Verband katholischer Ehe-, Familien- und Lebensberater, Dezember 1979, Heft 19/20.
Ernst W., Ehe im Gespräch, Leipzig 1979.
Greeven H., Ratzinger J., Schnackenburg R., Wendland H.D., Theologie der Ehe, hrsg. von G.Krems-R.Mumm, Regensburg, Göttingen ²1972.
Gründel J., Die Zukunft der christlichen Ehe. Erwartungen, Konflikte, Orientierungshilfen, München 1978.
Harsch H. (Hrsg.), Das neue Bild der Ehe, München 1969.
Henrich F., Eid V. (Hrsg.), Ehe und Ehescheidung. Diskussion unter Christen, München 1972.
Huizing P.J.M. (Hrsg.), Für eine neue kirchliche Eheordnung. Ein Alternativentwurf. Mit Beiträgen von J.H.A. van Tilburg, Th.A.G. van Eupen, E. Schillebeeckx und P.J.M.Huizing, Düsseldorf 1975.
Kasper W., Zur Theologie der christlichen Ehe, Mainz 1977.
Molinski W., Theologie der Ehe in der Geschichte, Aschaffenburg 1976.
Pesch R., Freie Treue. Die Christen und die Ehescheidung, Freiburg-Basel-Wien 1971.
Renker J., Christliche Ehe im Wandel der Zeit, Regensburg 1977.
Schillebeeckx E., Le Mariage. Réalité terrestre et mystère du salut, Bd.1, Paris 1966.
Splett J., Lebensform Ehe. In: Stimmen der Zeit (1977).
Die Zukunft der Ehe in der Kirche = *Concilium 9* (1673) Heft 8/9.

3. *Literarische Hinweise*

Bergmann Ingmar, Szenen einer Ehe (Heyne), München 1976.
Ehegeschichten. Eine Diogenes Anthologie, hrsg. von M.Hottinger, Zürich 1966.

Handke P., Das Gewicht der Welt. Ein Journal, Salzburg 1977.
Walser M., Ehen in Philippsburg (Suhrkamp), Frankfurt 1957.
– Das Einhorn, ebd. 1966.
– Ein fliehendes Pferd. Novelle, ebd. 1978.
Updike John, Ehepaare. Roman (Deutsche Buchgemeinschaft o.J.).
– Unter dem Astronautenmond (Rowohlt), Reinbek 1978.

Hans Halter

Kirche und Familie – einst und heute

Abriß der katholischen Familiendoktrin

Das Thema Familie ist so komplex, daß ich zuerst kurz umreißen will, in welch eingeschränktem Sinne im folgenden von «Kirche und Familie einst und heute» die Rede sein soll.
Familie ist zwar eine kleine, aber sehr intensive intime Lebensgemeinschaft mit vielen und verschiedenartigen Beziehungen, je nach dem, welche Art von Familie wir ins Auge fassen:
Da gibt es den heutigen Normalfall, nämlich die sogenannte Klein- oder Kernfamilie, bestehend aus den Eltern und ihren direkten Kindern.
Es gibt die erweiterte Kernfamilie mit irgendwelchen zusätzlichen Personen im Haushalt, z.B. Dienstboten.
Es gibt dann die Mehrgenerationenfamilie, wenn auch die Großeltern der Kinder oder sogar deren Urgroßeltern miteinander leben.
Es gibt ferner die Großfamilie älteren Stils, wenn verheiratete oder unverheiratete Geschwister mit ihren Ehepartnern und Kindern in einer Hausgemeinschaft wohnen.
Es gibt neben der Großfamilie modernen Stils, in der sich mehrere Ehepaare und Familien aufgrund gemeinsamer Interessen als Lebensgemeinschaft zusammenfinden, noch die unvollständige oder Restfamilie, die durch den Tod eines Gatten oder durch Scheidung entsteht oder als Lebensgemeinschaft von unverheirateten Müttern mit Kind besteht.
Der Familientyp, den die kirchliche Verkündigung vor allem ins Auge faßt – die erweiterte Kernfamilie –, erscheint schon in der ältesten christlichen Mahnung an die Familie, die wir kennen, nämlich in der sogenannten Haustafel des Kolosserbriefes (3,18 bis 4,1) im Neuen Testament: «Ihr Frauen, ordnet euch euren Männern unter, denn so will es der Herr. Ihr Männer, liebt eure Frauen und seid nicht aufgebracht gegen sie! Ihr Kinder, gehorcht euren

Eltern in allem; das gefällt dem Herrn. Ihr Väter, unterdrückt eure Kinder nicht, damit sie nicht mutlos werden! Ihr Sklaven, gehorcht euren irdischen Herren in allem! Arbeitet nicht nur, um euch in den Augen der Menschen beliebt zu machen, sondern fürchtet den Herrn mit aufrichtigem Herzen! Tut eure Arbeit gern, als sei sie für den Herrn und nicht für die Menschen; ihr wißt, daß ihr vom Herrn euer Erbe als Lohn empfangen werdet. Dient Christus, dem Herrn! Wer Unrecht tut, wird dafür seinen Lohn erhalten, ohne Ansehen der Person.
Ihr Herren, gebt den Sklaven, was recht und billig ist; ihr wißt, daß auch ihr im Himmel einen Herrn habt.»
Diese Haustafel, die in Eph 5 in bedeutsamer Weise verchristlicht und erweitert wurde, ist in verschiedener Hinsicht grundlegend für die ganze spätere christliche Verkündigung, nämlich was die Adressaten betrifft (die Mahnung an Herren und Sklaven weicht später den Mahnungen an die Hausherren und Dienstboten) und was die hierarchische Struktur der hier angezielten Beziehungen und das damit verbundene Rollenverständnis von Mann und Frau, von Eltern und Kindern betrifft.
Über Familie sprechen heißt aber auch über die Familie und ihr Verhältnis zur Gesellschaft, zu Staat und Kirche sprechen.
Schließlich setzt jedes Verständnis von Familie immer schon ein bestimmtes Verständnis von Sexualität und damit eine bestimmte Sexualmoral voraus. Damit sind die Themen aufgezählt, die im folgenden zur Sprache kommen müssen:
Das Vorverständnis von Sexualität.
Das Verhältnis von Mann und Frau in der Ehe und das Eheverständnis überhaupt.
Das Verhältnis von Eltern und Kindern, wozu auch das Stichwort Erziehung gehört.
Das Verhältnis der (erweiterten) Kernfamilie zur Umwelt, zu Staat und Kirche.
Es versteht sich von selbst, daß wir hier nur Schwerpunkte herausheben und auch diese nur andeuten können.
Wir werden uns ferner, wenn wir von «Kirche und Familie» reden, auf die offizielle kirchliche Lehre, also auf lehramtliche Dokumente vor allem der höchsten Ebene beschränken müssen. Die seelsorgliche Praxis, die sogenannte Familienpastoral, kann nur andeutungsweise in den Blick kommen.
Schließlich beschränken wir uns auf die kirchliche Lehre seit Aus-

gang des 19. Jahrhunderts, also seit Leo XIII., was das «Einst» betrifft; das «Heute» soll dagegen besonders vom Zweiten Vatikanischen Konzil her noch kurz beleuchtet werden[1].

Kirche und Familie – einst

Wer die Gegenwart verstehen will, muß um die Vergangenheit wissen. Das gilt für die Lehre der katholischen Kirche ganz besonders, weil sich diese Kirche bekanntlich sehr stark der Tradition verpflichtet weiß.
Dieser geschichtliche Überblick über die letzten hundert Jahre mag dem vorwärtsdrängenden heutigen Menschen ein wenig verständlicher machen, warum in manchen Bereichen kirchlicherseits eine schnellere Entwicklung der Lehre kaum möglich ist. Es wird aber auch deutlich, daß selbst die so unveränderlich scheinende katholische Doktrin dauernd in Bewegung ist und in den letzten Jahrzehnten erstaunliche Entwicklungen durchgemacht hat. Wer sich in der katholischen Kirche gerade um ihrer konstanten, klaren Lehre willen, die sich nicht nach jedem modernen Windhauch bewegt, wohl fühlt, wird zur Kenntnis nehmen müssen, daß man in so konkreten Belangen wie jenen der Familie von einer unveränderlichen und einhelligen katholischen Lehre trotz allem Bleibenden kaum reden kann.
Ein geschichtlicher Rückblick, wie er hier in geraffter Darstellung, belegt durch wörtliche Zitate, versucht wird, ist nicht ungefährlich. Manche Aussagen der vergangenen kirchlichen Familiendoktrin wirken unverständlich, befremdlich, manchmal vielleicht auch ärgerlich. Wir sollten uns aber bewußt bleiben, daß viele Aussagen, über die wir heute vielleicht den Kopf schütteln, noch vor wenigen Jahren oder Jahrzehnten, wenn nicht allgemeingesellschaftlich, so doch innerkirchlich mehr oder weniger selbstverständlich klangen. Manches wäre uns heute verständlicher, manches könnte eher unsere Zustimmung finden, wenn wir die einzelnen Aussagen stärker auf dem Hintergrund der damaligen Zeit mit ihren spezifischen Auseinandersetzungen und Entwicklungen zu hören vermöchten.
Es ist hier leider kaum möglich, die kirchliche Ehe- und Familiendoktrin von einst so in den jeweiligen zeitgeschichtlichen Horizont

einzubetten, daß alle Mißverständnisse ausgeschlossen und alle Spitzen abgebrochen werden. Letzteres wäre ohnehin kaum möglich, denn die kirchliche Ehe- und Familienlehre läuft auch heute noch in manchem dem zeitgenössischen Denken zuwider. Hier gilt es dann fairerweise wenigstens das angezielte positive Anliegen zu sehen, auch wenn man mit den vorgetragenen Lösungen vielleicht nicht einverstanden ist.

Voraussetzungen der kirchlichen Familiendoktrin

Quellen und Kompetenz des Lehramts[2]

Die Kirche geht davon aus, daß der Mensch als Sexualwesen ein Geschöpf Gottes ist und daß die Institution von Ehe und Familie Schöpfung Gottes ist. Es wird sehr betont, daß damit eine Ordnung von Sexualität, Ehe und Familie vorausgesetzt ist, die der Mensch zur Kenntnis zu nehmen hat und die er nicht ändern darf. Indem Gott den Menschen als Sexualwesen und Gemeinschaftswesen schuf, indem Gott die Institution Ehe und Familie schuf, hat er auch gleich den Sinn und Zweck dieser Institutionen mitgeschaffen, ja, er hat diesen Institutionen schon im voraus und für immer seinen Willen, sein Gesetz eingestiftet. Der Mensch kann dieses Gesetz kraft seiner Vernunft erkennen. Es handelt sich also um sogenanntes Naturrecht, das überall, immer und unveränderlich gültig ist für die ganze Menschheit.

Dazu kommt noch die Offenbarung, also konkret das AT und NT, worin sich Gott direkter und deutlicher zu Sexualität, Ehe und Familie geäußert und seinen Willen kundgetan hat, wobei hier die Erhebung der Ehe durch Christus zum Sakrament von größter Bedeutung ist.

Wir haben also bezüglich Sexualität, Ehe und Familie ein absolutes, ewiges, unveränderliches, klares Gesetz Gottes, an das wir Menschen inklusive kirchliches Lehramt gebunden sind.

Es sei vorweggenommen, daß die Kirche früher viel stärker als heute auf dieses ewig vorgegebene Gesetz gepocht hat, und zwar bis ins kleinste Detail, während man heute auch offiziell etwas zurückhaltender geworden ist, weil man mittlerweile eingesehen hat, daß nicht alles, was man einst für natürlich und darum für Gottes unabänderlichen Willen hielt, wirklich so natürlich war und ist. Während aber das erwähnte neuscholastische Naturrechtsmodell in der sonstigen kirchlichen Sozialdoktrin heute ziemlich überwunden ist, konnte es sich gerade innerhalb der kirchlichen Sexual- und Ehemoral teilweise noch halten bis in die neueste Zeit hinein, wie man an der Enzyklika Papst Pauls VI. «Humanae vitae» vom Jahre 1968 und an der Erklärung der römischen Kongregation für die Glaubenslehre «Zu einigen Fragen der Sexualethik» aus dem Jahre 1975 ersehen kann[3].

Der eben angedeutete Ansatz bei der Natur als Schöpfungsordnung einerseits und bei der Offenbarung andererseits hat nun gewichtige Konsequenzen für die Kompetenz der Kirche und ihres Lehramtes in Sachen Familiendoktrin. Das Herausstreichen der Autorität und Kompetenz der Kirche nicht nur in Fragen des Glaubens, sondern auch der Moral (und der Gesetzgebung in Ehe- und Familienangelegenheiten) ist gerade für das Ende des 19. und den Anfang des 20. Jahrhunderts typisch und auffallend. Je mehr die äußere Macht der katholischen Kirche und des Papsttums abnahm, je mehr die Säkularisierung voranschritt und der öffentliche Einfluß der Kirche zurückging, desto stärker wurde die Autorität des päpstlichen Lehramtes mindestens innerkirchlich.

Die Begründung für den starken Lehramtsauftrag lautet kurz so: Die Kirche, genauer das Lehramt der Kirche, ist durch Christus und damit durch Gott selbst eingesetzt, die Völker, und zwar alle Völker über den Willen Gottes zu belehren, der in der Naturordnung und in der Offenbarung zutage tritt. Das Lehramt erkennt, wahrt und lehrt diesen Willen Gottes unter dem Beistand des Heiligen Geistes. Darum und weil Sexualleben, Ehe (als Sakrament!) und Familie engstens verbunden sind, nicht nur mit dem menschlichen Wohl im allgemeinen, sondern auch mit dem Glauben und mit dem Heil des Menschen überhaupt, weil also all dies mit dem Ursprung und mit dem Ziel des Menschen aus Gott und in Gott zu tun hat, darum muß die Kirche hier ihre Lehre deutlich und kompromißlos vortragen; ihre Kompetenz hat sie von Gott her.

Man versteht von diesem aufgezeigten Fundament her besser, warum das ganze Sexualleben, warum Ehe und Familie in der katholischen Kirche so stark kirchlich reglementiert waren und es teilweise immer noch sind. Einige Abschnitte aus der gewichtigen Ehe-Enzyklika «Casti connubii» Pius' XI. aus dem Jahre 1930 mögen das Gesagte belegen[4]: «Hier ist nun vor allem jener unumstößliche Satz ins Gedächtnis zurückzurufen, zu dem sich jede gesunde Philosophie und noch viel mehr die Theologie feierlich bekennen: Was von der rechten Ordnung abgewichen ist, kann auf keinem anderen Weg in seinen ursprünglichen und seiner Natur gemäßen Stand zurückgeführt werden als durch Rückkehr zu den Gedanken Gottes, die (so lehrt der Doctor Angelicus) das Maß alles Rechten und Richtigen sind. Daher hat Unser Vorgänger seligen Angedenkens, Leo XIII., mit Recht gegen die Naturalisten eindringlich betont: ‹Es ist ein von Gott gegebenes Gesetz, daß wir den Nutzen und die heilsamen Wirkungen der von Gott und der Natur stammenden Einrichtungen um so stärker erfahren, je mehr sie in ihrem ursprünglichen Zustand unversehrt und unverändert verbleiben. Denn Gott, der Schöpfer aller Dinge, hat sehr wohl gewußt, was der Natur und der Erhaltung der einzelnen Dinge dienlich ist, und er hat sie alle nach seiner Idee und seinem Willen so gestaltet, daß jedes von ihnen in seiner Weise sein Ziel erreicht ...›

Die Angleichung der Ehe und Ehemoral an das göttliche Gesetz, ohne die die Erneuerung der Ehe erfolglos wäre, setzt sodann voraus, daß Gottes Gesetze von allen leicht, mit voller Sicherheit und ohne Beimischung von Irrtum erkannt werden. Nun weiß aber ein jeder, wie vielen Täuschungen das Tor geöffnet und wie viel Irrtum der Wahrheit beigemischt würde, wenn man ein Problem dem bloßen Licht der Vernunft oder der privaten Auslegung der Offenbarung überlassen würde. Wenn das schon von vielen anderen Wahrheiten der sittlichen Ordnung gilt, so gilt es erst recht in Sachen der Ehe, wo die sinnliche Leidenschaft den schwachen Menschen so leicht überfallen, täuschen und verführen kann. Dies um so mehr, als die Beobachtung des göttlichen Gebotes von den Gatten zuweilen schwere und langandauernde Opfer verlangt ...
Damit also nicht irgendeine selbstgemachte oder verdrehte Idee vom göttlichen Gesetz, sondern echte und korrekte Erkenntnis den menschlichen Geist erleuchte und die sittliche Entscheidung führe, muß zu der Hingabe an Gott und zu dem aufrichtigen Verlangen, ihm zu dienen, der kindliche und demütige Gehorsam gegen die Kirche hinzutreten. Denn die Kirche wurde von Christus dem Herrn zur Lehrerin der Wahrheit bestellt, auch zur Leitung und Führung im sittlichen Leben, wenngleich hier vieles dem Menschenverstand an sich nicht unzugänglich ist. Denn gleichwie Gott bezüglich der natürlichen religiösen und sittlichen Wahr-

heiten dem Lichte der Vernunft die Offenbarung beigegeben hat, damit, was recht und wahr ist, ‹auch im gegenwärtigen Zustand des Menschengeschlechts von allen leicht, mit voller Sicherheit und ohne Beimischung von Irrtum erkannt werden kann›, so hat er zum selben Zweck die Kirche zur Hüterin und Lehrerin aller religiösen und sittlichen Wahrheiten bestimmt. Der Kirche sollen daher die Gläubigen gehorchen und ihr Denken und Sinnen unterordnen, um ihren Geist vor Irrtum und ihr sittliches Leben vor Verderbnis zu bewahren. Und damit sie sich dieser ihnen von Gott in seiner Freigebigkeit geschenkten Hilfe nicht berauben, müssen sie nicht nur den feierlichen Entscheidungen der Kirche, sondern entsprechend auch den übrigen Satzungen und Bestimmungen, durch die gewisse Ansichten als gefährlich oder verkehrt verboten und verurteilt werden, Gehorsam leisten.

Daher sollen sich die Christgläubigen auch in den heutigen Ehefragen vor Überspannung der Unabhängigkeit des eigenen Urteils und vor der falsch verstandenen menschlichen Freiheit, der sogenannten ‹Autonomie›, hüten. Denn es paßt ganz und gar nicht zu einem wahren Christen, seinem eigenen Urteil so stolz zu vertrauen, daß er nur dem, was er selbst durch Einsicht in die inneren Gründe erkannt hat, seine Zustimmung gibt, die Kirche aber, die von Gott zur Unterweisung und Leitung aller Völker gesandt wurde, als rückständig und weltfremd ansieht oder auch nur dem zustimmt und sich unterordnet, was sie durch die genannten feierlichen Entscheidungen befiehlt. Gerade, als ob ihre anderen Entscheidungen zunächst einmal als falsch angenommen werden könnten oder als ob sie nicht hinreichende Gewähr für ihre Wahrheit und Sittengemäßheit böten. Es ist dagegen allen wahren Jüngern Christi, ob gebildeten oder ungebildeten, eigen, in allen Belangen des Glaubens und der Sitte sich von der heiligen Kirche Gottes leiten und führen zu lassen durch ihren obersten Hirten, den Römischen Papst, der seinerseits von Jesus Christus Unserem Herrn geleitet wird.»

Sinn und Zweck der Sexualität

Gott hat die Menschen als Mann und Frau und damit die Sexualität zum Zwecke der Fortpflanzung geschaffen. Anders als die Ehe, bei der neben dem ersten Zweck der Fortpflanzung auch sogenannte sekundäre Zwecke akzeptiert waren, war die Sexualität als solche einzig auf Nachkommenschaft ausgerichtet. Es ist klar, daß es von daher eine legitim gelebte Sexualität ausschließlich in der Ehe geben kann. Im kirchlichen Sprachgebrauch war darum der Begriff Geschlechtsverkehr oder -akt mit dem Begriff Zeugungsakt identisch. So schreibt Pius XI. in seiner Ehe-Enzyklika «Casti connubii» 1930[5]: «… daß nach dem Willen des Schöpfers und dem Gesetz der Natur jeder Gebrauch der Fähigkeit, die Gott zur Weckung neuen Lebens gegeben hat…, das ausschließliche Recht, und zwar ein Vorrecht der Ehe ist und sich unbedingt innerhalb ihrer geheiligten Schranken halten muß.»

Obwohl sich vor allem seit dem 17. Jahrhundert innerkirchlich die Lehrmeinung durchsetzte, daß dem Zwecke der Fortpflanzung Genüge getan werde, wenn im Geschlechtsverkehr eine Zeugung nicht bewußt und direkt ausgeschaltet werde, und obwohl sich in der Moraltheologie schon seit Beginn der Neuzeit die Stimmen gemehrt hatten, daß die Sexualität in der Ehe nicht ausschließlich der Fortpflanzung zu dienen hätte, so dauerte es doch bis 1930, bis das päpstliche Lehramt erstmals anerkannte, daß die Sexualität in der Ehe auch noch einen andern positiven Sinn als den der Fortpflanzung haben könne. Pius XI. spricht vom Sexualleben im Dienste der ehelichen Liebe und von der Regelung des natürlichen Verlangens. Deswegen ist es nach Pius XI. auch legitim, für den ehelichen Verkehr die sogenannten empfängnisfreien Tage zu wählen. So lesen wir in seiner Enzyklika «Casti connubii»[6]: «… jene Eheleute handeln nicht wider die Natur, die in ganz natürlicher Weise von ihrem Recht Gebrauch machen, obwohl aus ihrem Tun infolge natürlicher Umstände, seien es bestimmte Zeiten oder gewisse Mängel der Anlage, neues Leben nicht entstehen kann. Denn es gibt in der Ehe selbst wie in dem Gebrauch des Eherechts auch Zwecke zweiter Ordnung: die wechselseitige Hilfe, die Betätigung der ehelichen Liebe und die Regelung des natürlichen Verlangens, Zwecke, die anzustreben den Ehegatten keineswegs untersagt ist, vorausgesetzt, daß die Natur des Aktes und damit seine Unterordnung unter das Hauptziel nicht angetastet wird.»

Es bleibt aber sowohl bei Pius XI. wie bei seinem Nachfolger, Pius XII., trotz zunehmender Interventionen durch Moraltheologen absolut klar, daß die Sexualität – auch innerhalb der Ehe – nach wie vor primär der Fortpflanzung zu dienen habe und daß die andern Sinngehalte der Sexualität nur zweitrangig seien. Keinesfalls dürfe der Zeugungszweck direkt, d. h. durch einen bewußten,

gezielten Eingriff in den sogenannten «natürlichen Ablauf» des Geschlechtsverkehrs verunmöglicht werden[7].
Trotzdem, was Pius XI. hier in die Wege geleitet hat, das war für die damalige Zeit neu, gegenüber der früher geltenden augustinischen Ehelehre aber geradezu ketzerisch. Denn bis anhin galt es als sündig, zum Verkehr bewußt jene Zeiten zu wählen, in denen keine Empfängnis zu erwarten war. Denn hier wurde ja der eigentliche Zweck der Sexualität bewußt umgangen.

Das Eheverständnis

Von der Familie reden heißt immer auch von der Ehe reden. Hier gilt es, auf einen interessanten Aspekt der kirchlichen Lehre hinzuweisen. Untersucht man die kirchlichen Dokumente zum Thema Kirche und Familie, so wird man schnell feststellen, daß die kirchliche Familienlehre vor allem eine Lehre über die Ehe ist. Eine eigentliche Familienlehre gibt es kaum. Trotzdem ist dann umgekehrt die ausführliche Lehre über die Ehe weitgehend auch schon eine Familienlehre, weil nämlich Ehe nach katholischem Verständnis ganz und gar ausgerichtet ist auf die Familie.

Einheit, Heiligkeit, Unauflöslichkeit

Die Hauptaussagen der Kirche hinsichtlich des Wesens der Ehe umschreibt Leo XIII. 1886 in einer geläufigen kirchlichen Kurzformel so[8]: «Was die eheliche Gemeinschaft betrifft, so bemüht Euch, Ehrwürdige Brüder, die katholische Lehre von der Heiligkeit, Einheit und Unauflöslichkeit der Ehe tief in die Herzen einzugraben. Ruft den Gläubigen häufig in Erinnerung, daß die Ehe unter Christen aus ihrem Wesen heraus ausschließlich der kirchlichen Gewalt unterliegt.»
Das kirchliche Gesetzbuch vom Jahre 1917 drückt den Sachverhalt in Can 1013, § 2, kurz so aus: «Die wesentlichen Eigenschaften der Ehe sind Einheit und Unauflöslichkeit, welche in der christlichen Ehe aufgrund des Sakramentes eine besondere Festigkeit erlangen.»
Heiligkeit der Ehe bedeutet, daß sie ihren Ursprung in Gott, dem Schöpfer, hat, und vor allem dies, daß die Ehe durch Christus zu einem Sakrament erhoben wurde. Die Ehe ist demnach als natür-

licher Vertrag zwischen Mann und Frau oder, weniger juristisch ausgedrückt, als natürliche Lebensgemeinschaft zwischen Mann und Frau zugleich ein Heilszeichen, Ort der Heilsgegenwart und des segenvollen Wirkens Gottes durch Christus.

Von daher beansprucht die Kirche das Recht, ja die Pflicht der sittlichen und rechtlichen Reglementierung der Ehe besonders gegen den Staat. Von daher bekämpft die Kirche die Übernahme der Ehejurisdiktion durch den Staat besonders seit der Französischen Revolution. Vor allem der (reinen) Zivilehe wird der Kampf angesagt, weil die Schließung des Ehevertrags auch der Beginn des Ehesakramentes ist. Sakramente aber sind Sache der Kirche[9]!

Im Zusammenhang mit dem Sakrament wird von der Kirche nichts so sehr betont wie die Unauflöslichkeit der Ehe, die im Schöpfungsauftrag und im Ehescheidungsverbot Jesu begründet ist. Eine echte Scheidung einer gültig geschlossenen und geschlechtlich vollzogenen Ehe zwischen zwei Christen kann es nicht geben, auch wo man sich trennt und staatlich scheiden läßt. Eine Wiederverheiratung solchermaßen Geschiedener ist darum nicht nur verboten, sondern die Zweitehe ist ungültig, kein Sakrament[10].

Der Not der Geschiedenen und Wiederverheirateten sucht die Kirche besonders durch Nichtigkeitserklärungen der ersten Ehe entgegenzukommen. Das ist möglich, wenn im Rückblick auf die gescheiterte Ehe wesentliche Voraussetzungen hinsichtlich Ehefähigkeit, Ehewillen und Form der Eheschließung nicht gegeben waren, die nach dem Kirchenrecht zum Zustandekommen einer gültigen Ehe gegeben sein müssen. Es ist unverkennbar, daß im Laufe der letzten Jahrzehnte und Jahrhunderte diese Ehenichtigkeitsgründe immer mehr ausgeweitet worden sind.

Ungültig Wiederverheiratete, deren erste Ehe nicht als nichtig erklärt werden konnte, bleiben zwar Glieder der Kirche, dürfen aber die Sakramente nicht empfangen, sofern sie geschlechtlich nicht wie Bruder und Schwester zusammenleben.

Die Kirche mußte und muß sich fragen lassen, ob ein solches «Entgegenkommen» für die Betroffenen wirklich eine Hilfe darstellt und ob über die Nichtigkeitserklärungen nicht doch so etwas wie eine «Ehescheidung auf katholisch» stattfindet[11], ob also der fragwürdige Umweg über die Hintertüre nicht doch ehrlicher durch einen Weg über die Vordertür der vermehrt tolerierten echten Scheidung führen könnte und sollte.

Es muß an dieser Stelle vorweggenommen werden, daß sich die Position der katholischen Kirche hinsichtlich der Unauflöslichkeit der Ehe, abgesehen von verstärkten seelsorglichen Bemühungen, bis heute kaum verändert hat. Es liegt auf der Hand, daß hier eines der schwierigsten Probleme der Kirche im Bereiche der Familienthematik liegt.

Da die Einehe in unserer Kultur kaum ernsthaft bestritten wird, muß die Einheit der Ehe in der kirchlichen Verkündigung weniger stark betont werden als ihre Heiligkeit und Unauflöslichkeit. Betont wird aber die Treue in der Ehe, entsprechend scharf verurteilt die Untreue[12].

Was nun den Sinn oder Zweck der Institution Ehe[13] betrifft, so drückt das kirchliche Gesetzbuch die Ehezwecklehre, welche bis zum Zweiten Vatikanischen Konzil offiziell galt, in Can. 1013 §1 folgendermaßen kurz und bündig aus: «Der erste Zweck der Ehe ist die Erzeugung und Erziehung der Nachkommenschaft; der zweite Zweck besteht in der gegenseitigen Hilfe und (darin, daß die Ehe) Heilmittel der (geschlechtlichen) Begierde (ist).»

Diese Sinnbestimmung der Ehe ist natürlich aufs engste verbunden mit der schon erwähnten Sinnbestimmung der Sexualität. Hat man früher den ersten Zweck der Ehe fast ausschließlich betont, so erhält im 20. Jahrhundert die gegenseitige Hilfe in der Gattengemeinschaft immer stärkeres Gewicht, so daß Papst Pius XI. in seiner Ehe-Enzyklika im Jahre 1930 sagen kann[14]: «Die gegenseitige innere Formung der Gatten, das beharrliche Bemühen, einander zur Vollendung zu führen, kann man, wie der Römische Katechismus lehrt, sogar sehr wahr und richtig als Hauptgrund und eigentlichen Sinn der Ehe bezeichnen. Nur muß man dann die Ehe nicht im engeren Sinne als Einrichtung zur Zeugung und Erziehung des Kindes, sondern im weiteren als volle Lebensgemeinschaft fassen. Die Liebe muß ebenfalls alle anderen Rechte und Pflichten des Ehelebens beherrschen, so daß es nicht allein eine Rechtssatzung ist, sondern auch als Norm der Liebe gelten möge, was der Apostel sagt: ‹Der Gattin leiste der Gatte die Pflicht; in gleicher Weise aber auch die Gattin dem Gatten.›»

Bevor wir von diesem Eheverständnis her das kirchliche Familienmodell etwas näher ins Auge fassen, muß noch an einen weiteren wichtigen Punkt des traditionellen kirchlichen Eheverständnisses erinnert werden:

Die patriarchalische Struktur der Ehe

Die herkömmliche katholische Sicht der Geschlechter geht von der Unterordnung der Frau unter den Mann aus. Das war freilich bis vor kurzem nicht bloß kirchliche, sondern die allgemein geltende Ansicht. Leo XIII. bringt dies in seiner Ehe-Enzyklika vom Jahre 1880 so zur Sprache[15]: «Der Mann ist Vorgesetzter der Familie und das Haupt der Frau, die jedoch, da sie Fleisch von seinem Fleische und Bein von seinem Bein ist, ihm nicht wie eine Sklavin, sondern als Gefährtin unterwürfig und gehorsam sein soll, so daß der Gehorsam, den sie leistet, ehrbar und würdig sei. Da aber beide, sowohl jener, der gebietet, wie diese, die gehorcht, ein Abbild sind, der eine Christi, die andere der Kirche, muß die göttliche Liebe beide beständig in ihrer Pflichterfüllung leiten. Denn ‹der Mann ist das Haupt der Frau, wie Christus das Haupt der Kirche ist ... Wie aber die Kirche Christus unterworfen ist, so auch die Frauen ihren Männern in allem.›»

Der letzte begründende Satz ist biblisch und stammt aus der sogenannten Haustafel des Epheserbriefes (5,23–24). Diese und andere biblische Mahnungen, die das antike patriarchalische Geschlechterverhältnis voraussetzen, haben natürlich nicht wenig dazu beigetragen, daß die moderne Frauenemanzipationsbewegung gerade von der Kirche her harten Widerstand erfuhr; sie galt als widernatürlich, d.h. als der Schöpfungsordnung widersprechend (vgl. 1 Kor 11,2–16), und wurde entsprechend bekämpft[16].

Noch Pius XII. legte großes Gewicht auf die, wie er sagte, gottgewollte und natürliche Hierarchie in Ehe und Familie. Wie seine Vorgänger kann auch Pius XII. noch im Jahre 1941 in der Frauenemanzipationsbewegung, in der außerhäuslichen Arbeit und im Aufstieg der Frau überhaupt nichts anderes sehen als eine äußerst ernsthafte Gefährdung sowohl der Ehe wie der Familie. Die Aufgabe der Frau ist es, getreue, untertänige Gattin, gütige und fromme Mutter und liebevolle Seele des Hauses zu sein.

Nachdem Pius XII. in einer Ansprache an Neuvermählte 1941 zuerst die Gatten ermahnt hat, ihre Autorität klar, aber selbstlos und mit viel Zartgefühl auszuüben, wendet er sich mit folgenden Worten an die Gattinnen[17]: «Und Ihr, Gattinnen, erhebt Eure Herzen! Begnügt Euch nicht damit, diese Autorität des Gatten, der Euch Gott in der Natur- und Gnadenordnung unterstellt hat, anzuerkennen oder gewissermaßen nur zu ertragen. Ihr sollt sie in aufrichtiger

Unterwerfung lieben, lieben mit der gleichen ehrfürchtigen Liebe, die Ihr zur Autorität unseres Heilandes selbst hegt, von dem die Gewalt des Hauptes stammt. Wir wissen sehr wohl, daß die Gleichstellung in den Studien, in Schule und Wissenschaft, in Sport und Wettkampf in nicht wenigen weiblichen Herzen den Stolz weckt und daß wohl auch in Euch als modernen, unabhängigen jungen Frauen die argwöhnische Empfindsamkeit nur schwer sich einer häuslichen Unterordnung fügt. Viele Stimmen um Euch werden sie Euch als etwas Ungerechtes hinstellen. Sie werden Euch die Idee von einer stolzeren Herrschaft über Euch selber einreden. Sie werden es Euch einhämmern, daß Ihr in allem Euren Gatten gleich, ja in vielfacher Hinsicht ihnen überlegen seid. Verhaltet Euch diesen verführerischen und verlockenden Schlangenstimmen gegenüber nicht wie Eva, indem Ihr Euch vom Wege, der allein, auch hienieden, Euch zum wahren Glück führen kann, abbringen laßt!»

Der Gerechtigkeit halber sei hinzugefügt, daß gerade innerhalb der langen Amtszeit Pius' XII. eine deutliche Entwicklung im Sinne einer positiveren Würdigung verschiedener Anliegen der Frauenemanzipationsbewegung und der Aufgaben der Frau über den häuslichen Herd hinaus sichtbar wird [18].

Eine freilich viel stärkere Veränderung hat die kirchliche Familienlehre hinsichtlich der Mischehe erfahren.

Verbot der Mischehe

Weil man ernste Gefahren fürchtete für den Glauben und damit das Seelenheil sowohl des katholischen Partners wie der Kinder, aber auch für den ehelichen Frieden, wurde die Mischehe als «Irrung gegen das Sakrament» (Pius XI.) strikt abgelehnt [19]. Da aber das natürliche Recht auf die Ehe im Konfliktfall als gewichtiger eingestuft wurde als die Pflicht zur rein katholischen Eheschließung, wurde die Mischehe mit einer speziellen Dispens – diese allerdings gebunden an klare Auflagen hinsichtlich der religiösen Kindererziehung – kirchlich trotzdem toleriert. Die kirchliche Traufeier, welche nur katholisch sein durfte, mußte im Normalfall aber auf alle Feierlichkeiten verzichten und durfte nicht in der Kirche stattfinden. Das hatte zur Folge, daß viele Mischehepaare vom katholischen Pfarrer in der Sakristei getraut wurden. Katholiken, die sich von einem nichtkatholischen Pfarrer trauen

ließen oder ihre Kinder nicht katholisch taufen und/oder erziehen ließen, wurden exkommuniziert, also vom Sakramentenempfang in der Kirche ausgeschlossen. Dieses Mischehenrecht[20] war so offiziel bis 1966 bzw. 1970 in Kraft; viele Seelsorger hatten es freilich schon länger nicht mehr in allen Teilen eingehalten.
Das einstige Mischehenrecht hatte im Grunde genommen nur ein Ziel: die Katholiken von der Mischehe abzuschrecken, was unter anderen auch familienpolitische Gründe hatte; der Kirche gingen durch Mischehen viele Glieder verloren. Wie fern das frühere Mischehenrecht einem ökumenischen Geiste im heutigen Sinne war, möge folgende Gesetzesbestimmung aus dem Gesetzbuch der katholischen Kirche, erlassen anno 1917, zeigen, wo es im Canon 1062 heißt: «Der katholische Teil ist verpflichtet, sich in kluger Weise um die Konversion des nichtkatholischen Partners zu bemühen.»

Das kirchliche Familienmodell

Familie als Keimzelle und Modell des Staates und der Kirche

Natürlich weiß man in der kirchlichen Lehre um die vielfältigen Funktionen der Familie[21]. Aber in der kirchlichen Verkündigung stehen zwei Funktionen ganz klar im Vordergrund: die Familie ist der Ort und die Institution, worin Nachkommenschaft gezeugt und aufgezogen wird. Betont ist also in moderner Sprache die Funktion der Reproduktion und der Sozialisierung. So wird die Familie zur einzigartigen Keimzelle des Staates und der Kirche. Pius XI. drückt das 1930 zusammenfassend so aus[22]: «Die christlichen Eltern mögen außerdem bedenken, daß es nicht nur ihre Aufgabe ist, für die Erhaltung und Ausbreitung des Menschengeschlechtes auf Erden zu sorgen, ja nicht einmal nur, irgendwelche Verehrer des wahren Gottes heranzuziehen, sondern der Kirche Christi Nachkommenschaft zuzuführen, die Mitbürger der Heiligen und die Hausgenossen Gottes zu mehren, damit das dem Dienste Gottes und unseres Erlösers geweihte Volk von Tag zu Tag zunehme.»
Für den Staat ist die Familie aber nicht nur «Nachwuchslieferant». Die Familie ist aufgrund ihrer hierarchischen Ordnung im Kleinen und aufgrund der Zusammenarbeit ihrer verschiedenartigen Glie-

der in Einheit, Liebe und Frieden so etwas wie ein vorbildliches Modell für die Gesellschaft und den Staat, die wie eine Familie im Großen gedacht werden. Vor allem bei Pius XII. kehrt dieser Gedanke häufig wieder[23].

Mutet dieses Staats-Familien-Modell etwas idyllisch an, so sieht das kirchliche Lehramt das Verhältnis von Staat und Familie sonst eher in einem bedrohlichen Licht. Da der Staat immer mehr Funktionen übernimmt, welche die Familie ursprünglich mehr oder weniger selbständig ausgeübt hatte – das gilt vor allem für die Erziehung –, sieht die Kirche im Staat so etwas wie einen immer mächtiger werdenden Moloch, der neben anderen auch die Familie in sich aufsaugt. Das gilt vor allem für den sozialistischen Staat. Hier kommt das Subsidiaritätsprinzip der katholischen Soziallehre zum Zuge, wonach der Staat nur da helfend, ergänzend oder korrigierend eingreifen darf und auch soll, wo die Familie ihre an sich ureigene Funktion der Pflege und Fürsorge für die Kinder und ihre Erziehung nicht selbst bewältigen kann, sei es ganz generell, sei es in einzelnen Fällen[24].

Was die Kirche vom Staat erwartet hinsichtlich der Familie, zeigt sehr schön ein Ausschnitt aus einer Ansprache Pius' XII. im Jahre 1951[25]: «Für den Christen gibt es eine Regel, die ihm erlaubt, mit Sicherheit das Maß der Rechte und der Pflichten der Familie in der Gemeinschaft des Staates festzusetzen. Sie lautet so: die Familie ist nicht für die Gesellschaft da; die Gesellschaft ist vielmehr für die Familie da. Die Familie ist die grundlegende Zelle, das bildende Element der staatlichen Gemeinschaft, denn um die Ausdrücke Unseres Vorgängers Pius' XI. seligen Angedenkens zu gebrauchen: ‹Der Staat ist, was die Familien und die Menschen, aus denen er so gebildet ist wie der Körper aus seinen Gliedern, aus ihm machen.› Der Staat sollte also geradezu sozusagen aus Selbsterhaltungstrieb das erfüllen, was wesentlich und nach dem Plan Gottes, des Schöpfers und Erlösers, seine erste Pflicht ist, nämlich bedingungslos die Werte schützen, die der Familie Ordnung, Menschenwürde, Gesundheit und Glück sichern. Diese Werte, welche die Elemente des Gemeinwohles selber sind, dürfen niemals irgend etwas geopfert werden, was als ein Gemeinnutz erscheinen könnte. Weisen Wir bespielshalber nur auf einige hin, die heute in größter Gefahr sind: die Unauflöslichkeit der Ehe; der Schutz des Lebens vor der Geburt; die angemessene Wohnung für die Familie nicht nur mit einem oder zwei Kin-

dern, oder selbst ohne Kinder, sondern für die normale, zahlreichere Familie; die Arbeitsbeschaffung, denn die Arbeitslosigkeit des Vaters ist die bitterste Not für die Familie; das Recht der Eltern über ihre Kinder gegenüber dem Staat; die volle Freiheit der Eltern, ihre Kinder im wahren Glauben zu erziehen, und folglich auch das Recht der katholischen Eltern auf die katholische Schule; die Verhältnisse des öffentlichen Lebens und besonders einer öffentlichen Moral, die so beschaffen sein sollte, daß die Familien und besonders die Jugend nicht mit moralischer Gewißheit durch sie verdorben werden.»
Wo die Rechtsansprüche der Familien nicht oder zu wenig berücksichtigt werden, werden sowohl die Väter wie die Frauen und Mütter aufgefordert, sich zum gemeinsamen Kampf um die Rechte der Familie zusammenzuschließen, um den Ansprüchen der Familie innerhalb der Gesellschaft und vor dem Staat Nachachtung zu verschaffen. In den großen Sozialenzykliken hat sich das Lehramt seinerseits sehr für die aktuellen Nöte der Familie eingesetzt [26].

Die kinderreiche Familie als Idealfall

Nach all dem Gesagten wundert es nicht mehr, daß die kinderreiche Familie für die katholische Familienlehre erstrebenswert ist. Auf eine Kurzformel gebracht, kann man sagen: Je mehr Kinder, desto größer der Segen Gottes für die Ehe, für die Familie, für den Staat und besonders für die Kirche; denn viele Kinder bedeuten mehr Gottesverehrer, mehr Kirchenglieder, mehr Priester- und Ordensberufe usw.
Sosehr aber die Kirche einerseits den Kinderreichtum gefördert hat, so sehr hat sie andererseits aufgrund ihrer Einstellung gewissermaßen auch aus der Not eine Tugend gemacht, nämlich aus der Not des Kinderreichtums, dem man ja früher, anders als heute, kaum zu wehren wußte.
Pius XII. wendet sich im Jahre 1942 folgendermaßen an Neuvermählte [27]: «Eine Wiege weiht die Frau zur Mutter. Und mehr Wiegen machen sie vor dem Gatten und den Kindern, vor der Kirche und dem Vaterland heilig und herrlich. Töricht, sich selbst nicht kennend und unglücklich sind jene Mütter, die sich beklagen, wenn sich ein weiteres Kind an ihre Brust schmiegt und vom Quell ihres Busens Nahrung verlangt! Ein Verstoß gegen das

Glück des häuslichen Herdes ist die Klage über den Segen Gottes, der Schutz und Gedeihen gibt. Das Heldentum der Mutterschaft ist für die christliche Frau Ruhm und Herrlichkeit. Ist aber ihr Haus leer und öde, weil es ohne die Freude eines Engelchens geblieben, dann wird ihre Einsamkeit Gebet und Flehen zum Himmel.»
Weil auch die Päpste wissen, daß Kinder den Eltern nicht nur eitel Lust und Freude bedeuten, wird parallel zum Kinderreichtum auch die Notwendigkeit der Opferbereitschaft, ja des Heroismus der Eltern, vor allem der Mütter, unterstrichen. Die vermehrten Mühen einer größeren Kinderzahl werden sowohl auf Erden wie im Himmel durch je größere Wohltaten aufgewogen[28].

Die hierarchische Ordnung der Familie

Ist schon die Ehe streng hierarchisch geordnet, so noch viel mehr die ganze Familie. Der Mann ist nicht nur Haupt der Frau, sondern natürlich auch der ganzen Familie. Selbstverständlich hat auch die Mutter eine Autoritätsstellung gegenüber den Kindern. Von den Kindern wird entsprechend dem 4. Gebot und der urchristlichen Haustafel in erster Linie Gehorsam gefordert. Leo XIII. spricht es 1880 kurz so aus[29]: «Die Kinder müssen den Eltern gehorchend untertan sein und ihnen aus Gewissenspflicht Ehrerbietung erzeigen.»
Die Päpste unterstreichen aber nicht nur die Autorität der Väter und der Eltern, sie mahnen auch zu einem klugen Umgang mit den Kindern, also zu einer sinnvoll eingesetzten Autorität, wobei sie um die diesbezüglichen Schwierigkeiten der Eltern mit den Kindern und der Kinder mit den Eltern wohl wissen[30]. Damit sind wir beim nächsten Stichwort der früheren kirchlichen Familiendoktrin:

Kirchliche Erziehungsgrundsätze

Auch die Lehre der Kirche über Erziehung und Ausbildung der Kinder gehört mindestens teilweise in die Familienthematik.
Ganz abgesehen davon, daß in päpstlichen Verlautbarungen und bischöflichen Hirtenbriefen immer wieder Hinweise auf die elterlichen Erziehungsrechte und -pflichten zu finden sind, gibt es zu

dieser Thematik eine bedeutsame Enzyklika von Pius XI. aus dem Jahre 1929: «Divini illius magistri»[31].
Als Ziel einer christlichen Erziehung nennt Pius XI. die «Mitwirkung mit der Gnade Gottes bei der Bildung des wahren und vollkommenen Christen». Da sich aber das übernatürliche Leben im ganzen natürlichen Leben zeigen muß, umfaßt die Erziehung sämtliche Lebensbereiche. Schließlich sind sie im Blick auf das Endziel des Menschen wichtig[32].
Nun ist die Erziehung Sache dreier Institutionen: der Kirche, der Familie und des Staates. Obwohl naturrechtlich gesehen die Eltern die ersten und wichtigsten Erzieher ihrer Kinder sind, wird doch zuerst folgendes festgelegt: «Zunächst steht die Erziehung in ganz überragendem Sinne der Kirche zu auf Grund zweier Rechtsansprüche übernatürlicher Ordnung, die Gott selber ihr ausschließlich verliehen hat, und die darum jedem andern Rechtsanspruch natürlicher Ordnung unbedingt vorangehen[33].»
Übergeordnete Erziehungsinstanz von Gottes Gnaden ist die Kirche aufgrund ihres unfehlbaren Lehramtes und wegen ihrer übernatürlichen Mutterschaft, weil sie durch die Taufe neue Kinder Gottes gebiert. Weil nun alles mit dem Glauben zu tun hat, so hat die Kirche nicht nur in religiösen Fragen eigene Kompetenz, sie kann und muß in allen Erziehungsfragen mitreden, ja, die ganze Erziehung zum Wohle der Kinder und der Gesellschaft überwachen[34].
Das gilt nicht bloß an die Adresse der Eltern, sondern vor allem des Staates, der hier häufig als bedrohliche Konkurrenzmacht erscheint. Lag das Erziehungs- und Schulwesen früher weitgehend in den Händen der Kirche, so traten die modernen Staatswesen in dieser Beziehung mehr und mehr an die Stelle der Kirche, ja, mancherorts wurde aus dem einstigen Monopol der Kirchen nun ein staatliches, manchmal kirchenfeindliches Schulmonopol, am stärksten natürlich in den totalitären Staaten sozialistischer Prägung.
Christliches Gedankengut, vor allem der Religionsunterricht, fielen nicht selten den modernen Säkularisationsbemühungen zum Opfer. Angesichts solcher Entwicklungen betonen Päpste und Bischöfe gegenüber dem Staat nun nicht bloß das Mitspracherecht der Kirche, sondern vor allem das sogenannte Elternrecht[35]. Danach haben die Eheleute von Natur aus, bzw. direkt von Gott, das Recht und die Pflicht, die Kinder zu erziehen. Das gehört zum Auftrag der Kinderzeugung. Dieses Recht ist ein vom Staat un-

abhängiges, ihm vorgängiges, von ihm anzuerkennendes ursprüngliches Recht der Eltern. Den Eltern aber kommt es zu, die Kinder vor allem religiös und sittlich zu erziehen, was die Grundlage einer guten staatsbürgerlichen Erziehung ist.
Betont wird das Elternrecht vor allem in Sachen Schule[36]. Die Eltern müssen die Schule für ihre Kinder frei wählen können. Aus kirchlicher Sicht ist die katholische Schule[37] im Grunde genommen die einzig richtige Schule, abgesehen von Spezialausbildungen. Abgelehnt wird vor allem ein staatliches Schulmonopol, eine staatliche Zwangs- und Einheitsschule, die sich neutral gibt, wo Katholiken und Nichtkatholiken sowie Knaben und Mädchen beisammen sind (Koedukation). Eine solche Schule dürfen katholische Kinder nur in Ausnahmefällen und mit Erlaubnis des Bischofs besuchen[38]!
Der Staat soll bloß subsidiär wirken, er soll das Erziehungswerk von Kirche und Familie fördern und schützen, er soll vor allem die schädlichen Einflüsse in der Öffentlichkeit auf die Kinder unterbinden[39].
«Der pädagogische Naturalismus», der sowohl Erbsünde wie Gnade übersieht und sich antiautoritär und freiheitlich gibt, ist zu bekämpfen[40]. Vor sexueller Aufklärung wird allgemein gewarnt, vor allem soweit sie alles ausbreitet und «mit rein natürlichen Mitteln» arbeitet, d.h., wenn man damit nicht auch die übernatürlichen Mittel des Gebets und der Sakramente miteinsetzt, wie Pius XII. zwanzig Jahre später im Jahre 1951 hinzufügt[41]. Zwar sind die Erziehungsgrundsätze Pius' XII.[42] recht umfassend, der ganze Mensch soll entfaltet werden. In sittlicher Hinsicht wird aber auch hier noch vor allem betont, daß das Gewissen der Kinder gebildet wird nach den objektiv gültigen christlichen Sittennormen, welche die Kirche im Auftrage Christi lehrt. Es geht besonders um Erziehung zu Gehorsam und treuer Pflichterfüllung einerseits, zu Keuschheit, Selbstbeherrschung und Entsagung andererseits.

Familienpastoral

Wie sieht nun die frühere Seelsorge an der christlichen Familie aus? Welche Hilfen bietet die Kirche den Familien an?
Gehen wir von den lehramtlichen Dokumenten aus[43], so ist die erste und wichtigste Hilfe, welche die Kirche den Familien an-

bieten kann, die katholische Religion. Die Kirche bietet den Gläubigen ihre Sakramente an. Folgerichtig werden die Gläubigen bzw. die Familien aufgefordert zur Frömmigkeit, besonders zum häufigen Sakramentenempfang. Der gelebte Glaube im Raume der Kirche soll vor allem da, wo ernste Schwierigkeiten zu überwinden sind, zu einer starken Kraftquelle werden. Typisch ist z. B. folgender Schluß Pius' XII., nachdem er die anzustrebenden hohen Ziele der Jugenderziehung aufgezeigt hat: «Niemals darf man vergessen, daß man dieses Ziel nicht erreichen kann ohne die mächtige Hilfe der Sakramente der Buße und des Altares, deren übernatürlichen Erziehungswert man niemals hoch genug einschätzen kann [44].»

Die zweite wichtige Hilfe der Kirche für die Familie ist die kirchliche Glaubens- und vor allem Sittenlehre gerade in bezug auf die Familie. Darum werden die Gläubigen auf allen Stufen immer wieder zum Gehorsam gegenüber dieser Lehre aufgefordert. Eine Hilfe für die Familien wird die kirchliche Soziallehre auch deswegen, weil sie einerseits den Staat zur Unterstützung der Familien auffordert und ihn andererseits in die Schranken weist, wenn der Staat die Familie aufzusaugen droht.

Blickt man nun auf die kirchliche Praxis, so muß man sagen, daß es eine eigentliche Familienpastoral kaum gab, einmal abgesehen von rein religiösen Versuchen wie die Weihe der Familien ans Herz Jesu [45], der Familienkreuzweg, der Familienrosenkranz und später die Familienkommunion. Der Vorbereitung der Brautleute auf die Ehe wird mehr und mehr Beachtung geschenkt.

In Tat und Wahrheit war die konkrete kirchliche Seelsorge ganz und gar ständisch ausgerichtet: die Gläubigen wurden, abgesehen vom gemeinsamen Gottesdienst, getrennt angesprochen und getrennt organisiert in Vereinen und Verbänden je nach Geschlecht, Alter, Zivilstand und Beruf. Die Hauptaufmerksamkeit galt den männlichen und weiblichen Jugendgruppen sowie ihrer Fortsetzung nach oben, zuerst in Jungmannschaft und Jungfrauenkongregation, dann in Männerkongregation und Mütterverein oder so ähnlich. Vorboten einer eigentlichen Familienpastoral melden sich allerdings an: in Frankreich entstehen in den dreißiger Jahren Familiengruppen. Hier sind die Familien und ihre Glieder erstmals nicht mehr bloß von den Seelsorgern betreute Objekte, vielmehr machten sich diese Gruppen nun zu aktiven selbständigen Trägern der Familienseelsorge in einem umfassenden Sinn.

Kirche und Familie – heute

Würdigung und Kritik der früheren kirchlichen Familiendoktrin

Es ist zweifellos ein großes Verdienst der Kirche, daß sie sich vor allem in ihrer Doktrin – und nicht nur hierin – für den Schutz und die Förderung von Ehe und Familie eingesetzt hat. Nach der kritischen Epoche der starken Bevölkerungszunahme mit zunehmend größeren Familien sowie der Industrialisierung mit der damit verbundenen rasanten Veränderung bisheriger Verhältnisse im 19. und 20. Jahrhundert war diese Stützung der Familie auch bitter nötig. In päpstlichen Enzykliken, Botschaften, Briefen und Ansprachen sowie in bischöflichen Verlautbarungen wurde manches Problem und manche konkrete Not der Familie offen und laut beim Namen genannt. Einmal abgesehen von den mit der Familie verbundenen humanen, besonders religiös-sittlichen Werten und Gütern, die der Kirche natürlich besonders am Herzen liegen, brachte das Lehramt immer wieder auch konkrete Probleme zur Sprache, wie das zu geringe Einkommen unzähliger Familienväter oder das Problem des zu engen Wohnraumes, der Kinderarbeit, der überlangen Arbeitszeiten, die ein normales Familienleben verunmöglichen, sowie andere familienfeindliche Zustände in Wirtschaft, Politik und Kultur. Auch Ehe- und Erziehungsprobleme wurden häufig aufgegriffen. Immer wieder wurden die Staaten auf ihre Verpflichtungen gegenüber der Familie aufmerksam gemacht oder umgekehrt unnötige staatliche Übergriffe in Familienbelange kritisch gegeißelt.

Ferner ist positiv anzumerken, daß die entschlossene, klare Lehre der katholischen Kirche in einer Zeit rascher Veränderungen und eines ständig zunehmenden Pluralismus der Meinungen vielen gläubigen Katholiken Orientierung und Halt zu geben vermochte. Diese Stärke der kirchlichen Familiendoktrin ist nun allerdings auch ihre Schwäche.

Die katholische Familiendoktrin der Vergangenheit ist von ihrem naturrechtlich-theologischen Ansatz her zu statisch, zu wenig anpassungsfähig und flexibel, weil sie allzusehr auf das ewig und unveränderlich Gültige abstellt. Sie ist von daher auch zu stark auf Erhaltung des Status quo aus. Eben darum wurde zuerst fast jede sich in der Gesellschaft abzeichnende Änderung als Dekadenz, als Sittenverderbnis, Auflehnung gegen den Willen Gottes, Bedrohung, ja Zerstörung von Ehe und Familie gedeutet. Man denke etwa an die Beurteilung der Frauenemanzipation und das damit entstehende partnerschaftliche Ehemodell oder an die Schulfrage, ganz zu schweigen vom Wandel in der Sexualmoral. Darum geriet die katholische Familiendoktrin auf weite Strecken zu einem Klagelied über die bösen neuen Entwicklungen. Es dauerte oft sehr lange – zu lange –, bis neben dem Gefährlichen und Negativen am Neuen auch das Positive, die neuen Chancen gesehen wurden.

So hat es Jahrzehnte gebraucht, bis eine positiv würdigende Stellungnahme möglich wurde, wie wir sie in einem Brief des späteren Papstes Montini finden, den er noch als Prostaatssekretär im Auftrage Pius' XII. im Jahre 1954 geschrieben hat[46]: «Im übrigen ist mit der Stabilität des häuslichen Lebens eng verquickt das Problem der Erziehung, dieser Angelpunkt der sittlichen Gesundheit der Familie, ein Problem, das heute nach einer Erneuerung der Methoden ruft, um den Möglichkeiten, Schwierigkeiten und Risiken der neuen Lebensverhältnisse zu begegnen. Wie könnte man in der Tat die größere Selbständigkeit, welche die Jugend heute von den Eltern fordert, unbeachtet lassen sowie auch ihr Bestreben, außerhalb der Familie Neigungen nachzugehen, die früher im Familienleben erfüllt wurden; wer könnte überdies die vermehrte Verantwortlichkeit übersehen, die der Staat auf erzieherischem Gebiet heute in Anspruch nimmt? All dies gewinnt noch an Bedeutung, wenn man sich die soziale Lage der Frau vergegenwärtigt, die in letzter Zeit, wie der Heilige Vater sich ausdrückte, ‹eine ebenso schnelle wie tiefgehende Entwicklung durchgemacht hat. Sie hat sich aus dem gesammelten Heiligtum der Familie ins weite und bewegte öffentliche Leben hineingestellt gesehen. Sie übt heute dieselben Berufe aus, sie trägt dieselben Verantwortungen, sie ist auch im Bereiche der Politik mit denselben Rechten ausgestattet wie der Mann.› Gewiß liegen darin zweifellos Gefahren, andererseits wäre es aber ein Unrecht, um nicht zu sagen, ein Schaden, wenn man die Vorteile nicht schätzen wollte, die sich bisweilen aus diesen Verhältnissen ergeben können.»

Die Sicht der Bedürfnisse, besonders der Not und der Probleme der modernen Familie, erfolgte oft zu sehr aus einer eingeschränkt kirchlichen Warte und manchmal zu wenig aus der Sicht der

direkt Betroffenen. Das wäre etwa am Beispiel der Ehescheidung und Wiederverheiratung oder am Beispiel der Mischehe oder der Frauenemanzipation und der außerhäuslichen Arbeit der Frau zu studieren.
Die Kirche war und ist leider immer noch zu schnell mit moralischen Wertungen und Verurteilungen zur Stelle, weil sie mindestens in gewissen Bereichen zu einseitig oder gar ausschließlich von klaren, vorgegebenen, ewig gültigen Zielvorstellungen und Normen ausging und manchmal auch heute noch ausgeht und dabei die inzwischen veränderte Situation nicht nur rein subjektiver, sondern auch objektiver Art zu wenig berücksichtigt. Das gilt besonders für das Problem der Geburtenkontrolle, es gilt aber auch im Blick auf das Problem der Ehescheidung und Wiederheirat.
Innerhalb der Familiendoktrin war besonders die Ehelehre stark verrechtlicht, wobei sowohl das Theologische wie das, was von der konkreten Erfahrung her als wertvoll und wichtig erachtet wurde, zu kurz kam.
So pessimistisch einerseits die jeweiligen Schilderungen der aktuellen Situation sein konnten, so naiv-optimistisch und weltfremd-romantisch waren oft gewisse Darstellungen des Lebens in Ehe und Familie und verschiedene Zielvorstellungen oder Ideale. Dazu ein Beispiel aus einer Ansprache Pius' XII. an die Vereinigung der kinderreichen Familien Italiens im Jahre 1958[47]: «Die kinderreichen Familien sind keineswegs eine ‹soziale Krankheit›, sondern bilden die physische und moralische Garantie für die Gesundheit eines Volkes. In den Familien, wo dauernd ein Kind in der Wiege wimmert, blühen von ganz allein die Tugenden, während die Laster verschwinden, gleichsam vertrieben von der Kindheit, die dort wie ein frischer und belebender Frühlingswind immer wiederkehrt.»
Es wird sich im folgenden zeigen, daß die hier vorgetragene Kritik nicht bloß von außen an die kirchliche Familiendoktrin herangetragen wurde. Gewisse Veränderungen in der kirchlichen Lehre bestätigen einschlußweise, daß eine Korrektur da und dort fällig, ja nötig war.

Die neue Situation seit dem Zweiten Vatikanischen Konzil

Die Wahl des Zweiten Vatikanums (1962-65) als Wendepunkt und Hauptquelle dieser Darstellung der kirchlichen Doktrin über die Familie ist insofern gerechtfertigt, als hier nicht nur traditionelle Lehren wiederholt, sondern auch Neues gesagt wurde.
Die neuen Ansätze sind allerdings manchmal spurenhaft schon in früheren lehramtlichen Äußerungen zu finden; es gibt vorkonziliar deutliche lehramtliche Entwicklungen, die ihrerseits die Folge der Entwicklung innerhalb der Theologie und der Praxis sind.
Die Familie bleibt das zentrale Thema der kirchlichen Sozialdoktrin. Freilich: auch jetzt bleibt die Familiendoktrin stark auf die Ehe fixiert. Das Zweite Vatikanum eröffnet in seiner Pastoralkonstitution «Die Kirche in der Welt von heute» die Einzelfragen mit einem gewichtigen Kapitel über Ehe und Familie (Nr. 47-52). Die römischen Äußerungen zur Familienthematik sind auch nachkonziliar nicht nur sehr zahlreich, sondern in einzelnen Fällen auch von großer Tragweite; die Enzyklika «Humanae vitae» Papst Pauls VI. aus dem Jahre 1968 ist dafür Beleg genug. Johannes Paul II. hat die Familie zum Thema der internationalen Bischofssynode vom Herbst 1980 erhoben.
Im Kern der Sache überwiegen die traditionellen Lehraussagen der Kirche. Das Neue tritt mehr im Sinne einer Ergänzung, eines neuen Aspekts, einer Akzentverschiebung zum Althergebrachten hinzu, was dieses allerdings manchmal erheblich modifizieren kann.
Im folgenden sollen vor allem die Akzentverschiebungen herausgestellt werden.
Das erste, was beim Zweiten Vatikanum auffällt, was aber bei späteren lehramtlichen Verlautbarungen leider nicht immer durchgehalten wurde, ist die veränderte Sprache, der veränderte Stil. Hier hat vor allem Johannes XXIII. mit seiner Enzyklika «Mater et magistra» (1961) bahnbrechend gewirkt.
Es wird nicht mehr wie früher ausschließlich und apodiktisch bei den ewig vorgegebenen Werten und Normen des Naturrechts oder der Offenbarung angesetzt. Die heutige konkrete Situation mit ihren positiven und negativen Erfahrungen sowie die Ergebnisse der Humanwissenschaften werden als Ausgangspunkt und Kriterium für Lehre und Praxis stärker berücksichtigt.

Die Sicht der Dinge und die Sprache sind weniger abstrakt-doktrinär, die kirchliche Lehre wird pastoraler, offener, elastischer. Die konkreten Normierungen bis ins Detail des Lebensvollzuges werden seltener.
Denken und Sprache werden geschichtsbewußter, d. h. man sieht stärker als früher das Zeitbedingte, Wandelbare. Es gibt auch eine Hierarchie der Werte und Wahrheiten. Nicht alles wird mit derselben Autorität und Kompetenz vorgetragen.
Das Lehramt und die kirchliche Doktrin sind kein monolithischer Block mehr, wie dies besonders unter Pius XII. der Fall zu sein schien. Vergleicht man Aussagen des höchsten kirchlichen Lehramts unter sich – etwa Konzilsaussagen und nachkonziliare Erklärungen –, vor allem aber mit bischöflichen Verlautbarungen und erst recht mit manchen Äußerungen verschiedener Synoden auf nationaler oder diözesaner Ebene, so zeigen sich erhebliche Spannungen, ja Gegensätze. Das ist eine neue Situation, die innerkirchlich große Probleme aufwirft.
Ging die Entwicklung nachkonziliar unter dem Pontifikat Pauls VI. zuerst in Richtung auf einen zunehmenden Pluralismus hin, so zeichnet sich jetzt unter dem Pontifikat Johannes Pauls II. eher eine restaurative Tendenz ab in Richtung auf Gleichschaltung von Lehre und Praxis mit dem römischen Lehramt. Um so mehr nimmt dann allerdings auch die Diskrepanz zwischen oberstem kirchlichem Lehramt und pastoraler Praxis bzw. weiten Kreisen des katholischen Kirchenvolkes zu. Diese Diskrepanz ist nachgewiesenermaßen nirgendwo so groß wie gerade in Fragen der Sexual- und Ehemoral[48].
Wollte man das Neue des Zweiten Vatikanums inhaltlich generell umschreiben, so könnte man sagen, es liege in der stärker personalen Sicht von Sexualität, Ehe und Familie, wobei die Werte mehr Gewicht bekommen, welche im konkreten Lebensvollzug auch wirklich als Werte erlebt werden.
So gewinnt die kirchliche Doktrin an Lebensnähe und Attraktivität. Das Problem ist dann freilich oft die Verbindung herkömmlicher mit neuen Aussagen. Das wird gleich am Vorverständnis der Sexualität in aller Schärfe deutlich.

Das Vorverständnis der Sexualität

Daß die Sexualität grundsätzlich auf Fortpflanzung ausgerichtet ist, bleibt für das Konzil[49] und erst recht für die Nachfolgeverlautbarungen[50] selbstverständlich. Gegenüber früheren lehramtlichen Äußerungen inhaltlich zwar nicht völlig, aber dem Gewicht nach neu, wird nun klar festgehalten, daß die Sexualität auch abgesehen von ihrer Zeugungsfunktion ihren spezifischen und bedeutsamen Eigenwert in der partnerschaftlichen, ehelichen Zweierbeziehung besitzt.
Das kommt in Anknüpfung an die Tradition zum Ausdruck etwa im folgenden Text der Pastoralkonstitution «Die Kirche in der Welt von heute» aus dem Jahre 1965, wo es (in Nr. 51) heißt: «Das Konzil weiß, daß die Gatten in ihrem Bemühen, das Eheleben harmonisch zu gestalten, oft durch mancherlei Lebensbedingungen der heutigen Zeit eingeengt sind und sich in einer Lage befinden, in der die Zahl der Kinder – mindestens zeitweise – nicht vermehrt werden kann und der Vollzug treuer Liebe und die volle Lebensgemeinschaft nur schwer gewahrt werden können. Wo nämlich das intime eheliche Leben unterlassen wird, kann nicht selten die Treue als Ehegut in Gefahr geraten und das Kind als Ehegut in Mitleidenschaft gezogen werden.»
Von der ehelichen Geschlechtsgemeinschaft heißt es ganz grundsätzlich im selben Dokument (Nr. 49), daß sie Ausdruck der Liebe sei: «Diese Liebe wird durch den eigentlichen Vollzug der Ehe in besonderer Weise ausgedrückt und verwirklicht. Jene Akte also, durch die die Eheleute innigst und lauter eins werden, sind von sittlicher Würde; sie bringen, wenn sie human vollzogen werden, jenes gegenseitige Übereignetsein zum Ausdruck und vertiefen es, durch das sich die Gatten gegenseitig in Freude und Dankbarkeit reich machen.»
Das Kernproblem liegt nun freilich in der Zuordnung der beiden fundamentalen Sinngehalte der Sexualität, wie die Kirche sie jetzt sieht, nämlich der Partnerbindung einerseits, der Fortpflanzungsfunktion andererseits. Was durch das Konzil noch bewußt offengelassen wurde, hat dann drei Jahre später Papst Paul VI. in seiner berühmten Enzyklika «Humanae vitae» vom Jahre 1968 in sehr umstrittener Weise (bes. Nr. 11–12) folgendermaßen festgelegt[51]: «Die Kirche ihrerseits, die die Menschen zur Beobachtung des natürlichen Sittengesetzes, das sie stets im gleichen Sinn auslegt,

anhält, lehrt nun, daß ‹jeder eheliche Akt› von sich aus auf die Erzeugung menschlichen Lebens hingeordnet bleiben muß.
Diese vom kirchlichen Lehramt oft dargelegte Lehre gründet in einer von Gott bestimmten unlösbaren Verknüpfung der beiden Sinngehalte, liebende Vereinigung und Fortpflanzung, die beide dem ehelichen Akt innewohnen. Diese Verknüpfung darf der Mensch nicht eigenmächtig auflösen.»
Von diesem Vorverständnis der Sexualität her – daß nämlich jeder Geschlechtsakt sowohl Ausdruck liebender Vereinigung wie auch offen für Fortpflanzung sein soll – sind nun die Würfel klar in Übereinstimmung mit der herkömmlichen Verurteilung gefallen nicht nur im Blick auf eine aktive Empfängnisverhütung im Sinne eines direkten Eingriffs welcher Art auch immer, sondern auch im Blick auf jeden vorehelichen Geschlechtsverkehr (auch Selbstbefriedigung und Homosexualität), was durch eine Erklärung der Glaubenskongregation im Dezember 1975 noch eigens klargestellt wurde[52].
Johannes Paul II. stellt sich hinter dieses Vorverständnis der Sexualität und seine Konsequenzen im erwähnten Sinne, auch wenn er teilweise anders als seine Vorgänger argumentiert, nämlich vom Wesen der Leiblichkeit und Geschlechtlichkeit her unter dem Gesichtspunkt der Liebe als Totalhingabe[53].

Das Verständnis der Ehe

Entsprechend dem Vorverständnis der Sexualität bleibt konsequent auch hier gültig: die Ehe ist auf Zeugung und Erziehung der Kinder ausgerichtet. Aber nun wird die Ehe doch anders als früher primär als Lebens- und Liebesgemeinschaft zwischen Mann und Frau gesehen. Als gegenseitige Ergänzung, Hilfe und Bereicherung dient sie der vollmenschlichen Entfaltung von Mann und Frau. Trotz ihres innigen Zusammenhangs werden Ehe und Familie nicht mehr als quasi-identisch angesehen; die Ehe besitzt ihren Eigenwert gegenüber der Familie, wenn auch nie gegen sie.
In der Pastoralkonstitution «Kirche in der Welt von heute» lesen wir (in Nr. 50): «Die Ehe ist aber nicht nur zur Zeugung von Kindern eingesetzt, sondern die Eigenart des unauflöslichen personalen Bundes und das Wohl der Kinder fordern, daß auch die gegenseitige Liebe der Ehegatten ihren gebührenden Platz behalte, wachse und reife. Wenn deshalb das – oft so erwünschte – Kind

fehlt, bleibt die Ehe dennoch als volle Lebensgemeinschaft bestehen und behält ihren Wert sowie ihre Unauflöslichkeit.»
Die einseitig auf den Nachwuchs ausgerichtete Ehezweckordnung von früher ist damit aufgegeben. Als so verstandene unauflösliche Einehe ist die Lebensgemeinschaft zwischen Mann und Frau mit oder ohne Kinder ein sakramentales Heilszeichen, ein Stück konkret erfahrbarer Heilsgeschichte, nämlich Erfahrung der Liebe und Treue, aber auch der Versöhnung und Vergebung Gottes mitten im konkreten Ehealltag, also lebendige Gegenwart dessen, was uns in Christus geschenkt ist. Durch ihr Leben in Liebe und Treue, in gegenseitiger Hilfsbereitschaft, im Mittragen und Sich-Ertragen sowie im Aufbau einer Familie und in aller sozialen Tätigkeit nach außen sind die Eheleute sich selbst und andern «Mitarbeiter der Gnade und Zeugen des Glaubens»[54].
Von der gottgewollten, naturgemäßen patriarchalischen Struktur der Ehe unter der Oberherrschaft des Mannes ist nicht mehr die Rede. Die Ehe ist partnerschaftliche Ehe. Johannes XXIII. stellt in seiner Enzyklika «Pacem in terris» 1963 in einem kurzen Nebensatz lapidar fest, daß Mann und Frau bei der Gründung der Familie, d. h. also in Ehe und Familie, gleiche Rechte und Pflichten haben[55]. Im Blick auf kirchliche Ämter bleibt die Kirche von der Gleichberechtigung freilich noch weit entfernt.
Im Gefolge der nun auch vom Konzil anerkannten und unterstützten ökumenischen Bewegung wird auch die Mischehe aufgewertet. Zwar bleibt sie ungern gesehen, aber 1966 und besonders 1970 wird die kirchliche Gesetzgebung dahingehend geändert, daß alle oben erwähnten Exkommunikationen aufgehoben werden und der Entscheid über die Form der Eheschließung und über die Konfessionszugehörigkeit der Kinder letztlich in den Gewissensentscheid der bekenntnisverschiedenen Eheleute gelegt wird. Anstelle der früheren Warnungen vor der Mischehe tritt jetzt in der Pastoral eine echte Mischehenseelsorge als Hilfe für bekenntnisverschiedene Ehen[56].
Der Fortschritt gegenüber früher ist kaum irgendwo so deutlich wie gerade hier, auch wenn noch manches der Verbesserung harrt.

Das Verständnis der Familie

Die Familie bleibt als Institution selbstverständlich die Keimzelle des Staates und der Kirche mit Reproduktions- und Sozialisationsfunktion.

Aber ähnlich wie bei der Ehe wird nun auch in der Familie stärker die Lebensgemeinschaft als Miteinander der Generationen gesehen, worin sich alle Familienglieder wohl fühlen und je auf ihre Weise entfalten können. So wird die Familie zur einzigartigen «Schule einer reich entfalteten Humanität»[57].

Sehr betont wird seit dem Konzil, daß die christliche Familie, analog zur Ehe, Kirche im kleinen, eine Art «Hauskirche» ist[58]. Das gilt nicht bloß im Blick auf das, was die Familienglieder füreinander sind und tun, sondern gerade auch im Blick auf das, was sie nach außen, als eine sich für die Mitmenschen engagierende Gruppe tun, wie es im Dekret über das Laienapostolat (Nr. 11) ausdrücklich heißt: «Die Familie selbst empfing von Gott die Sendung, Grund- und Lebenszelle der Gesellschaft zu sein. Diese Sendung wird sie erfüllen, wenn sie sich in der gegenseitigen Liebe ihrer Glieder und im gemeinsamen Gebet vor Gott als häusliches Heiligtum der Kirche erweist; wenn sich die ganze Familie in den liturgischen Gottesdienst der Kirche eingliedert; wenn schließlich die Familie zu echter Gastfreundschaft bereit ist, Gerechtigkeit und andere gute Werke zum Dienst aller notleidenden Brüder fördert. Unter den verschiedenen Werken des Familienapostolates seien folgende genannt: verlassene Kinder an Kindes Statt annehmen, Fremde freundlich aufnehmen, bei der Gestaltung des Schullebens helfend mitwirken, Heranwachsenden mit Rat und Tat zur Seite stehen, Brautleuten zu einer besseren Ehevorbereitung helfen, in der Katechese mitarbeiten. Eheleute und Familien in materieller und sittlicher Not stützen, alte Menschen nicht nur mit dem Notwendigen versehen, sondern ihnen auch einen angemessenen Anteil am wirtschaftlichen Fortschritt zukommen lassen.»

Zwar werden die heutigen Menschen nach wie vor dazu ermuntert, hinsichtlich der Kinderzahl hochherzig gesinnt zu sein, doch ist nun die kinderreiche Familie nicht mehr mit Selbstverständlichkeit die Idealfamilie wie früher. Eine größere Zahl von Kindern ist dann, aber auch nur dann lobenswert, «wenn diese entsprechend erzogen werden können»[59].

Anders als früher wird die große Verantwortung der Eltern im Blick auf die Zahl der Kinder betont und eingeräumt, daß der Entscheid darüber nur beim Gewissen der ernsthaft abwägenden Eltern liegen könne[60].

Eine Geburtenregelung ist heute auch aus der Sicht des kirchlichen Lehramts leider eine unumgängliche Notwendigkeit, auch wenn

als erlaubter Weg hierfür nur die Zeitwahlmethode oder die Enthaltsamkeit angesehen wird.
Mit äußerster Schärfe wendet sich das Lehramt der Kirche immer wieder gegen die Abtreibung als Mittel der Geburtenkontrolle, weil hier die Würde des menschlichen Lebens mißachtet wird. Die Ablehnung der Abtreibung gehört zum eisernen Bestand alter und neuerer kirchlicher Familienlehre[61]. Der kirchliche Kampf gegen die Liberalisierungswelle in der Abtreibungsgesetzgebung hat übrigens die positive Folge gezeitigt, daß die Diskriminierung lediger Mütter und ihrer Kinder kirchlicherseits faktisch aufgehört hat, ja, unverheiratete Mütter können heute sogar mit besonderer kirchlicher Hilfe finanzieller und anderer Art rechnen. Das ist an sich nur konsequent; konsequenterweise hätte man allerdings auch erwarten können, daß die radikale Ablehnung der Abtreibung auch ein Umdenken in der Frage der Empfängnisverhütung zur Folge gehabt hätte, wozu sich aber das Lehramt nicht in der Lage sieht. Johannes Paul II. denkt da nicht anders als seine Vorgänger.

Erziehungsgrundsätze

Zu Fragen der Erziehung hat sich das Zweite Vatikanische Konzil in einem eigenen Dokument (Gravissimum educationis) geäußert. Die Akzentverschiebungen gegenüber der früheren kirchlichen Lehre sind nicht unbedeutend.
Beachtenswert ist das modifizierte Erziehungsziel: Im Vordergrund steht nicht mehr die Erziehung zum Gehorsam, sondern zur Selbstentscheidung, zur verantwortungsbewußten Mündigkeit. Zur vollmenschlichen Erziehung gehört auch eine offene, positive Geschlechtserziehung. Auch muß der soziale Sinn geweckt werden.
Hören wir das Konzil selbst in der erwähnten Erklärung über die christliche Erziehung (Nr. 1): «Unter Verwertung der Fortschritte der psychologischen, der pädagogischen und der didaktischen Wissenschaft sollen also die Kinder und Jugendlichen in der harmonischen Entfaltung ihrer körperlichen, sittlichen und geistigen Anlagen so gefördert werden, daß sie allmählich ein tieferes Verantwortungsbewußtsein erwerben für ihr eigenes Leben und seine im steten Streben zu leistende Entfaltung und für das Wachsen in der wahren Freiheit, in der tapferen und beharrlichen Überwindung der widerstreitenden Kräfte. Nach den jeweiligen Alters-

stufen sollen sie durch eine positive und kluge Geschlechtserziehung unterwiesen werden. Außerdem müssen sie für die Teilnahme am gesellschaftlichen Leben so geformt werden, daß sie, versehen mit dem notwendigen und geeigneten Rüstzeug, sich in die verschiedenen Gruppen der menschlichen Gemeinschaft tätig einzugliedern vermögen, dem Gespräch mit anderen sich öffnen und bereitwillig für das Allgemeinwohl eintreten.»
Was nun den Zusammenhang von Erziehung und Familie betrifft, so wird mit gutem Grund nicht nur festgestellt, daß die Familie für die Erziehung entscheidend sei, sondern daß ihr in der Erziehung gegenüber allen andern Erziehungsträgern der Primat zukomme[62].
Die Erziehung durch die Eltern soll in partnerschaftlicher Zusammenarbeit zwischen Vater und Mutter erfolgen, wie die Pastoralkonstitution über «Die Kirche in der Welt von heute» (Nr. 52) ausführt: «Die Familie ist eine Art Schule reich entfalteter Humanität. Damit sie aber ihr Leben und ihre Sendung vollkommen verwirklichen kann, sind herzliche Seelengemeinschaft, gemeinsame Beratung der Gatten und sorgfältige Zusammenarbeit der Eltern bei der Erziehung der Kinder erforderlich. Zu ihrer Erziehung trägt die anteilnehmende Gegenwart des Vaters viel bei. Aber auch die häusliche Sorge der Mutter, deren besonders die jüngeren Kinder bedürfen, ist zu sichern, ohne daß eine berechtigte gesellschaftliche Hebung der Frau dadurch irgendwie beeinträchtigt wird.»
Im übrigen gibt sich die Kirche nicht mehr wie einst als oberste Erziehungsinstanz in allen Belangen, sosehr sie die ganzheitliche Erziehung fördern will. Ihr spezifischer Beitrag ist die religiössittliche Erziehung, sonst gilt auch für sie gegenüber den Eltern und der Gesellschaft das Subsidiaritätsprinzip. Der Staat und seine Schulen werden erheblich wohlwollender dargestellt als früher. Im gesellschaftlichen Pluralismus der heutigen modernen Gesellschaft soll man aber auch die katholische Schule fördern oder mindestens gelten lassen. Letztlich steht es den Eltern zu, die den Kindern angemessene Schule für die Kinder zu wählen[63].
Im Zuge der zunehmenden Säkularisierung kann es nicht wundern, daß die Kirche heute häufiger als früher auf eine sorgfältige religiöse Erziehung drängt, welche die Eltern keinesfalls allein dem Religionsunterricht überlassen dürfen[64].
Hier meldet sich ein Problem an, das für die gegenwärtige und künftige Kirche und Gesellschaft von höchster Tragweite ist: die

Familie fällt als Ort der religiösen Sozialisation mehr und mehr aus; immer mehr Kinder werden nicht mehr zu Hause in den christlichen Glauben und in das religiöse Leben der Kirche eingeführt, sie werden damit auch nicht mehr ohne weiteres in dem von der Kirche vermittelten christlichen Ethos erzogen. Der Ausfall der Familie in dieser Hinsicht kann von der Kirche institutionell kaum aufgefangen werden. Es wundert darum nicht, daß sich die Kirche heute in der Seelsorge anders als früher um die Familie zu kümmern beginnt; mit Familiendoktrin und dem Aufruf zur Teilnahme am kirchlich-religiösen Leben sowie mit dem Angebot an Gottesdiensten und Sakramenten allein ist es nicht mehr getan. Wir kommen damit zum letzten Punkt unserer Darlegung der kirchlichen Familiendoktrin.

Familienseelsorge

Generell kann man sagen, daß das Interesse der Kirche an einer intensiveren Familienpastoral oder -seelsorge seit dem Konzil stark zugenommen hat. Die lehramtlichen Anregungen für eine bessere und intensivere Familienpastoral sind allerdings vorläufig noch recht mager, was nicht verwundern kann, dazu sind die Erfahrungen an der Basis, in den Gemeinden noch zu jung, die Verhältnisse weltweit gesehen zu verschieden, die Entwicklungen sehr unterschiedlich fortgeschritten.

In der Pastoralkonstitution «Die Kirche in der Welt von heute» wird (in Nr. 52) zur Familienpastoral folgendes gesagt: «Die Seelsorger haben die Aufgabe, unter Voraussetzung einer genügenden Kenntnis des Familienproblems, mittels der verschiedenen pastoralen Hilfen, durch die Verkündigung des Wortes Gottes, durch die Feier der Liturgie und durch anderen geistlichen Beistand, die Berufung der Gatten in ihrem Ehe- und Familienleben zu fördern, sie menschlich und geduldig in Schwierigkeiten zu stützen und sie in der Liebe zu stärken, damit Familien von großer Ausstrahlungskraft entstehen. Mancherlei Einrichtungen, besonders Familienvereinigungen, mögen den Jugendlichen und den Eheleuten selbst, besonders den Jungverheirateten, durch Rat und Tat beistehen und helfen, sie zu einem Familienleben hinzuführen, das seiner gesellschaftlichen und apostolischen Aufgabe gerecht wird.»

Hier ist die Familienseelsorge aber noch zu stark im herkömmlichen Sinne auf der sakralen Ebene angesiedelt, was in der heutigen Zeit nicht mehr genügen kann.

Blickt man auf die kirchliche Praxis in den Pfarreien, Dekanaten und Diözesen, so läßt sich demgegenüber eine rege kirchliche Aktivität feststellen, die man als Familienpastoral betrachten kann, auch wenn wir heutzutage von einer klaren Konzeption der kirchlichen Sorge um die Familie noch weit entfernt sind. Die erfreulichste Erscheinung ist sicher die, daß die Familienseelsorge nicht mehr ausschließlich und in manchen Fällen gar nicht mehr vom Klerus getragen wird. Die Familien und ihre Glieder sind nicht mehr einfach von oben betreut. Die Initiative und die Ausführung kommt mehr und mehr von unten, von den Laien, also von den Familien selbst her. So kommt eine Familienseelsorge in der heutigen Zeit überhaupt erst fruchtbar zum Tragen, von den kirchlichen Instanzen gestützt und gefördert, soweit das angesichts des zunehmenden Seelsorgermangels noch möglich ist.
Von lehramtlicher Seite her mehren sich die Aussagen zur Familienpastoral. Papst Johannes Paul II. hat in vielen Ansprachen betont, daß der Familienseelsorge in der Pastoral Priorität zukommen muß. Ausdrücklich bemerkt der Papst, daß die bisherige Familienseelsorge zu zersplittert war und der Familie als ganzer zu wenig Aufmerksamkeit geschenkt wurde. Seine Anregungen und Forderungen für die Familienseelsorge sprechen Wesentliches von dem aus, was eine moderne Familienseelsorge ins Auge fassen muß[65]. In einer Predigt an die Familien in Rio de Janeiro am 1.Juli 1980 versucht Johannes Paul II., in aller Kürze die wichtigsten Punkte einer Familienseelsorge anzudeuten, für die er Priorität fordert, indem er folgendes ausführt[66]: «Ich denke an alles das, was zur Vorbereitung auf die Ehe zu tun ist, in der Zeit vor der Eheschließung, aber warum nicht auch schon in der Jugend – in Familie, Kirche und Schule – als ernsthafte, umfassende und gründliche Erziehung zu wirklicher Liebe, die freilich mehr erfordert als die verbreitete Sexualerziehung. Ich denke an das hochherzige und mutige Bemühen, in der Gesellschaft ein für die Verwirklichung des christlichen Familienideals günstiges Klima zu schaffen, das auf den Werten der Einheit, Treue, Unauflöslichkeit und verantwortlichen Elternschaft gründet. Ich denke an die Betreuung jener Ehepaare, die aus verschiedenen Gründen und Umständen eine Krise durchmachen, die sie überstehen können, wenn man ihnen Hilfe bietet, während sie manchmal scheitern, weil solche Hilfe fehlt. Ich denke an den Beitrag, den die Christen, zumal die Laien, zur Förderung einer Sozialpolitik leisten können, die die

Bedürfnisse und Werte der Familie aufgreift zur Verhinderung einer Gesetzgebung, die der Stabilität und der Ausgeglichenheit der Familie schadet. Ich denke schließlich an den unschätzbaren Wert einer Familien-Spiritualität, die ständig zu verbessern, zu fördern und zu verbreiten ist, und möchte hier erneut ein Wort der Anregung und Ermunterung für die Familienbewegungen hinzufügen, die sich dieser besonders wichtigen Aufgabe annehmen.»
Im Zusammenhang mit der in den letzten Jahren von lehramtlicher Seite stärker geförderten und geforderten Familienseelsorge ist auch die von Papst Johannes Paul II. im Herbst 1980 nach Rom einberufene Bischofssynode zu sehen, die hier abschließend noch kurz gestreift werden soll.

Internationale Bischofssynode 1980

Wer von dieser Bischofssynode, die ein beratendes Organ des Papstes ist und nicht den Rang eines Konzils hat, eine Öffnung der kirchlichen Familiendoktrin analog zum Zweiten Vatikanischen Konzil erwartet hatte, ist wahrscheinlich enttäuscht worden. Schon recht bald hatte sich die Befürchtung zur Gewißheit verdichtet, daß die Bischofssynode die Enzyklika «Humanae vitae» bestätigen werde, womit also direkt empfängnisverhütende Eingriffe gleich welcher Art mit Ausnahme der Zeitwahlmethode nach wie vor als unerlaubt gelten sollen. Wenn die Bischofssynode nicht einmal in diesem Punkt einen Fortschritt zustande brachte, in einer Frage nämlich, die in unserer Gesellschaft auch für den Großteil der Katholiken kaum mehr ein Gewissensproblem darstellt, was sollte man da von dieser Synode überhaupt noch erwarten können.
Nun: in den spärlichen Meldungen der Massenmedien mit der genannten «Hiobsbotschaft» ist nicht deutlich geworden, daß die Bestätigung der Enzyklika «Humanae vitae» im Schlußdokument der Bischofssynode vorsichtig und zurückhaltend zur Sprache kommt, was im Rückblick auf die engagierte Debatte zur Sache sicher überrascht hat[67]. Das scheint mir bedeutsam zu sein.
Freilich: die Sache bleibt bestehen, die Bestätigung ist erfolgt, und hierzu ist kritisch anzumerken, daß das Lehramt der katholischen Kirche immer noch von einer Voraussetzung ausgeht, die erst einmal zu beweisen wäre, nämlich daß jeder Geschlechtsverkehr als

Ausdruck der Liebe und ausschließlichen Zusammengehörigkeit zugleich und immer auch offen sein müsse für neues Leben (Botschaft, Nr. 9). Die häufig geäußerte Forderung vieler Bischöfe, «Humanae vitae» müsse eben dem heutigen Menschen besser verständlich gemacht werden – nämlich von der Heiligen Schrift her und von einer mehr personalen Sicht der Sexualität und der Ehe her, wie sie vor allem Johannes Paul II. selbst vorgelegt hat –, helfen da nicht weiter. Gerade diese bischöflichen Forderungen offenbaren doch drastisch den Beweisnotstand des Lehramts in dieser Angelegenheit.
Auch wenn die Bischöfe der Dritten Welt «Humanae vitae» begrüßt haben und es immer noch tun, weil ihnen diese Enzyklika ein gewichtiges Hilfsmittel im Kampf gegen Erpressungen der Industrienationen oder der eigenen Regierungen ist, nämlich gegen zwangsweise verordnete Geburtenkontrolle, so ist auch das noch kein Grund für ein absolutes Verbot direkter Empfängnisverhütung.
Die erneute Bekräftigung der Enzyklika «Humanae vitae» sollte nun aber nicht den Eindruck aufkommen lassen, als wären an dieser Bischofssynode nur traditionelle Positionen zementiert worden. Gewiß: die katholische Familiendoktrin ist im eben dargelegten Sinne der nachkonziliaren Entwicklung in ihren wesentlichen Punkten bestätigt worden. Trotzdem hat sich auch an dieser Synode Bemerkenswertes getan.
Wir müssen uns hier auf die Schlußbotschaft der Bischofssynode an die christlichen Familien konzentrieren, weil die übrigen Ergebnisse vorläufig noch nicht veröffentlicht sind. Es handelt sich bei diesen um Vorschläge an den Papst zur Abfassung einer «Charta für die Rechte der Familie» und um weitere Materialien und Vorschläge, die in absehbarer Zeit verarbeitet in einem päpstlichen Lehrdokument teilweise veröffentlicht werden sollen.
In der erwähnten Schlußbotschaft wird nun etwa zur Frage der Gleichberechtigung der Frau in einer Ausdrücklichkeit und Klarheit wie noch nie in lehramtlichen Dokumenten Stellung genommen (Nr. 19): «Gatte und Gattin sind verschieden, aber gleichrangig. Die Verschiedenheit ist zu beachten, soll jedoch nie als Vorwand gebraucht werden, um die Vorherrschaft des einen Teils über den anderen zu rechtfertigen. In Zusammenarbeit mit der weltlichen Gesellschaft hat die Kirche Würde und Rechte der Frau aktiv hervorzuheben und zu schützen.»

Bemerkenswert ist auch, daß nun die Familie nicht mehr bloß als Keimzelle der Gesellschaft und der Kirche gesehen wird, wobei sich gewissermaßen alles um die Familie dreht und ihr zu dienen hat. Vor allem lateinamerikanische Bischöfe haben hier auf einen gewissen Romantizismus im kirchlichen Reden von der Familie aufmerksam gemacht. Ehe und Familie sind für Millionen gewissermaßen unerschwingliche erstrebenswerte Güter. Die Realität sind unvollständige Familien oder eben Nicht-Familien. Nicht zuletzt aus der Sicht bitterer Armut, die Familie verunmöglicht, erfolgte daher der Ruf nach einer Öffnung der Familie nach außen, was in je anderem Sinne auch ein Beitrag zur Lösung unserer hiesigen Familienprobleme sein könnte; denn unsere Familie leidet als Kleinfamilie an ihrer Isoliertheit. Auf dem Hintergrund der Evangelisierungsaufgabe der Familie fordert die Bischofssynode (Nr. 14): «Der Horizont der christlichen Familie muß über den eigenen Kirchturm hinausreichen und sich auf die gesamte Menschheitsfamilie ausweiten. Innerhalb der umfassenderen Gemeinschaft der Gesellschaft hat die Familie ihre Aufgaben als Zeugnis für die christlichen Werte, als Anwalt sozialer Gerechtigkeit, allzeit bereit, den Armen und Unterdrückten beizustehen. Sehr ratsam ist der Zusammenschluß der Familien zum Schutze der eigenen Rechte, zum Widerstand gegen ungerechte gesellschaftliche Strukturen und öffentliche und private Bestrebungen, die der Familie schädlich sind ...»
Bemerkenswert und in gewisser Weise neu innerhalb der kirchlichen Familiendoktrin ist schließlich das, was die Bischofssynode im Anschluß an zahlreiche Voten afrikanischer, asiatischer und lateinamerikanischer Bischöfe zur Frage der Vielfalt der Kulturen sagt, wobei an der Bischofssynode selbst vor allem die afrikanische Stufenehe zur Diskussion stand. In sehr allgemeiner Form sagt die Bischofssynode (Nr. 3): «In dem vergangenen Monat haben wir vieles dazugelernt über die Verschiedenheit der menschlichen Kulturen und Lebensbedingungen, in denen die Familien leben. Die Kirche muß diese reiche Vielfalt annehmen und schätzen ... Die einzelnen kulturellen Gegebenheiten sind jedoch im Licht des Evangeliums zu überprüfen, um sicherzugehen, daß sie mit Gottes Heilsplan übereinstimmen. Beide, das Ja und die Überprüfung, sind Teil der einen Aufgabe der Unterscheidung.»
Hier scheint auf lehramtlicher Ebene in der kirchlichen Familiendoktrin etwas zu dämmern, was für die Weltkirche von höchster

Bedeutung ist: daß es nämlich nicht möglich ist, weltweit eine bis ins Detail einheitliche moralische und besonders rechtliche Ordnung durchsetzen zu wollen, weil man so der konkreten Situation einfach nicht gerecht werden kann. Das gleiche gilt natürlich auch für die Familienpastoral, was dem häufigen bischöflichen Ruf nach einem allgemeingültigen Leitfaden für die Familienpastoral zum vornhinein enge Grenzen setzt.

An dieser eben zitierten Stelle wird auch klar, daß die Bedeutung der römischen Bischofssynode für die Entwicklung der katholischen Familienlehre allein an der Schlußbotschaft nicht ermessen werden kann. Es ist nämlich an dieser Synode ohne Zweifel ein bedeutsamer Bewußtseinsprozeß in Gang gekommen. Auch wenn die moderne Familiensoziologie und die Völkerkunde hier noch vieles zu ergänzen und zu korrigieren hätten und sicher auch vieles anders werten würden, so ist doch zu sagen, dass auf lehramtlicher Ebene die konkrete Lage der heutigen Familie weltweit gesehen noch kaum je so umfassend und nüchtern zur Kenntnis genommen wurde wie hier. Das Bewußtsein um die realen Probleme der Familien in aller Welt ist gewachsen, Probleme, die sich aus der wirtschaftlichen, politischen oder kulturspezifischen Situation ergeben.

Stärker und realistischer als früher sind auch die Probleme zur Sprache gekommen, welche die Familien mit der Kirche und ihrer Familiendoktrin haben. Dieses letztgenannte Problembewußtsein zeigte sich nicht etwa bloß bei jenen Teilnehmern der Bischofssynode, welche eine echte Änderung der kirchlichen Lehre in verschiedenen Punkten verlangten bis hin zur Aufgabe herkömmlicher Positionen. Die Einsicht, daß es nicht genügt, ewig gleiche Formeln zu wiederholen, drängte sich allgemein auf, auch bei jenen, die keine Möglichkeit sehen, die kirchliche Familiendoktrin in den umstrittenen Punkten zu ändern. Denn auch hier wurde gefordert, die gültig bleibende kirchliche Lehre müsse dem heutigen Menschen in einer positiveren Art als früher nahegebracht werden; sie müsse besser, zeitgemäßer, umfassender begründet werden. Ferner müsse die Kirche ihr seelsorgliches Engagement verstärken, und dies gerade da, wo die kirchliche Lehre von den Betroffenen als hart empfunden wird, womit vor allem an die Problematik der wiederverheirateten Geschiedenen gedacht war. Gerade dieses schwerwiegende Problem solle intensiv studiert werden, forderte die Bischofssynode.

Dieses neu erwachte Problembewußtsein, der erweitere Horizont, die größere Nähe zur Lebensrealität verglichen mit früher scheint mir der eigentliche Gewinn dieser Bischofssynode zu sein, auch wenn die konkreten Ergebnisse vorerst eher mager, teilweise auch enttäuschend sind. Ausdrücklich zu bedauern ist, daß man an der Bischofssynode selbst nicht mehr auf die direkt Betroffenen, also auf die Familienangehörigen verschiedenster Couleur sowie auf mehr Fachleute der einschlägigen theologischen und der Sozialwissenschaften gehört hat. Es sollten auch Laien gehört werden, welche nicht nur «die Milch der frommen Denkungsart» schlürfen.
Man mag der offiziellen kirchlichen Familiendoktrin insgesamt oder in manchen Einzelpunkten kritisch gegenüberstehen, eines wird man der katholischen Kirche und ihrem Lehramt zubilligen müssen: daß sie die Familie sowohl in der Lehre wie in der Seelsorge nach Kräften zu stützen und zu schützen versucht, und das mit gutem Grund. Es geht der Kirche letztlich um nichts anderes als um das Wohl, oder sagen wir es umfassender, um das Heil des Menschen. Der Mensch braucht die Familie zu seiner Menschwerdung, und das ein Leben lang in immer wieder anderer Beziehung. Aber es geht dabei nicht nur um den Menschen als Individuum. Papst Johannes Paul II. spricht es kurz und bündig so aus[68]: «Wenn der Wert der Familie durch sozialen oder wirtschaftlichen Druck bedroht ist, werden wir aufstehen und bekräftigen, daß die Familie notwendig ist, nicht nur für das persönliche Wohl jedes Menschen, sondern auch für das Gemeinwohl jeder Gesellschaft, jeder Nation und jedes Staates.»
Es bleibt zu hoffen, daß die von Johannes Paul II. versprochene Bekräftigung auch in Zukunft nicht bloß in der Wiederholung traditioneller Positionen bestehen wird. Das gilt vor allem für solche Probleme, die auch unter dem Gesichtspunkt einer theologischen Ethik nicht als ein für allemal gelöst betrachtet werden können. Zu denken ist da an Probleme wie jenes der Geburtenkontrolle, an gewisse Fragen der Sexualmoral und besonders an das Problem der Scheidung und Wiederheirat. Gerade weil es letztlich um den Menschen geht – um den ganz konkreten Menschen, wie Johannes Paul II. immer wieder betont – und nicht bloß um die Bewahrung von wichtigen Institutionen möglichst in einer unantastbaren, unveränderlichen Idealform, sind hier auch vom Evangelium her offenere, pastorale Lösungen nicht nur denkbar, sondern auch notwendig.

Für die nächste Zukunft sind allerdings keine großen Änderungen von lehramtlicher Seite her zu erwarten. Die Ansprache des Papstes vom 23. Oktober 1980 zum Abschluß der Bischofssynode[69] hat diesbezüglich mehr als nur ernüchternd gewirkt! Trotzdem: auch wenn eine weitere Öffnung der kirchlichen Familiendoktrin in den umstrittenen Punkten noch auf sich warten lassen wird, die Theologie und die pastorale Praxis werden sich weiterentwickeln. Das wird auf die Dauer nicht ohne Einfluß auf die offizielle kirchliche Doktrin bleiben. Sie bewegt sich eben doch!

Anmerkungen

[1] Da sich diese Darlegung an eine breitere Öffentlichkeit richtet, wird hier nicht auf die zumindest früher gewöhnlich lateinisch verfaßten Originalquellen (ASS; AAS) verwiesen, sondern auf zuverlässige Übertragungen ins Deutsche. Interessierte werden die Originalquellen leicht eruieren können. Die benutzten Quellen samt Abkürzungen finden sich im angefügten Literaturverzeichnis.

[2] Siehe zum Folgenden: Leo XIII., Enzyklika «Inscrutabili», 1878, UGa II, 264 ff., bes. 273 f.; Enzyklika «Quod multum», 1886, ebendort 285; Ehe-Enzyklika «Arcanum», 1880, UGa VII, 1 ff.; apostolischer Brief «Il divisamento», 1893, UGa VII, 29 ff.; Pius X., apostolischer Brief «Afflictum proprioribus», 1906, UGa VII, 41 ff.; Pius XI., Ehe-Enzyklika «Casti connubii», 1930, UGa VII, 45 ff.; Erziehungsenzyklika «Divini illius magistri», 1929, UGa IX, 37 ff., bes. 46 ff.; Pius XII., Botschaft an den Weltkongreß der Familie, 10. Juni 1958, Päpstliche Dokumente, 769 und öfter.

[3] Paul VI., «Humanae vitae», 1968, UGa VII, 218 ff.; Kongregation für die Glaubenslehre, «Persona humana», 1975, in: Herder Korrespondenz 30 (1976) 82–87, besonders die Nummern 3–4.

[4] Pius XI., «Casti connubii», 1930, UGa VII; es handelt sich um Auszüge aus den Nummern 144. 151–153.

[5] Ebendort, Nr. 62.

[6] Ebendort, Nr. 104.

[7] Für Pius XII. vergleiche dessen Ansprache an Hebammen vom 29. Oktober 1951, UG I, 1063 ff., bes. 1080 ff.

[8] Leo XIII., Enzyklika «Quod multum», 1886, UGa II, 285.

[9] Die römischen Äußerungen hierzu sind äußerst zahlreich; vgl. Leo XIII., «Inscrutabili», 1878, UGa II, 273; «Quod multum», 1886, ebd. 285; «Arcanum», 1880, UGa VII, 9 ff.; Pius X., «Afflictum», 1906, UGa VII, 41 ff.; Pius XI., «Casti connubii», 1930, UGa VII, 94 ff., bes. 124 ff. – Siehe

die Übersicht über die einschlägigen kirchlichen Dokumente vom 18. Jahrhundert bis 1958 in: Päpstliche Dokumente, Anhang S. (21)–(23).

[10] Vgl. die beiden im Text eben zitierten Belege sowie Pius XI., «Casti connubii», 1930, UGa VII, 75 ff. 124 ff. 132 ff. Die einschlägigen Rechtsbestimmungen finden sich in Can. 1012 ff. des Codex Iuris Canonici.

[11] Papst Johannes Paul II. hat die Gefahr in einer Ansprache an die Mitglieder der Sacra Romana Rota offen angedeutet, daß Nichtigkeitserklärungen «der Duldung der Ehescheidung in der Kirche, wenn auch unter verdecktem Namen» gleichkommen könnten; er sieht aber die Gefahr nur, wenn zu großzügig, das heißt ohne moralische Gewißheit, über die objektive (!) Nichtigkeit einer Ehe vorgegangen werde. Johannes Paul II. plädiert also klar für eine größere Strenge. Eine Problembewältigung in eine andere als die vom Kirchenrecht nach wie vor eingeschlagene Richtung kommt nicht in den Blick. Siehe L'Osservatore Romano, Wochenausgabe in deutscher Sprache, Nr. 10, 7. März 1980, 4f. (Ansprache vom 4.2.1980).

[12] Vgl. etwa Pius XI., «Casti connubii», 1930, UGa VII, 63 ff. 116 ff.

[13] Siehe die fast vollständige Zusammenstellung der römischen Verlautbarungen des 19. und 20. Jahrhunderts (bis 1958) zur Ehezwecklehre in: Päpstliche Dokumente, Anhang (17)–(20).

[14] Pius XI., «Casti connubii», 1930, UGa VII, 68 f.

[15] Leo XIII., «Arcanum», 1880, UGa VII, 8; vgl. Pius XI., «Casti connubii», 1930, UGa VII, 70 ff. 119 ff.

[16] Vgl. Pius XI., «Casti connubii», 1930, UGa VII, 119 ff.

[17] Pius XII., Ansprache an Neuvermählte am 10. Sept. 1941, UG I, 1167; vgl. ebendort 1155 ff.; 1194 ff. (zur Kritik einer selbstherrlichen, ja gewalttätigen Männerherrschaft im Hause!).

[18] Siehe die Zusammenstellung der Ansprachen Pius' XII. zur sogenannten «Frauenfrage» in UG III, Seite 4020.

[19] Die Polemik gegen die Mischehe war früher sehr heftig, Nachwehen finden sich z. B. noch bei Leo XIII., «Quod multum», 1886, UGa II, 285; «Arcanum», 1880, UGa VII, 26; Pius XI., «Casti connubii», 1930, UGa VII, 129 ff. – Ältere Dokumente finden sich wiederum in einer Zusammenstellung der Päpstlichen Dokumente I, im Anhang S. (27 f.) unter den Nummern (82)–(86).

[20] Die einschlägigen Gesetzesbestimmungen des Codex Iuris Canonici, Canones 1060 ff. 1102. 1109. 2319. 2375 finden sich zusammengestellt und ins Deutsche übertragen in: Die rechtliche Ordnung der Mischehen. Nachkonziliare Dokumentationen 28, Trier 1971, 75 ff.

[21] Vgl. den Brief von Msgr. Dell'Acqua, Substitut des Staatssekretariates vom 9. Juli 1957, in: UG III, 4553 ff., bes. 4758.

[22] Pius XI., «Casti connubii», 1930, UGa VII, 58.

[23] Pius XII., Ansprache an Neuvermählte vom 26. Juni 1940, UG I, 1146 ff.; vgl. ebd. 1269 f.

[24] Leo XIII., Sozialenzyklika «Rerum novarum», 1891, Nr. 9–11. 28, UGa IV, 9–11.28; Pius XI., «Casti connubi», 1930, UGa VII, 111ff. 124ff. Wünsche an den Staat: 166ff. 173ff.; Enzyklika «Divini illius», 1929, UGa IX, 62ff. 72ff.

[25] Pius XII., Ansprache an französische Familienväter vom 18. September 1951, UG I, 1257.

[26] Vgl. Leo XIII., Sozialenzyklika «Rerum novarum», 1891, UGa IV, 1ff., bes. 9ff. 16ff. 28f. 32f. usw.; Pius XI., Sozialenzyklika «Quadragesimo anno», 1931, UGa VI, 47ff., bes. 118; Pius XII., Radiobotschaft «La solennità della Pentecoste», 1941, UG I, 496ff., bes. 516ff.; Johannes XXIII., Sozialenzyklika «Mater et magistra», 1961, UGa IV, 196ff.; Sozialenzyklika «Pacem in terris», 1963, UGa XXVIII. 94ff.

[27] Pius XII., Ansprache vom 25. Februar 1942, UG I, 1290; vgl. auch die Ansprache an die Vereinigung kinderreicher Familien Italiens, 20. Januar 1958, UG III, 4762ff., für weitere Belege siehe die Stichworte: Kinderreichtum, Kindersegen im Sachverzeichnis in UG III, S. 3984.

[28] Pius XII., Ansprache vom 20. August 1941, UG I, 892ff.

[29] Leo XIII., «Arcanum», 1880, UGa VII, 8.

[30] Pius XII., Ansprache an Neuvermählte vom 24. September 1941, UG I, 1172ff.

[31] Pius XI., Erziehungsenzyklika «Divini illius magistri», 1929, UGa IX, 37ff. Siehe ältere Dokumente ebd. 1ff. (zum Erziehungs- und Bildungswesen). Zu Pius XII. siehe UG I, S. 798ff. und III., S. 2875ff.

[32] Pius XI., «Divini illius magistri», UGa IX, 116–18.

[33] Ebendort, 46; vgl. 44ff.

[34] Ebendort, 46ff. 95. 122.

[35] Ebendort, 60ff.; vgl. auch Leo XIII., Enzyklika «Rerum novarum», 1891, UGa IV, 11.28; Pius XII., siehe das Zitat oben im Text zum Titel: «Familie als Keimzelle und Modell des Staates und der Kirche» und Anmerkung 25; Ansprache an katholische Lehrer vom 8. September 1946, UG I, 1610; weitere Äußerungen siehe unter dem Stichwort «Elternrecht» in UG II, S. 2328 und III, S. 3968.

[36] Pius XI., «Divini illius magistri», UGa IX, 68f.; vgl. 72ff.

[37] Ebendort, 69. 110ff.; vgl. Pius XII., Ansprache an katholische Lehrer vom 31. Dezember 1956, UG III, 4991ff.; vgl. 4998ff. 5005ff.

[38] Pius XI., «Divini illius magistri», UGa IX, 74f. 88. 99f.

[39] Ebendort, 72ff.

[40] Ebendort, 81ff.

[41] Pius XII., Ansprache vom 18. September 1951, UG I, 1262ff.

[42] Pius XII., Ansprache an Neuvermählte vom 24. September 1941, UG I, 1172ff.; Ansprache an Frauen der Katholischen Aktion vom 26. Oktober 1941, UG I, 1492ff.; Radioansprache vom 6. Oktober 1948, UG I, 1589ff.; Radioansprache vom 5. August 1951, UG I, 1616ff.; Radioansprache vom 23. März 1952, UG I, 1744ff. usf.

[43] Vgl. Pius XI., Enzyklika «Casti connubii», 1930, UGa VII, 143 ff.; Pius XII., Radioansprache an Familienväter vom 17. Juni 1945, UG I, 1268 ff.
[44] Pius XII., Radioansprache vom 6. Oktober 1948, UG I, 1597.
[45] Das war ein besonderes Anliegen Pius' XII.; vgl. UG I, 1268 ff.
[46] G. B. Montini, Prostaatssekretär Pius' XII., Brief an Kardinal Siri anläßlich der 27. Sozialen Woche der Katholiken Italiens, 1954, UG III, 4745.
[47] Pius XII., Ansprache an die Vereinigung der kinderreichen Familien Italiens, 20. Januar 1958, UG III, 4765.
[48] Darüber informiert umfassend J. Lange, Ehe- und Familienpastoral heute, Freiburg 1977, 75 ff.
[49] Vgl. Pastoralkonstitution «Kirche in der Welt von heute», Nr. 48. 50.
[50] Siehe oben, Anmerkung 3.
[51] UGa VII, 247 f.
[52] Siehe oben, Anmerkung 3.
[53] Vgl. seine Ansprachen in den Mittwoch-Generalaudienzen, jeweils veröffentlicht im Osservatore Romano, Wochenausgabe in deutscher Sprache. Zum besseren Verständnis sei auf seine Bücher vor der Wahl zum Papst verwiesen: K. Wojtyla, Liebe und Verantwortung, München 1979; Erziehung zur Liebe, Stuttgart 1979.
[54] Vatikanum II, «Dekret über das Apostolat der Laien», 11; Zum Ganzen siehe besonders die Nummern 48–52 der Pastoralkonstitution «Kirche in der Welt von heute»; Nr. 11 der Kirchenkonstitution «Lumen Gentium» sowie die Nummern 8–9 der Enzyklika «Humanae vitae», UGa VII, 233 ff.
[55] Johannes XXIII., «Pacem in terris», UGa XXVIII, 108; vgl. das Konzil in der Pastoralkonstitution «Kirche in der Welt von heute», Nr. 29. 49. 52. 60.
[56] Siehe die einschlägigen kirchlichen Dokumente «Instructio de matrimoniis mixtis» (1966) und «Matrimonia mixta» (1970) in der in Anmerkung 20 erwähnten Dokumentation.
[57] Vgl. die Pastoralkonstitution «Kirche in der Welt von heute», Nr. 52.
[58] Kirchenkonstitution «Lumen gentium», Nr. 11; Dekret über das Laienapostolat «Apostolicam actuositatem», Nr. 11 (siehe Text); vgl. Pastoralkonstitution «Die Kirche in der Welt von heute», «Gaudium et spes», Nr. 48; Paul VI., Apostolisches Schreiben über die Evangelisierung in der Welt von heute: «Evangelii nuntiandi», Nr. 71, in: Nachkonziliare Dokumentation, Bd. 57, Trier 1976, S. 159 f.
[59] Pastoralkonstitution «Die Kirche in der Welt von heute», Nr. 50.
[60] Ebendort, Nr. 50–51.
[61] Paul VI., Enzyklika «Humanae vitae», 1968, Nr. 14; UGa VII, 251; vgl. Kongregation für die Glaubenslehre, Erklärung über den Schwangerschaftsabbruch (1974), Nachkonziliare Dokumentation, Bd. 48, Trier 1975.

[62] Vatikanum II, «Gravissimum educationis», Nr. 3. Papst Johannes Paul II. hat es jüngst in seiner Ansprache vom 2. Juni 1980 an den Exekutivrat der UNESCO in Paris erneut pointiert ausgesprochen, L'Osservatore Romano, deutsch, Nr. 23, 1980, S. 5–6 Nr. 12–18.

[63] Vatikanum II, «Gravissimum educationis», Nr. 3 ff.

[64] Ebendort; vgl. auch Paul VI., «Evangelii nuntiandi», bes. Nr. 71 (siehe oben Anmerkung 58); Johannes Paul II., Apostolisches Schreiben über die Katechese heute: «Catechesi tradendae», 1979, in: Zur Freude des Glaubens hinführen, Freiburg 1980, bes. Nr. 68.

[65] Zum Beispiel am 28. Januar 1979 in Puebla, Text in: «Hoffnung so weit wie das Meer». Johannes Paul II. in Lateinamerika, Kevelaer 1979, S. 61 (Predigt); S. 83 f. ebd. (programmatische Ansprache vor der lateinamerikanischen Bischofskonferenz); Ansprache an die Bischöfe Kenias in Nairobi am 7. Mai 1980, L'Osservatore Romano, deutsch, Nr. 21, 1980, S. 8; Ansprache an die 17. Vollversammlung der Italienischen Bischofskonferenz am 29. Mai 1980, ebendort, Nr. 26, 1980, S. 5 Nr. 7; Predigt beim Gottesdienst für die Familien in Rio de Janeiro am 1. Juli 1980, ebendort, Nr. 27, 1980, S. 5 und öfter.

[66] L'Osservatore Romano, deutsch, Nr. 27, 1980, S. 5 Nr. 6.

[67] Ein Überblick über Themenstellung und Debatten findet sich in L'Osservatore Romano, deutsch, 10. Jg., von Nummer 39 an. Die Botschaft der Bischofssynode an die christlichen Familien ist in Nr. 44 vom 31.10. 1980, S. 6 f. abgedruckt.

[68] Ansprache an Journalisten in Washington am 7. Oktober 1979, in: «Meine Botschaft ist Frieden und Freude». Johannes Paul II. in Irland und USA, Kevelaer 1980, 218.

[69] Die Ansprache ist abgedruckt in L'Osservatore Romano, deutsch, Nr. 44 vom 31.10.1980.

Literatur und Abkürzungen

1. Quellen

Originalquellen

Acta Sanctae Sedis, ab 1865 (ASS)
Acta Apostolicae Sedis, ab 1905 (AAS)
L'Osservatore Romano

Deutschsprachige Quellenwerke

Utz A. / von Galen B., Die katholische Sozialdoktrin in ihrer geschichtlichen Entfaltung. Eine Sammlung päpstlicher Dokumente vom 15. Jahrhundert

bis in die Gegenwart (Orignaltexte mit Übersetzung), 4 Bde., Aachen 1976 (Abgekürzt mit UGa; die römischen und arabischen Ziffern folgen der thematischen Gliederung des Quellenwerkes).
Utz A. / Groner J., Aufbau und Entfaltung des gesellschaftlichen Lebens. Soziale Summe Pius' XII., 3 Bde., Freiburg/Schweiz 1961 (Abgekürzt mit UG, Bd. I–III und Randnummer der Texte).
Päpstliche Dokumente 1: Die Ehe, Remscheid 1964 (Abgekürzt mit: Päpstliche Dokumente und Textnummer).
Lexikon für Theologie und Kirche, Das Zweite Vatikanische Konzil, 3 Bde., Freiburg/Breisgau 1966–68 (Die Dokumente des Vaticanum II werden direkt mit Namen und Textnummer zitiert).
Nachkonziliare Dokumentation, Trier 1967 ff.
Papst Paul VI., Wort und Weisung im Jahre 1974, Rom 1975 (seit 1974 pro Jahr ein Band mit einer Übertragung der meisten päpstlichen Verlautbarungen unterschiedlichster Art).
L'Osservatore Romano. Wochenausgabe in deutscher Sprache (Seit 1971; bringt vor allem päpstliche Ansprachen und schriftliche Verlautbarungen, auch kuriale Dokumente).
«*Hoffnung so weit wie das Meer*». Johannes Paul II. in Lateinamerika (1979), Kevelaer 1979.
«*Stark im Glauben*». Johannes Paul II. in Polen, Kevelaer 1979.
«*Meine Botschaft ist Frieden und Liebe*». Johannes Paul II. in Irland und USA (1979), Kevelaer 1980.

2. Sekundärliteratur

Leclerq J./David J., Die Familie. Ein Handbuch, Freiburg i. Br. 1955.
Handreichung für den pastoralen Dienst: Ehe und Familie, Mainz 1973.
Berg L., Familie in sozialtheologischer Perspektive, Münster 1973.
Lange J., Ehe- und Familienpastoral heute. Situationsanalyse, Impulse, Konzepte, Wien-Freiburg-Basel 1977.
Schmälzle U.F., Ehe und Familie im Blickpunkt der Kirche. Ein inhaltanalytisches Forschungsprogramm zu Zielwerten in deutschen Hirtenbriefen zwischen 1915 und 1975, Freiburg i. Br. 1979.
Lebendige Seelsorge, Heft 2, Jg. 30, März 1979: Thema: Die christliche Familie.
Diakonia, Heft 4, Jg. 11, Juli 1980; Thema: Ehe und Familie.

Dietmar Mieth

Zusammenleben in der Familie

Ein Ernstfall christlicher Ethik

Woran denken wir, wenn wir das Wort «Familie» hören? Wahrscheinlich werden gemischte Empfindungen wach: Geborgenheit und Liebe ebenso wie Ärger und Belastung; Freude und Glück ebenso wie Verantwortung und Pflicht. Es wird sehr verschieden sein nach Erfahrung, nach Zeit und Ort, was davon überwiegt. Ob wir aber «Familie» nicht nur empfinden, sondern auch darüber nachdenken, davon sprechen? Vielleicht geschieht dies gelegentlich, wenn vom «Wandel der Familie» die Rede ist, von den Veränderungen, die sich an der Institution Familie ereignen, vom Wandel der Rollenbestimmungen, der Erziehungsstile. Wenn wir aber heute über «Familie» nachdenken, soll von einem anderen «Wandel» vorrangig die Rede sein, vom «Wandel» im Sinne der alten biblischen Sprache, das heißt vom Lebenswandel in der Familie. Dieser hängt gewiß auch von der Änderung der Familie und von der Vielfalt ihrer Gestalten ab.

1. Vielfalt der Familienformen

Familie ist eine Gemeinschaft, in der man zusammen lebt. Diese Gemeinschaft hat eine bestimmte Gestalt, die sich zwar abwandeln kann, aber doch eine Reihe von Merkmalen aufweist, die meistens zusammen auftreten. Es ist gar nicht so einfach, diese Merkmale genau zu bestimmen. Wenn in der Gesellschaft und in den Kirchen das Thema «Ehe und Familie» als ein Zusammenhang auftaucht, dann steckt dahinter oft das Bild, die Familie sei nichts anderes als die um Kinder erweiterte Ehe. Das ist jedoch bereits ein bestimmter Typ der Familie: der Typ der Kleinfamilie im industriellen Zeitalter. Es gibt durchaus noch andere Gestalten, in denen Familie leben kann. Ich selbst bin nach dem frühen Verlust meines Vaters im Krieg in einer Familie aufgewachsen, die für mich Großeltern, Mutter, Tante und Geschwister umfaßte. Es sind Familien denkbar, bei denen die Kinder nicht aus der Ehe stammen. Es sind Familien denkbar, die zwei Generationen umfassen, und Familien, in denen drei oder mehr Generationen leben. Familien können schließlich größere, wenn auch aufgeteilte Gebilde sein, wenn ganze Verwandtschaften oder Wahlverwandtschaften in einer Gruppe mehr oder weniger eng zusammenleben.

Obwohl es also einen Durchschnittstyp von Familie gibt, ist es gar nicht so einfach, Familie genau zu bestimmen. Dies wird um so schwerer, wenn es in der Gesellschaft Formen des ehelichen, nicht-ehelichen und ehcähnlichen Zusammenlebens auf Dauer gibt. Aber man wird dennoch im christlichen Kontext davon ausgehen können, daß die Institution Ehe die Gestalt der Familie mitbestimmt. Ebenso gehört dazu das Merkmal verschiedener Generationen. Darüber hinaus bestimmt die Gesellschaft die Familie, wenn sie sie als sozial bevorzugte Einheit menschlichen Zusammenlebens in der Gruppe ansieht. Sie ordnet ihr damit auch eine sozial anerkannte Binnenstruktur zu. Um die Verteilung der Rollen in dieser Binnenstruktur wird gerade heftig diskutiert. Ebenso um die Frage der «Herrschaftsform» in der Familie und schließlich um die Frage ihrer religiösen bzw. spezifisch christlichen Sinngebung.

Um über das Zusammenleben in der Familie als Ernstfall christlicher Ethik zu sprechen, muß man zunächst über diese Sinngebung reden. Manche meinen vielleicht, diese Sinngebung sei klar. Die Familie diene der Fortpflanzung und gegenseitigen Hilfe, der Kindererziehung und dem Hineinwachsen in das gesellschaftliche und kirchliche Leben. Aber ebenso wie die Ehe ihren Sinn nicht aus der institutionellen Regelung von Lust, Besitz und Nachkommenschaft erhalten kann, kann die Familie nicht nur von nützlichen Zwecken her ihren Sinn erhalten. Sie ist eine Lebensgemeinschaft von Personen, die in einer Entwicklung stehen, und sie wandelt dementsprechend ihren Sinn und ihre Gestalt. Sie steht in einem sozialen Beziehungsfeld, das tief in sie selbst hineinreicht und auf das sie selbst Einfluß nehmen kann. Dazu ist es notwendig, daß sie nicht nur von einer vorgegebenen Ordnung geprägt wird, sondern daß sie auch selbst auf lebendige Weise ihren Sinn entwirft. Dazu braucht sie innere und äußere Freiheit und die Möglichkeit, vielgestaltig gelebt zu werden.

2. Vom «anarchischen» Sinn christlicher Familie

Die lebendige Familie ist z.B. keine Herrschaftsform im kleinen. Das gilt nicht nur für patriarchalische und andere Formen der Herrschaft und Abhängigkeit, sondern das gilt z.B. auch für die demokratische Herrschaftsform. Familie als lebendige Lebensgemeinschaft ist in gewissem Sinn «anarchisch». Damit ist kein chaotisches Zusammenleben gemeint, sondern die Fähigkeit, ihren Weg durch den Konsens aller zu finden. Weder einer noch die Mehrheit entscheiden in der Familie, sondern die in gemeinsamer Suche gefundene Übereinstimmung. Dies gilt für alle primären Gemeinschaften, auch religiöse Gemeinschaften waren im Ursprung so angelegt. Gewiß gibt es in solchen Gemeinschaften Autorität, aber sie ist nicht rollenbestimmt. Die wechselseitige Unterordnung ist biblisch empfohlen (Eph 5; Hebr 13,4). Das bedeutet auch wechselnde persönliche und sachliche Autorität. Denn Autorität ist ja nichts anderes als ein Vorsprung in der Kompetenz des einen, der zum Vorteil des anderen eingesetzt werden kann. Um den Erhalt dieses Vorsprungs muß nicht gekämpft werden, im Gegenteil.

Solche Einsichten fallen uns oft schwer, zumal wenn wir an eine bestimmte Ordnung gewöhnt sind und ihre Auflösung fürchten. Noch mehr dann, wenn wir gewohnt sind, die religiöse Sinngebung der Familie mit einer bürgerlichen Ordnungsgestalt zu verwechseln. Aber der religiöse Sinn der Familie wird christlich noch darin zu sehen sein, daß sie ein brüderliches und schwesterliches Gemeinschaftsleben darstellt, das heißt eine Gemeinschaft auf der Ebene der Gleichwertigkeit, der gegenseitigen Anerkennung und Annahme und des wechselseitigen Dienstes. Eine Gemeinschaft, die, indem sie dies lebt, bei sich selbst nicht stehenbleibt und nicht für sich selbst allein da ist.

Das ist der Sinn Jesu Christi. In seinem Namen zusammenzusein ist ja eine Befreiung füreinander. Familie ist ein Ort und eine Möglichkeit, diese Befreiung zu erfahren und eine neue Gerechtigkeit zu üben, die nicht auf wechselseitiger Abhängigkeit, sondern auf wechselseitigem Dienst beruht. Jesu Worte gegen familiäre Abhängigkeit sind manchmal brutal. Es scheint so, als würde die Ordnung der Familie angesichts des Gottesreiches nicht mehr gelten, als werde gerade die Familie religiös entzaubert und als gebe es den Weg zur Nachfolge Jesu nur aus der Familie heraus.

Dennoch setzt er nirgends das Familienleben außer Kraft. Er erzählt von ihm in seinen Gleichnisreden, und seine schönsten Bilder der Zuwendung Gottes zu den Menschen sind Bilder aus der Familie: der verlorene Sohn, die Autorität der bittenden Kinder gegenüber den Eltern, der Vater, der bei seinen Kindern schläft und dem klopfenden Freund ungern aufmacht und andere mehr.
Aber offensichtlich geht es bei dieser religiösen Sinngebung durch Jesus von Nazaret um mehr als biologische Gegebenheiten, gesellschaftliche Bedürfnisse und geordnete Verhältnisse. Es geht um eine neue Weise des Gemeinschaftslebens, die eigentlich nur «von Angesicht zu Angesicht» möglich ist, nicht aber dort, wo die Beziehungen der Menschen institutionalisiert, versachlicht und damit gleichsam «gesichtslos» geworden sind. Insofern hat man die Familie in der Urkirche auch als Hausgemeinde verstanden, die mit der Gemeinde selbst in lebendigem Austausch stand. Die Familie ist christlich gesehen zunächst einmal ein charismatischer Ort, in der der neue Ruf zur Freiheit ohne Herrschaft gehört und getan werden kann.
Man darf also die religiöse Sinngebung der Familie nicht mit Entwicklungen ihrer kirchlichen Domestizierung verwechseln. Heute wird die religiöse Potenz der Familie oft verwechselt mit sozialen Normen, sittlichen Normen und Kirchennormen. Darin ist die geistliche Freiheit des Evangeliums domestiziert. Dies ist nicht der einzige Vorgang, wo die Radikalität Jesu zugunsten der Stabilität eingeebnet wurde. Damit aber wurde die christliche Familie in ihren Leitbildern oft zu steril, um noch als Ort der Befreiung erfahren zu werden. Dies hat nicht zuletzt die fortschreitende Säkularisierung der Familie gefördert, ohne damit ihrer Autonomie zu dienen: sie geriet in andere soziokulturelle Abhängigkeiten, wurde zum Konsumobjekt und zur gesellschaftlichen Planungsgröße.

Wenn wir im folgenden über das Zusammenleben in der Familie als Ernstfall christlicher Ethik reden wollen, dann haben wir nicht die Absicht, uns auf eingefahrene normative Appelle einzulassen: Haltet die Institution Ehe und Familie intakt, achtet auf eure Pflichten in der Familie und nehmt eure Rechte gegen eine säkulare Gesellschaft wahr! Solche Appelle sind im einzelnen nicht falsch, aber wenig hilfreich. Man muß sich schon auf die konkrete Situation familiären Zusammenlebens einlassen und dort sehen, wo der ethische Ernstfall liegt.

Leider müssen wir im folgenden die Beziehungen zwischen Familie und Umwelt etwas ausklammern. Das hat den Nachteil einer Vereinfachung der Probleme, aber den Vorteil, daß wir mehr vom Bereich persönlicher Erfahrung reden als über Familientheorie.

Persönliche Erfahrung mit «Familie» haben wir alle. Manchmal hilft uns das. Aber nicht immer. Denn für die ethische Verantwortung braucht man zugleich Wissen und Erfahrung. Beide dienen dem Ziel, sittliche Verantwortung «von unten her» aufzubauen. Die Orientierung «von oben» ist oft zu abstrakt, zu ideal, der Situation nicht angemessen. Sie setzt manchmal Menschen voraus, die so nicht existieren. Sie redet zuviel vom Sollen und zuwenig vom Können. Im christlichen Ethos geht es aber gerade weniger um ein neues Sollen als um ein neues Können. Wenn man vom Können spricht, muß man die Ausgangslage der an einer Beziehung beteiligten Personen kennen. Und dazu muß man auch etwas wissen. Ich gebe also zunächst Bausteine des Wissens für das Haus der Erfahrung, dem Grundsatz getreu: Wissen ohne Erfahrung ist leer, aber praktische Erfahrung ohne Wissen ist blind.

3. Stufen sittlichen Bewußtseins

Um die unterschiedliche Ausgangslage in der Qualität zwischenmenschlicher Beziehungen kennenzulernen, stellen wir uns einmal ein typisches großes Familienfest vor. Drei Generationen kommen zusammen: Großeltern, Eltern, Kinder. Sie leben in einer Anzahl unterschiedlicher Kleinfamilien oder Restfamilien. Anlaß des Festes mag ein Geburtstag des Großvaters sein, eine Taufe, ein Ehejubiläum. Es steht zu erwarten, daß Übereinstimmungen und Spannungen sichtbar werden. Die Menschen sind verschieden, die Generationen denken anders, alte Konflikte in der Familie haben die Eigenheit, tief in der Seele verwurzelt zu sein. Sie können z.B. deutlich werden, wenn die Großeltern die Methode der Kindererziehung bei den Eltern kritisieren, wenn über Politik geredet wird oder wenn sich alle auf einen Außenseiter einschießen. Da man dies vorher weiß, werden durch Orga-

nisation die Spannungen überdeckt. Eigentliche Gespräche kommen nicht zustande. Es muß dauernd etwas gegessen oder getrunken werden. Wo Pausen entstehen, übernimmt der Familien-Conférencier vom Dienst den Monolog. Wenn nötig, kann man sich aufteilen in Kartenspiel und Küche. Es klappt alles, das Essen ist perfekt, der Wein ist gut, und keiner – man beachte die Redewendung! – fällt aus der Rolle. So scheint es, bis es Streit zwischen den Kindern gibt und die Erwachsenen über unterschiedliche Schlichtungsmethoden miteinander in Streit geraten. Da werden dann verschiedene Ausgangslagen sichtbar.
Die meisten Menschen wissen nicht, daß es Stufen des sittlichen Bewußtseins gibt. Diese stehen in einem Wechselverhältnis zu den zwischenmenschlichen Beziehungen und Handlungen, beeinflussen sie und werden von ihnen beeinflußt. Die einfachste Einteilung sieht drei Hauptstufen[1] vor:

Vorkonventionelle Stufe

Die sogenannte vorkonventionelle Stufe, auf der sich der Mensch vor allem an Lust und Strafe, persönlichen Nachteilen und Vorteilen orientiert. Dabei achtet er auf die anderen, soweit sie ihm Schaden oder Nutzen zufügen könnten. Das kindliche Bewußtsein lebt auf dieser Stufe, aber sie kann auch bei Erwachsenen noch stark ausgeprägt sein. In unserem Streitfall über die Schlichtungsmethoden geht sie von der Einstellung aus, die Störung für die Erwachsenen zu beseitigen, ohne auf die Lage der Kinder einzugehen: Streitet euch draußen auf dem Hof! Seid still, wenn Erwachsene reden! Wie könnt ihr euch bloß streiten, wenn der Großvater Geburtstag hat! usw.

Konventionelle Stufe

Darüber hinaus gibt es die sogenannte konventionelle Stufe. Hier denkt und handelt man in der Anpassung an bestimmte Rollenerwartungen und in der Orientierung an sozial auferlegte Normen und Ordnungen. Sittlichkeit erscheint vor allem als sozial auferlegte Sittlichkeit. Man braucht sich darüber keine eigenen Gedanken zu machen. Man fühlt sich durch «Gesetz und Ordnung» zugleich entlastet und gefestigt, entsprechend durch Abweichungen bedroht und belastet. Die Schlichtungsmethoden, die sich aus dieser Einstellung ergeben, sind bekannt: die Eltern werden aufgefordert, für Ordnung zu sorgen. Dies geschieht, indem der Übeltäter – wer hat angefangen? – gefunden und bestraft wird. Die Schlichtung ist ein kleines Gericht. Die Beisitzer, Großeltern und Geschwister in diesem Fall, achten darauf, daß die Normen eingehalten werden, daß das Strafmaß angemessen ist. Die Ordnung wird wiederhergestellt, indem der Störer zur Ordnung zurückgebracht wird. Es ist deutlich zu sehen, daß die Familie hier intern nach den Mustern handelt, die im öffentlichen Bereich dominieren.

Nachkonventionelle Stufe

Schließlich gibt es auch die sogenannte nachkonventionelle Stufe des sittlichen Bewußtseins. Hier orientiert man sich an der Selbstverpflichtung durch Verträge mit anderen und darüber hinaus an personal angeeigneten Prinzipien bzw. einer Reihe von Maximen, die man für sich selbst als unausweichlich anerkannt hat. An die Stelle der sozial auferlegten tritt hier die personal angeeignete Sittlichkeit. Sie ist dabei durchaus nicht eine persönliche Sache, weil bei sittlichen Überlegungen immer auch die Frage eine zentrale Rolle spielt, ob meine Grundsätze auch für andere Menschen in der gleichen Situation gelten könnten. Die Schlichtungsmethode wird sich hier nicht an der Störung selbst orientieren, sondern von der Frage ausgehen, ob der Streit der Kinder nicht dadurch entstanden ist, daß sie an den Rand des Festes gedrängt und vernachlässigt wurden. Sobald nämlich die Einstellung zu einem Konfliktfall personalen Rang erhält, kann das Verhalten der eigenen Person nicht außerhalb der kritischen Kontrolle bleiben. Gerade in der Familie beruht die Erkenntnis, daß die Kinder vielleicht mehr Zuwendung brauchen, oft auf der Liebe, die sich in Konventionen nicht einfach einordnen läßt. Sanktionen für die Kinder sind dann weniger wichtig als das Angebot von Alternativen. Man organisiert z. B. einen Spaziergang oder ein Gesellschaftsspiel.
Für das Zusammenleben in der Familie dürfte jedoch die zweite Hauptstufe weiterhin eine große Rolle spielen. Auf dieser Stufe bestehen die Sanktionen vor allem im Entzug von Liebe und sozialer Anerkennung. Das Ziel ist Anpassung oder, positiver ausgedrückt: Selbstentfaltung im Rahmen der Anpassung. Der

Betroffene, in unserem Fall das streitende Kind, reagiert darauf eher mit Scham- als mit Schuldgefühlen. Das ist stets dort der Fall, wo Fügsamkeit wichtiger ist als Einsicht. Eltern, die mit ihren Kindern anders umgehen wollen, werden oft feststellen, daß sie dies in Konflikt mit allgemeinen Verhaltensstrategien bringt und von ihnen daher einen hohen Grad an sittlicher Autonomie verlangt. Nun geht es aber in der Ethik gerade um diese Autonomie. Denn die Entsprechung zu sozial auferlegten Normen mag zwar durchaus im Einzelfalle richtig sein, sie gibt jedoch noch keine Auskunft über die sittliche Qualität der handelnden Personen.
Daraus ergibt sich, daß die Förderung der sittlichen Qualität zwischenmenschlicher Beziehungen zwei miteinander zusammenhängende Aufgaben zu lösen hat: erstens die Hebung des sittlichen Niveaus der Akteure auf das Niveau der personal angeeigneten Sittlichkeit; zweitens die Hebung des sittlichen Niveaus der Beziehungen auf das Niveau gegenseitigen Verstehens und gegenseitiger Annahme. Allgemein kann man von einem sittlichen Niveau zwischenmenschlicher Beziehungen erst dort sprechen, wo eingesehen und anerkannt wird, daß Übereinstimmungen und Konflikte bewußt verarbeitet werden müssen.
Die sittliche Kompetenz wird im Konflikt besonders deutlich. Denn sie zeigt sich dort, wo der Konflikt erstens nicht verdrängt, sondern bewußt ausgehalten wird und wo zweitens unter dem Streß des Konflikts die Einsichten, die wir normalerweise anerkennen, auch durchgehalten werden können. Andernfalls wissen wir uns schuldig. Ein einfaches Beispiel für diesen Sachverhalt ist: Unter Streß durch die Kinder sollen die Eltern nicht ihre Erziehungsprinzipien verletzen.
Was für die Qualität der beteiligten Personen gilt, gilt auch für die Strategien, mit denen sie ihre Beziehungen gestalten. Diese Strategien sollten verhindern, daß das bestehende Niveau der Beziehung in Konfliktlagen unterschritten wird. Jeder wird wissen, daß dies in keiner Beziehung leicht ist. Mit den Gefühlen, die die gegenseitige Liebe erzeugt, allein lassen sich jedenfalls Konflikte nicht lösen.
Es geht aber nicht nur darum, Konflikte bewußt austragen zu lernen. Es geht auch darum, die Fähigkeiten der Akteure durch freie und gemeinsame Lösungen der Probleme des Zusammenlebens weiterzuentwickeln. Die in der Familie meist vorgegebene Zuneigung ist dazu eine günstige Ausgangsbedingung, aber dieser

Eros der Liebe muß vom Ethos der Liebe erst einmal eingeholt werden.

Man kann einige inhaltliche Prinzipien für diese Aufgabe eines ethisch verantworteten Zusammenlebens in der Familie nennen: Erstens, alle sollen so viel gleiche Freiheit haben wie möglich und so viel Einschränkung ihrer Freiheit, wie für ihre Selbstentfaltung und das Zusammenleben nötig ist. Zweitens: die Akteure sollen einander gerecht werden. Das heißt, sie sollen Gleiches gleich und Ungleiches ungleich zu verstehen und behandeln suchen. Damit dabei mehr an Gleichheit in Kommunikation erreicht werden kann, ist der größte Fortschritt des am meisten Benachteiligten gemeinsam zu suchen. Drittens: Liebe soll nicht primär als Anspruch zu verstehen sein, sondern als Dienst an dem Maß der Liebe, das der andere braucht und das er sucht, indem er sich mir als Partner oder als Kind anvertraut. Gefühle sollen sich dementsprechend durch Verantwortung ausweisen.

Wenn wir das Zusammenleben in der Familie als Ernstfall christlicher Ethik verstehen, dann meinen wir damit vor allen Dingen, daß christliche Familie ein Ernstfall christlicher Liebe ist. Christliche Liebe existiert nur dann, wenn das Verhältnis konkret, sozusagen «von Angesicht zu Angesicht» zu bestimmen ist. Weltumspannende Gefühle, etwa Schillers «Seid umschlungen, Millionen, diesen Kuß der ganzen Welt», haben mit christlicher Liebe wenig gemeinsam. Christliche Liebe meint vielmehr zunächst: unausweichliche Verantwortung dort, wo der andere auf mich persönlich angewiesen und mir anvertraut ist. Ohne den Ernstfall konkreten Zusammenlebens wäre die Liebe, christlich gesehen, verdächtig, unter Umständen ein Ausweichen vor den Nächsten zu den Fernsten. Das bedeutet nicht, daß christliche Liebe keine Universalität kennt. Aber Universalität meint hier nicht: alle Menschen zu gleicher Zeit in gleicher Weise, sondern: entscheidend ist, wer mich braucht, nicht, wie der ist, der mich braucht. Nur Gott kann in seiner Liebe alle meinen und doch jeden in besonderer Weise bevorzugen. An dieses Geheimnis reichen wir Menschen nicht heran. Für uns gibt es Grenzen, die in uns selber liegen. Aber gerade darum sollten wir unsere Möglichkeiten, konkret zu lieben und darin der universalen Liebe Christi zu begegnen, voll ausschöpfen. Dann gilt: wer liebt, ist ein Christ.

Nach diesen allgemeinen Voraussetzungen wollen wir in unseren Überlegungen auf einige alltägliche und sehr konkrete Problemfälle zu sprechen kommen. Wir wollen ja den alltäglichen Ernstfall untersuchen. Wir wissen jetzt schon, daß es darum geht, unerläßliche Grundhaltungen zu konkretisieren, sich selbst anzunehmen und dem anderen sein Maß an Liebe «von Angesicht zu Angesicht» zu schenken.

4. Einzelne Konflikte und ihre ethische Bedeutung

Streß-Konflikt

Ein erstes Beispiel möchte ich die «17-Uhr-Situation» nennen: In der Durchschnittsfamilie kehrt ungefähr um 17 Uhr der Vater von der Arbeit heim. Akteure: Vater (Büro-Angestellter), Mutter (Hausfrau), zwei Kinder (ein Junge von neun, ein Mädchen von sieben Jahren). Ursache des bei der Heimkehr entstehenden Konflikts sind die verschiedenen Erwartungshaltungen. Möglicherweise sind sie mit einem sogenannten «biorhythmischen Tief» verbunden, einer Müdigkeitsphase. Der Vater ist müde von der Arbeit und erwartet Entspannung (Freizeitjacke, Pantoffel, Sessel, Bier, Zeitung usw.). Die Mutter ist müde von der Hausarbeit (oder von der Gartenarbeit) und erwartet jetzt Hilfe bei kleinen Besorgungen, technischen Defekten, Kinderproblemen. Die Kinder haben bisher den Tag über nichts von ihren Eltern gehabt und erwarten Aufmerksamkeit und Zuwendung («Schau mal, was ich gemacht habe!» «Spielst du bis zum Abendessen mit uns?»). Man kann sich die Situation weiter ausmalen, sie variieren und sie verschärfen. Vielleicht kommt der Vater gerade in einen Streit zwischen Mutter und Kindern hinein oder die Kinder schauen mit großer Lautstärke fern usw.

Der Konflikt zwischen den Eltern entsteht dadurch, daß beide davon ausgehen, daß sie etwas gearbeitet haben und ihnen der Partner dafür etwas «schuldig» ist. Zumindest vorübergehend bricht die vorkonventionelle Orientierung der Akteure durch. Ohne es zu wollen, setzen sie gegenseitig ihre Leistung herab. Konflikte mit maulenden Kindern kommen hinzu: «Keiner ist für uns da, immer seid ihr müde.» Die Eltern übertragen ihren eigenen Streß auf die Situation der Kinder: «Vor dem Abendessen wird das Zimmer noch aufgeräumt!» Man kann sich vorstellen: beim Abendessen ist die Stimmung entsprechend mies.

Machtkonflikt

Wenn man dieses Beispiel als «Streß-Konflikt» bezeichnen könnte, so könnte man das folgende den «Macht-Konflikt» nennen. Diese Situation kann durch alle möglichen Auseinandersetzungen und Streitanlässe heraufbeschworen werden: Auseinandersetzung ums Geld, um Ferienplanung, um Wohnungseinrichtung, um Fernsehprogramme, um unterschiedliches Erziehungsverhalten, Einflußverlust auf die Kinder usw. Der noch so verschiedene Anlaß führt jedoch zu der gleichen Konfliktsituation: es geht darum, wer in diesem Falle das Sagen hat. Der Macht-Konflikt ist deshalb so brisant, weil es für ihn nur zwei Lösungen zu geben scheint: zu siegen oder zu unterliegen. Meist wird dabei berechtigte Autorität mit Machtausübung verwechselt. Man wird sich fragen, warum es im Bereich der Zuneigung überhaupt Machtkonflikte geben kann. Einer der Gründe ist, daß Liebe und Machtgefühl auf sublime Weise zusammenhängen können. Denn worüber ich verfügen kann, das kann ich auch geben, und um so mehr wird der andere von mir abhängig. Manchmal ist daher in der Liebe das Nehmenkönnen seliger als das Geben-wollen.

Der Macht-Konflikt kann scheinbar abwesend sein, wenn ein Akteur sich stets fraglos durchsetzt. Dann aber ist einer unterschwellig anwesend in Formen sublimer Repression, z.B.: die Mutter beugt sich stets dem Vater, hält ihn aber durch Entmündigungsstrategien in Abhängigkeit. Schließlich kann der Arme sich nicht mehr selbst versorgen. Im Verhalten gegenüber den Kindern gibt es ähnliche Phänomene. Dabei ist zu beachten, daß sich die Akteure bei Eltern-Kinder-Konflikten oft auf unterschiedlichen moralischen Bewußtseinsstufen befinden: dem vorkonventionellen gemilderten Egoismus der Kinder steht der Rollenkonformismus der Eltern gegenüber.

Norm-Konflikt

Einen dritten Konfliktbereich möchte ich den «Norm-Konflikt» nennen. Nehmen wir als Beispiel die Ankündigung einer sechzehn- oder siebzehnjährigen Tochter, sie wolle mit ihrem wenig älteren Freund allein in die Ferien fahren. Natürlich gibt es auch andere Norm-Konflikte, etwa um Fragen von Wahrhaftigkeit, Toleranz und Aggression, die mindestens ebenso wichtig sind, aber meist treiben erst bei einem solchen Konflikt die Gefühle böse Blüten. Es soll ja auch immer noch Leute geben, die bei «Sittlichkeit» primär an die Sexualmoral denken.

Das Rollenspiel des genannten Konflikts kann man sich im Rahmen des konventionellen Bewußtseins besonders gut vorstellen, wenn man beim Kind z. B. Gruppenkonformismus und bei den Eltern soziale Anpassung voraussetzt. Dann ist die Sache für beide Teile eine Prestigefrage: dem Kind steht die Reise dafür, daß es in seinem Bereich anerkannt sein will; den Eltern geht es weniger um die sittliche Entfaltung ihres Kindes an sich, aber was sagen die Nachbarn?

Die drei genannten Konfliktbereiche, der Streß-Konflikt, der Macht-Konflikt und der Norm-Konflikt dürften die Haupttypen innerfamiliärer Konflikte sein. Sie können selbstverständlich in ganz anderer Gestalt auftreten. Ein aktueller Streß-Konflikt kann z. B. entstehen, wenn beide Eltern berufstätig sind. Man kann daran auch zugleich die Beziehungen zwischen Familie und gesellschaftlichem Kontext sehen: wenn es keine Halbtagsstellen gibt und wenn die spätere Wiedereingliederung in den früheren Beruf erschwert ist, sind die Möglichkeiten, berufliche und familiäre Anforderungen und Interessen auszugleichen, entsprechend begrenzt. Wenn Eltern eine Familie gründen, müssen sie damit rechnen, ihre berufliche Selbstverwirklichung einzuschränken. Aber wer rechnet schon als Mann ernsthaft mit dieser Tatsache? So wird die Priorität der Familie, in der es schließlich um unausweichlich anvertraute Menschen geht, vorrangig zu einer Belastung für die Frau. Solche Streß-Konflikte können nur mit Einschränkungen in der Familie selbst gelöst werden. Sie müssen durch die Gesellschaft für die Familie gelöst werden. Die Familie braucht ein Spektrum an Möglichkeiten, mit diesen Fragen fertig zu werden. Der Mutterschutz gehört ebenso dazu wie die Teilzeitbeschäftigung, die Möglichkeit von Erziehungsgeldern und Versorgungsansprüchen, die aus familiärer und haushälterischer Tätigkeit erwachsen. Diese Aufzählung zeigt deutlich, wie sehr das Zusammenleben in der Familie vom gesellschaftlichen Kontext mitbestimmt wird.

Für den innerfamiliären Macht-Konflikt gilt das gleiche. Denn oft ist er nichts anderes als ein Konflikt gesellschaftlich vorgeprägter Rollen, die eine autonome Einstellung der Akteure in der Familie erschweren. Es gibt hier mindestens zwei Modelle. Die

einen setzen auf die Autorität in der Familie als Kompensation für den gesellschaftlichen Demokratisierungsdruck; die anderen setzen auf die Emanzipation in der Familie, um dem demokratischen System eine demokratische Basis im Leben der Menschen selbst zu geben. Beide Positionen halten oft wenig von der Autonomie der Betroffenen, so daß vor allem Frauen in die widersprüchliche Situation geraten, den einen gegenüber ihre Hausfrauenehre, den anderen gegenüber ihren Anspruch auf berufliche Selbstverwirklichung verteidigen zu müssen. Die verschiedenen Bestimmungen der gesellschaftlichen Funktion der Familie und der Aufgaben von Mann und Frau wirken sich direkt auf das Zusammenleben in der Familie selbst aus. Auch hier besteht die Aufgabe der Gesellschaft darin, mehr Freiheit für die Lösung von Machtkonflikten zu gewähren, indem sie keine Monokultur eines einzigen Familienbildes betreibt. Das gilt auch für die Sinngebung der Familie, die die Kirchen verkündigen: sie sollte die Autonomie der gemeinsamen Rollenbestimmungen in der Familie fördern. Auch Streß-Konflikte und Macht-Konflikte in der Familie sind von sittlicher Bedeutung. Hier können zwar weniger Normen von außen an die Familien herangetragen werden, aber es gibt eine eindeutige sittliche Verantwortung für das Zusammenleben in der Familie: indem den Akteuren alternative Möglichkeiten angeboten werden, wird zugleich ihre Kompetenz gestärkt, Konflikte selbständig zu lösen. Hier liegt auch eine große Aufgabe für gesellschaftliche und kirchliche Erwachsenenbildung. Nicht zuletzt auch für eine Förderung der Familientherapie, und zwar einer solchen, die den gesellschaftlichen Kontext nicht außer acht läßt.
Es sollte klar sein, daß solche Konflikte nicht durch moralische Appelle ohne Rücksicht auf die Bewußtseinslage der Akteure, die Genese des Konflikts, seine gesellschaftlichen Bezüge usw. zu klären sind. Eine Ethik ohne Rücksicht auf die sozialpsychologischen Gegebenheiten erreicht hier nicht das ethische Niveau. Die schönen Worte einer biblischen Verkündigung in der Kirche: Haltet die Gebote! Liebet einander! Ordnet euch einander unter! werden dann zu Leerformeln, wenn sie nicht in die Sprache gegenwärtiger Möglichkeiten übersetzt werden, eben dies zu können.
Der Bereich des Norm-Konflikts ist ein Bereich, in dem die sittenbildenden Kräfte in der Gesellschaft besonders gefragt sind. Hier geht es also auch um die Kirchen. Sie müssen sich zumindest zwei Aufgaben stellen: Erstens, dafür zu sorgen, daß Sittlichkeit nicht

weiterhin von vielen Menschen auf die Normen des geschlechtlichen Zusammenlebens eingeschränkt wird. Regeln für eine friedfertige Kommunikation sind mindestens ebenso wichtig. Zweitens sollten die Kirchen im Auge haben, daß die Erziehung zu freien und schöpferischen Menschen eine bessere Gewähr für die Einsicht in Sinnzusammenhänge und Werte bildet als eine fügsame Einordnung ohne Beteiligung der eigenen Einsicht und Erfahrung. Diese Einordnung hält in einer pluralistischen Gesellschaft den Gegenkräften nicht stand. Normen sind ein Angebot zur Orientierung am verpflichtenden Sinn der Sache. Aufklärung über den Sinn des Zusammenlebens in der Familie ist daher oft wichtiger als Deklamation einer Ordnung des Zusammenlebens in der Familie. Je mehr die verbindlichen Normen in der kirchlichen Öffentlichkeit argumentiert werden, um so mehr Chancen bestehen auch für eine argumentative Lösung normativer Konflikte in der Familie. Damit dies möglich wird, muß die Familie, wenn sie schon der Kirche mit Recht so wichtig ist, auch in der Kirche etwas zu sagen haben, mit ihren realen Problemen, die zum guten Teil aus Isolation und Überforderung der Kleinfamilie erwachsen, zur Sprache kommen, auf die sie selbst betreffenden Entscheidungen Einfluß nehmen können. Man hat den Eindruck: je höher die Ebene in der katholischen Kirche, um so weniger ist dies der Fall. Warum z. B. hat man der Vorbereitung der römischen Bischofssynode keine weltweite Familienkonferenz vorgeschaltet? Die Familien als die eigentlich Betroffenen erfahren nur etwas von den Ergebnissen, nichts von ihrer Vorbereitung.
Ich mußte auf diesen allgemeinen Kontext zu sprechen kommen, bevor ich interne Lösungsstrategien für die genannten Konfliktbeispiele behandle.

5. Lösungsansätze

Lösungsstrategien sind zunächst einmal Techniken, die die Mittel für die angestrebten Ziele bereitstellen. Auf unsere drei Beispiele bezogen: die Akteure in der 17-Uhr-Situation haben ja das Ziel, nett zueinander zu sein, sie wollen ihre Macht- und Rollenkonflikte friedlich lösen, sie wollen im Einzelfall das sittlich Richtige tun. Also muß man ihnen zeigen, wie sie können, was sie ohnehin schon wollen.

Die Methoden der «Familienkonferenz» (Th. Gordon)

Auf dieser Ebene macht der Weltbestseller «Familienkonferenz» von Thomas Gordon[2] eine Reihe von methodischen Vorschlägen. Wir wollen zunächst einmal sehen, was sie für unsere Beispiele bringen. Gordon stellt im wesentlichen fünf Forderungen:
erstens, dem anderen «aktiv» zuhören und eine «Sprache der Annahme» für seine Bedürfnisse und Interessen finden;
zweitens, dem anderen Zuhören ermöglichen, indem man von sich selbst und seiner eigenen Lage spricht; man nennt das: «Ich-Botschaften» senden;
drittens, möglichst günstige Bedingungen für eine Konfliktlösung schaffen, indem man z. B. die Umweltursachen der Konflikte verändert;
viertens, Lösungen suchen, die für keinen der Beteiligten eine Niederlage darstellen. Dies geschieht durch Beschränkung der Konflikte, durch gemeinsame Sichtung von Alternativen, durch Beteiligung der Betroffenen an der Lösung. Man nennt es: die «niederlage-lose» Methode;
fünftens, sich durch Selbstannahme selbst ändern. Denn das Ärgern über sich selbst steigert nach der Erfahrung die Konfliktanfälligkeit. Wer sich selbst annimmt, kann sich auch zu sich selbst verhalten und sich ändern.
Für das erste Beispiel, die 17-Uhr-Situation oder den Streß-Konflikt, ergibt sich daraus: die verschiedenen Bedürfnisse und Erwartungen werden wechselseitig überhaupt erst einmal wahrgenommen. Man überträgt nicht einfach die eigene Gestimmtheit auf den anderen. An die Stelle des Sündenbockmechanismus der Du-Botschaft: «Du gehst mir auf die Nerven!» tritt die Ich-Botschaft: «Ich bin müde.» Man grenzt den Konflikt ein, das heißt, man vermeidet einen Streit vom «Hundertsten ins Tausendste», der alle bisherigen Familiengerichte noch einmal aufwärmt. Auf dieser Basis kann man sich dann über eine Veränderung der allabendlichen Arbeitseinteilung verständigen, und vielleicht wäre es gut, wenn alle Familienmitglieder zunächst einmal eine gegenseitige Nachrichtenübermittlung einschalten – statt irgendwelcher Berieselungsanlagen – und sich dann gemeinsam um das Abendessen kümmern.
Für das zweite Beispiel, den Macht-Konflikt, gelten folgende Schritte der «niederlage-losen» Methode in der Familie: der Kon-

flikt muß zunächst einmal benennbar werden. Dadurch werden Machtansprüche auf berechtigte Interessen zurückgeführt. Danach geht es um die Entwicklung, um die kritische Bewertung und um die Entscheidung von Alternativ-Lösungen. Dann überlegt man gemeinsam, auf welchem Weg man diese Lösung ausführen kann, und später kontrolliert man gemeinsam das Ergebnis, um zu beurteilen, ob die Lösung auch funktionierte.

Für das dritte Beispiel, den Norm-Konflikt – unmündige Tochter will mit dem Freund allein in die Ferien fahren –, lassen sich die strategischen Normen folgendermaßen anwenden: Die Eltern praktizieren «aktives Zuhören»: will die Tochter etwas Schlechtes tun, oder will sie bloß erwachsen und anerkannt sein? Sie senden eine «Ich-Botschaft»: das heißt, sie teilen die eigene Einstellung mit und begründen sie. Sie klären ihre eigenen Motive, statt sie bloß am anderen festzumachen mit der berühmten Formel: «Ich will ja nur dein Bestes.» Kinder merken z. B. sehr gut, ob es den Eltern letztlich nur um ihre eigene Integrität geht. Man klärt gemeinsam mögliche Einflüsse der Umwelt: Wie steht es um den Konformitätsdruck des Gruppenverhaltens bei Jugendlichen? Schließlich sucht man nach einer «niederlage-losen» Alternative, die allen Akteuren recht ist, vielleicht Familienferien mit befreundetem Anhang und abgesprochener Teil-Autonomie der Jugendlichen. Für die Eltern dürfte auch wichtig sein, daß sie unter der Voraussetzung der Selbstannahme darüber nachdenken: Welche Wünsche hatte ich selbst im entsprechenden Alter?

Ich muß mich hier auf allgemeine strategische Hinweise beschränken. Sie werden sicher nicht allen konkreten Faktoren gerecht, bieten aber eine Hilfe aus der Blockade, in die solche Konflikte leicht hineingeraten.

Solche Lösungsstrategien für Konflikte des Zusammenlebens sind freilich gerade so gut wie die Zielvorstellungen derer, die sie benutzen. So kann z. B. die «niederlage-lose» Methode zu einer sublimen Manipulation gestaltet werden: der Partner soll nur nicht merken, daß er unterliegt. So kann sich unter Ich-Botschaften nackte Egozentrik verbergen usw. Solche Methoden setzen also eine sittliche Zielorientierung voraus, sie ersetzen sie keineswegs. Anderseits helfen sie dieser aber auch, sich konkret zu entfalten: oft werden dabei Probleme überhaupt erst in ihrer sittlichen Bedeutsamkeit erfahren.

Strategien der Kommunikation können nur gelingen, wenn sie

wirklich «von Angesicht zu Angesicht» entfaltet werden, das heißt die andere Person voll ernst nehmen. Obwohl dies gerade im christlichen Kontext eigentlich selbstverständlich sein sollte, gibt es genügend Beispiele für falsche Anwendungen. Dazu zwei Beispiele für falsche Methoden der Versöhnung:
Eine Frau geht fremd und erzählt es nachher ihrem Mann. Dieser, in machtvoller Verfügung über die Prinzipien christlicher Versöhnung, erklärt ihr darauf: «Ich verzeihe dir.» Darauf die Frau: «Wie kannst du das tun? Darüber muß man doch erst reden.» Die Frau hat zu Recht gesehen, daß die Versöhnung hier zu früh kommt und deshalb falsch ist, weil sie die Analyse der Wirklichkeit überspringt.
Ein zweites Beispiel: Eine Frau sagt im Konflikt zu ihrem Mann: «Du streitest mit mir, aber nicht ich mit dir!» Hier kann der Aufbau von Versöhnungsmentalität als Machtpotential gemeint sein. Im christlichen Bereich hat man jüngst dafür den Ausdruck «repressive Brüderlichkeit» geprägt. Nicht die Auseinandersetzung als solche ist schlecht, sondern die Art, wie sie geführt wird.
Gerade im Rahmen christlicher Sittlichkeit ist es wichtig, daß die Wirklichkeit nicht übersprungen wird. Auch sollte der christliche Umgang mit der Sittlichkeit stets kritisch sein, denn Jesu Äußerungen über die Moral als strategisches Machtpotential bei den Pharisäern sind eindeutig genug. Daher möchte ich abschließend noch einige Hinweise auf einen christlichen Umgang mit der sittlichen Verantwortung des Zusammenlebens in der Familie geben.

Christliche Aspekte

Zunächst sind im christlichen Kontext einige präventive Haltungen für das brüderliche Zusammenleben wichtig. Wo z. B. Selbstannahme auf der Basis des Bewußtseins der Annahme durch Gott und wo solidarisches Verhalten auf der Basis des Bewußtseins christlicher Selbstverwirklichung im anderen vorgegeben sind, wird der Machtkonflikt von vornherein relativiert. Die christliche Botschaft vom «Herrschaftsverzicht» stiftet präventive Einstellungen gegenüber den eigenen Macht- und Rollenansprüchen. Sie erlaubt keine Form der Liebe, die den anderen bindet, indem sie ihn von sich abhängig macht, sondern stiftet eine Form der Liebe, die vom anderen als Befreiung seines eigenen Daseins erfahren werden kann, so daß im Zeichen dieser grundsätzlichen

Befreiung der einzelne, notwendige Verzicht auf eigene Interessen nicht als schwer erträgliche Einschränkung erscheinen muß.

Unter solchen präventiven Voraussetzungen löst sich z. B. auch die 17-Uhr-Situation, der Streß-Konflikt, wie folgt: Schon auf der Heimfahrt von der Arbeit macht sich der Vater die schlechten Voraussetzungen seiner eigenen Gestimmtheit bewußt. Er überlegt, welchen Stellenwert er seinem Ruhebedürfnis geben kann und wie er die «Sprache der Annahme» für die Bedürfnisse der anderen findet. Er achtet bei der Heimkehr z. B. darauf, die häusliche Leistung überhaupt erst einmal wahrzunehmen (und nicht vor allem wahrzunehmen, was nicht erledigt wurde). Ähnlich könnte man die Vor-Einstellung der übrigen Familienmitglieder beschreiben. (Sie erlauben, daß ich mir als Vater vor allem die Maximen an die eigene Adresse merke.)

Man sieht: Vor-Einstellungen sind noch keine Lösungen, aber sie erleichtern sie.

Ein christlicher Umgang mit der «niederlage-losen» Methode wird vor allem ihren Sinn hervorheben. Dieser besteht ja nicht im reibungslosen Funktionieren des «Apparats» Familie, wie man bei Technologen der Familientherapie manchmal meinen könnte, sondern darin, dem jeweils Schwächeren zu mehr Freiheit, mehr Gerechtigkeit und mehr liebender Annahme zu verhelfen. Familiäres Zusammenleben soll nicht nur «klappen», es soll auch gelingen, und dies zeigt sich nicht zuletzt am Zuwachs von Eigenständigkeit und Liebesfähigkeit bei den Kindern. Dieser Zuwachs kann nur gelingen, wenn die Kinder vom Objekt der Erziehung zu deren Subjekt werden, das heißt, wenn man sich von ihrer konkreten Lage her sagen läßt, wo man sie fördern kann. Es ist sicher erlaubt, den evangelischen Anspruch, wie die Kinder zu werden, auch in diesem Sinne zu verstehen: als einen Lernprozeß an der ursprünglichen Freiheit und Fröhlichkeit des Lebens, die nicht gestutzt, sondern entfaltet werden soll.

Bei alldem kommt es darauf an, zu erkennen, daß der christliche Umgang mit der sittlichen Verantwortung des Zusammenlebens den Akteuren in der Familie zu einer nachkonventionellen sittlichen Orientierung verhelfen soll. Das aber heißt, um auf die Überlegungen zurückzukommen, die wir eingangs über die Stufen des sittlichen Bewußtseins, erstmalig entwickelt von dem jüngst verstorbenen Jean Piaget[3], angestellt haben: aus sozial auferlegter Sittlichkeit soll personal angeeignete Sittlichkeit werden.

Ja, die sittliche Orientierung des Christen geht sogar über die Maximen der Mitmenschlichkeit hinaus, in denen es letztlich nur um einen Ausgleich meiner eigenen Selbstverwirklichung mit der des anvertrauten Anderen geht. Christlich gesehen, kann ich auf meinen Anspruch auf Freiheit, meinen Anspruch auf Gerechtigkeit, meinen Anspruch auf Liebe unter Umständen verzichten, weil ich mich im Glauben eben darin schon geborgen erfahre. Der christliche Umgang mit der Sittlichkeit setzt so die religiöse Erfahrung voraus, die Erfahrung eines Gottes, der Freude an der Liebe hat und dieser keine Grenzen in seinen eigenen Ansprüchen setzt, hat er doch seine eigene Göttlichkeit, wie es im Philipperbrief heißt, nicht festgehalten wie einen Raub, sondern das Schicksal derer voll geteilt, die an ihrer Aufgabe, sich selbst und andere frei zu machen, scheitern. Das eigentlich Christliche im Familienleben ist daher die Hoffnung auf die Auferstehungsgestalt des anderen, wie es in einem Text der Würzburger Synode der Bundesrepublik Deutschland heißt:
«In der Familie kann der Mensch Befreiung von Angst und Einsamkeit und damit ein Stück ‹Erlösung› erfahren. Hier umfangen ihn das Vertrauen, die Geborgenheit und die Fürsorge, die auf das Angenommensein durch Gott und auf Gottes Treue hinweisen.»
Eine Familie wird dadurch christlich, «daß Glaube, Hoffnung und Liebe in ihr anwesend sind, daß sie den Glauben lebt, die Liebe bezeugt und die Hoffnung verkündet[4]».
Ich erlaube mir daher, abschließend eine Erfahrung des christlichen Eltern-Kind-Verhältnisses im Anschluß an ein Gedicht zu formulieren, das ich in Thomas Gordons «Familienkonferenz» (S. 272) auffand:
Deine Kinder sind nicht deine Kinder.
Sie sind Söhne und Töchter dessen, der Freude an der Liebe hat.
Sie kommen durch dich, aber nicht von dir.
Und obgleich sie bei dir sind, gehören sie doch nicht dir.
Du darfst ihnen deine Liebe, aber nicht deine Vorstellungen mitgeben,
denn sie haben ihre eigenen Lebensentwürfe...
Du darfst danach streben, wie sie zu sein,
aber trachte nicht danach,
sie dir anzugleichen.
Denn die Liebe geht nicht rückwärts, noch hält sie sich mit dem Gestern auf.

Anmerkungen

1 Vgl. L. Kohlberg, Zur kognitiven Entwicklung des Kindes, Frankfurt 1974; J. Habermas, Moralentwicklung und Ich-Identität. In: ders., Zur Rekonstruktion des Historischen Materialismus, Frankfurt 1976, 63–91.
2 Vgl. Th. Gordon, Familienkonferenz. Die Lösung von Konflikten zwischen Eltern und Kind, Hamburg [10]1977.
3 Das moralische Urteil beim Kind, Frankfurt 1954. Eine gute Zusammenfassung der Theorien verschiedener Schulen bietet: H. Kasten, Die Entwicklung von Moralvorstellungen und Moralbegriffen beim Kinde (Staatsinstitut für Frühpädagogik, Arbeitsheft 4), Donauwörth 1976. Mehr praktisch orientiert ist: E. J. Cooper, Grundwerte in der Erziehung. Ansätze zur Gewissensbildung des Kleinkindes, Würzburg 1979.
4 Synodenbeschluß «Christlich gelebte Ehe und Familie», hrsg. vom Sekretariat der Deutschen Bischofskonferenz, Bonn 1975, Nr. 1.1.1. und 2.4.1.

Literaturhinweise

1. Zur Konfliktforschung

Held Th., Soziologie der ehelichen Machtverhältnisse (Soziologische Texte, Neue Folge 110), Darmstadt und Neuwied 1978.
Menne F. W., Die gesellschaftliche Krise der Familie. In: Frankfurter Hefte 29 (1974) 23–34; 101–108.
Richter H. E., Patient Familie, Reinbek 1970.
Stierlin H., Eltern und Kinder im Prozeß der Ablösung, Frankfurt 1975.
Stierlin H., Duß-von Werdt J., Familiendynamik. Interdisziplinäre Zeitschrift für Praxis und Forschung, Stuttgart 1976ff.
Watzlawik P. u. a., Menschliche Kommunikation. Formen, Störungen, Paradoxien, Bern-Stuttgart [3]1973.
Willi J., Die Zweierbeziehung. Spannungsursachen, Störungsmuster, Klärungsprozesse, Lösungsmodelle, Zürich (Ex Libris) 1978.

2. Zur Familientherapie

Boszormenyi-Nagy I. u. Framo J. (Hrsg.), Familientherapie. Theorie und Praxis, Reinbek 1975.
Minuchin S., Familie und Familientherapie, Freiburg i. Br. 1978.
Stierlin H. u. a., Das erste Familiengespräch. Theorie-Praxis-Beispiele, Stuttgart [2]1980.
Wetzel N., Das Gespräch als Lebenshilfe, Innsbruck 1972.
Willi J., Therapie der Zweierbeziehung, Reinbek 1978.

3. Zu Theologie und Ethik der Familie

Berg L., Familie in sozialtheologischer Sicht, Münster 1973.
Eid V., Vaskovics L. (Hrsg.), Wandel der Familie – Zukunft der Familie, erscheint Mainz (Grünewald-Verlag) 1981.
Hertz A., Korff W., Rendtorff T., Ringeling H. (Hrsg.), Handbuch der christlichen Ethik, Bd. 2, Freiburg-Basel-Wien-Gütersloh 1978, 117–214.
Keil S., Familien- und Lebensberatung – Ein Handbuch, Stuttgart 1975.
Lange J., Ehe- und Familienpastoral heute, Freiburg-Basel-Wien 1977.

Albert Ziegler SJ

Der Platz der Familie in der Gesellschaft

Einleitung

Wir fragen nach dem Platz der Familie in der Gesellschaft. Diese Frage bedeutet zweierlei. Zum einen kann man fragen, welchen Platz die Familie in der Gesellschaft einnimmt. Zum andern läßt sich fragen, ob die Familie in einer künftigen Gesellschaft überhaupt noch Platz haben wird. Die zweite Frage ist die bekannte Frage nach der Chance für die Familie angesichts der gesellschaftlichen Umstände, in denen sie zu leben hat.

Hat die Familie noch eine Chance?

Diese Frage ist keineswegs neu. Sie ist sogar der Ursprung der Familiensoziologie. Sie entstand nämlich neben anderen sozialwissenschaftlichen Einzeldisziplinen um 1850. Damals hatte die industrielle Revolution ihren Höhepunkt erreicht. Die Krise der bürgerlichen Gesellschaft drang mehr und mehr ins allgemeine Bewußtsein. Darum konnte man auch die Augen vor der Krise der Familie nicht länger verschließen. Die Folge war die Abkehr von einer philosophisch orientierten Gesellschaftslehre und der Versuch, die Familie innerhalb der gesellschaftlichen Wirklichkeit zu sehen[1].

Auch in der Krise zwischen den beiden Weltkriegen sahen viele das Ende der Familie gekommen. Doch dann zeigte sich – zumal in Deutschland –, daß es ausgerechnet die Familie war, die in den Wirren des Zweiten Weltkrieges und des darauf folgenden Flüchtlingselendes erstaunlich gut standhielt und dadurch zum Wiederaufbau wesentlich beitrug.

Offenbar gerät die Familie immer dann in eine Krise, wenn die Gesellschaft eine Krisenzeit zu bestehen hat. Das ist verständlich.

Wie könnte die Familie von dem unberührt bleiben, was um sie herum vorgeht? Kein Wunder, daß es auch «zu den Phantasien» unserer gegenwärtigen «aufgeregten Zeit gehört, die Familie totzusagen. Es wurden alle möglichen Experimente angekündigt von Kommunen, Wohngemeinschaften und ähnlichem. Tatsächlich hat jedoch die Familienbezogenheit des alltäglichen Lebens in den letzten zehn Jahren zugenommen, auch wenn die einzelne Ehe als Bindung zwischen Partnern unstabil ist[2].» So spricht vieles dafür,» daß die Familie noch manche weltverbessernde Utopie heil und gesund überleben wird.

Dies bedeutet jedoch keineswegs, man könne mit dieser Erwartung beruhigt zur Tagesordnung übergehen. Im Gegenteil! Gerade dann, wenn man der Familie auch in Zukunft eine Chance einräumt, wird man alles daransetzen, um ihre Chancen schon jetzt zu verbessern. Um dies zu können, muß man jedoch wissen, welchen Platz die Familie in der Gesellschaft von heute einnimmt.

Welchen Platz nimmt die Familie in der Gesellschaft von heute ein?

In diesem Sinne fragen wir nach dem Platz der Familie in der Gesellschaft. Die Frage ist alles andere als einfach. Zum einen sind schon die Begriffe «Familie» und «Gesellschaft» mehrdeutig. Denn diese Begriffe haben eine lange Begriffsgeschichte. Man denke nur daran, daß das Wort «Familie» bis ins 18. Jahrhundert gleichbedeutend gebraucht wurde mit «Haus» und den zum Hause gehörigen Personen (Hausgenossen) und Sachen (Eigentum)[3]. Zum andern haben «Familie» und «Gesellschaft» selber sich in einer vieltausendjährigen Sozial- und Kulturgeschichte entwickelt. Dabei wird diese Geschichte von den Geschichtsschreibern keineswegs immer gleich beschrieben.

Um wiederum nur ein Beispiel zu nennen: Im letzten Jahrhundert war man – von den Naturwissenschaften herkommend – eine Zeitlang der Meinung, die Familie hätte sich aus einer Urhorde mit regellosen Geschlechtsbeziehungen langsam zu unserer heutigen Einehe entwickelt. Demgegenüber betonte später eine – von der Kulturgeschichte herkommende – Richtung, die ursprüngliche Gestalt der Familie sei die Kernfamilie der Eltern mit ihren Kindern gewesen. Heute neigt man zur Ansicht, diese Kernfamilie sei nicht das urwüchsige und universale Grundmuster der Familie, sondern nur eine bestimmte Form unter einer Vielzahl anderer

möglicher Familienformen. Nur die Einheit von Mutter und Kind bilde die Grundeinheit[4].
So gehen die Meinungen über den Ursprung der Familie auseinander. Trotzdem ist man allgemein überzeugt, daß die Familie – in welcher Gestalt auch immer – «die früheste Form institutionell verankerter gesellschaftlicher Organisation» ist[5]. Das bedeutet:
1. Solange es Menschen gibt, gibt es auch Familie.
2. Solange es Familien gegeben hat, so lange haben sie etwas mit der übrigen Gesellschaft zu tun gehabt.
3. Folglich hat es die Frage nach dem Platz der Familie in der Gesellschaft eigentlich seit je gegeben, selbst wenn man danach natürlich keineswegs immer schon ausdrücklich gefragt hat.
Aus alldem erhellt, daß die Frage nach dem Platz der Familie in der Gesellschaft kompliziert ist. Diese komplexe und komplizierte Frage müssen wir stark vereinfachen[6] und können die Familie nur in dreifacher Weise betrachten, nämlich
– die Familie als Teil der Gesellschaft,
– die Familie als Gegengesellschaft,
– die Familie als Aufgabe der Gesellschaft.
Der bessern Übersicht wegen stellen wir diesen drei Kapiteln jeweils eine bestimmte These voran, die es dann zu klären und zu verdeutlichen gilt.

Die Familie als Teil der Gesellschaft

These

Die Familie ist immer ein Teil der Gesellschaft. Als Teil der Gesellschaft hat sie teil an den erfreulichen und unerfreulichen Eigenschaften der jeweiligen Gesellschaft.

Ich möchte diese Behauptung nur an einem Beispiel erläutern und beginne mit einer ersten Feststellung:

Die Familie lebt heute in einer freiheitlicheren Gesellschaft

Jeder will heute frei sein. Vor allem drängen jene nach Freiheit, die bislang weniger frei waren. Dazu gehören zum Beispiel die Frauen. Aber auch wir alle sind selbstbewußter und freiheitsbewußter geworden. Wir streben die Gleichheit von Mann und

Frau in der Gesellschaft an. Wir tragen Sorge, daß ein Mädchen eine ebenso gute Berufsausbildung erhält wie ein Bub.
Dies hat Folgen für Ehe und Familie. Daraus folgt nämlich: Die jungen Frauen gehen heute genauso selbstbewußt und ebenso ausgebildet in die Ehe wie der junge Mann. Wenn er noch gar ein Student ist, hat sie häufig bisher nicht nur mehr verdient. Sie ist dem jungen Mann oft auch an Selbständigkeit und Lebensreife überlegen. Sie denkt nicht daran, dies in der Ehe und Familie aufzugeben. Selbst wenn sie es wollte, könnte sie es kaum. Denn sonst müßte sie – wenigstens teilweise – aufhören, sie selber zu sein. Ein solcher Selbstverlust kann aber auf die Dauer nicht gut ausgehen. Daraus ergibt sich: Heute ist nur eine partnerschaftliche Gemeinschaft der Eheleute und der Eltern möglich.
Dies hat große Vorteile. Denn in einer partnerschaftlichen und gleichberechtigenden Ehe und Familie können die Eheleute und Eltern einander mehr bedeuten und sein. Sie können in höherem Maße Anteil nehmen und Anteil geben. Doch sagen wir es vorsichtiger: Sie könnten es. Denn nur zu oft können sie es noch nicht. Warum nicht? Weil sie es noch zuwenig gelernt haben.
Denn diese partnerschaftliche Ehe und Familie hat auch ihren Preis. Vielleicht darf ich Ehe und Familie mit einem Auto vergleichen: Das alte Automobil war eine währschafte, nicht sehr schnelle, aber auch nicht sonderlich empfindliche und darum tüchtige Benzinkutsche. Man fuhr gut damit. Das heutige Auto ist sehr schnell, hoch empfindsam, aber auch viel reparaturanfälliger. Es braucht heute eine größere Fahrkunst – einerseits wegen des Autos, anderseits wegen des Verkehrs. Wer sein Fahrzeug im dichten und schnellen Verkehr nicht beherrscht, fährt es bald zu Schrott und läuft erst noch Gefahr, ein neues Auto zu kaufen, ohne zuvor besser fahren gelernt zu haben.
Ja, wir haben schnellere Fahrzeuge und empfindsamere Familien. Aber wir haben noch nicht richtig fahren gelernt. Auch nicht mit der Hochzeitskutsche und mit dem Familienauto. Darum eine zweite Feststellung:

Die Familie lebt in einer freiheitlichen Gesellschaft, die noch nicht genügend gelernt hat, mit der Freiheit umzugehen

Wir haben heute allgemein mehr äußere Freiheiten. Aber wir ergreifen sie nicht. Nur zu oft rufen wir: «Gebt uns endlich Frei-

heit!» Dabei vergessen wir: Im Grunde kann man sich eine Freiheit nicht von außen her geben lassen. Man muß selber so frei sein und die nötige Freiheit in aller Freiheit – aber nicht ohne Anstand! – auch selber ergreifen.
Mit andern Worten: Wir haben noch nicht hinreichend gelernt, mit unserer neugewonnenen und oft so mühsam erkämpften Freiheit umzugehen. Die Folge ist, daß wir zwischen zwei grundverschiedenen Auffassungen von Freiheit unsicher hin und her pendeln.
Für die einen ist die Freiheit die Fähigkeit, sich selber zu bestimmen. So verstanden, geht die Freiheit auf Selbstbestimmung, Selbstentfaltung und Selbstverwirklichung aus. Dies ist in der Tat der Sinn der Freiheit. Aber nur zu oft wird Selbstverwirklichung egoistisch mißverstanden. Ich kann mich immer nur zusammen mit anderen verwirklichen. Ich kann nur frei sein, wenn es auch der andere ist. Wie aber können wir beide miteinander frei sein? Offenbar nur so, daß jeder dem andern ein Stück seiner eigenen Freiheit schenkt und dafür vom andern ein Stück von dessen Freiheit als Geschenk erhält. Das heißt: Selbstverwirklichung ist gerade nicht das, was ich mutterseelenallein verwirklichen kann. Sosehr Selbstverwirklichung Anstrengung und eigene Tat ist, so sehr ist sie auch Geschenk. Nicht zuletzt ein Geschenk dafür, daß auch ich mich immer wieder an die andern verschenke[7].

Haben wir das schon genügend gelernt? Wir haben so vieles in der Schule gelernt. Wir kennen Sprachen. Wir wissen Flüsse aufzuzählen. Wir können rechnen, lesen und schreiben. Alles gut. Aber haben wir – durch dies alles hindurch – auch mit gleicher Gründlichkeit und Sorgfalt gelernt, miteinander partnerschaftlich und freiheitlich umzugehen? Sicher ist nur, daß die einstmals vielgepriesene antiautoritäre Erziehung keineswegs ein Weg dazu war[8].
Dieser Mangel an Erziehung zur gemeinsam geteilten und gestalteten Freiheit hat Folgen. Er hat vor allem Folgen für Ehe und Familie. Viele Ehe- und Familienschwierigkeiten rühren daher, daß es manchen Männern noch nicht hinreichend gelungen ist, in ihrer Frau einen Ehepartner und in der Mutter einen Elternpartner zu erkennen. Umgekehrt werden manche Schwierigkeiten in Ehe und Familie ihren Grund darin haben, daß die eine oder andere Frau ein übergroßes Freiheitsbedürfnis hat. Die bekannten Folgen

sind – neben den oft heilsamen Eheschwierigkeiten – eine heillose Ehezerrüttung und nicht selten eine Ehescheidung, die auch nicht von selbst schon ein bleibender Freiheitsgewinn ist[9].

Angesichts dieser Schwierigkeiten mit der Freiheit kommt einem leicht ein anderes Verständnis von Freiheit in den Sinn. Freiheit wird da nicht mehr verstanden als Möglichkeit, sich selber zu bestimmen. Vielmehr wird sie zur Möglichkeit, dauernd das Gegenteil von dem zu tun, was man bisher getan hat. Freiheit wird so zur Möglichkeit, sich dauernd umzustimmen und damit unbestimmt und grenzenlos offenzubleiben. Dann wird Freiheit zur Beliebigkeit, Unverbindlichkeit und Bindelosigkeit. Solche Erscheinungen sind in der heutigen Gesellschaft bekannt: Wir haben zuviel Bewegungen und Beweglichkeit und zuwenig Verbindungen und Verbindlichkeit.

Auch dies hat Folgen für Ehe und Familie. Die bekannteste Folge sind jene Erscheinungen, die so allgemein geworden sind, daß sie bereits drei Namen gefunden haben, nämlich «Schrägstrich-Ehen», «Ehe ohne Trauschein», «Ehe ohne Ring». Gewiß haben diese ehe- und familienähnlichen Gemeinschaftsformen viele Ursachen und Gründe. Ein erster Hauptgrund jedoch dürfte die heute weitverbreitete Angst vor Bindung und Verbindlichkeit sein. Bis zu einem gewissen Grad ist dies verständlich. Man fühlt sich heute in der Gesellschaft von allen möglichen Institutionen vereinnahmt, wie man heute zu sagen pflegt. Soll man auch noch seine Liebe staatlicherseits vereinnahmen lassen?

Gewiß: Es wäre schön, dem andern meine Freiheit zu schenken und mich mit seiner Freiheit beschenken zu lassen, so daß wir in gegenseitiger Freiheit verbunden wären und so verbindlich miteinander leben würden. Schön wär's. Aber ist es nicht zu schön, um wahr zu werden ... So kommt man zusammen und lebt man zusammen – sehr ernsthaft, aber angstvoll und darum unverbindlich.

Ein zweiter Hauptgrund für die eheähnlichen Lebensgemeinschaften ohne Ring und Trauschein ist, daß wir noch nicht genügend gelernt haben, mit der neugewonnenen Freiheit verantwortlich umzugehen. Früher zwangen einen Sitte und Anstand – wir können es auch Sozialkontrolle nennen –, die Ehe auch öffentlich einzugehen. Heute fällt der äußere Druck vielfach weg. Die Folge ist: Man lebt zunächst einmal zusammen, ohne offiziell – das heißt auch vor der Öffentlichkeit – eine Familie zu gründen.

Man hat eine Ehe. Aber man bekennt sich nicht dazu. Man lebt in einer Ehe. Aber man steht nicht dazu. Man will von seiner völlig privat empfundenen Lebensgemeinschaft vor der Öffentlichkeit nicht Rede und Antwort stehen [10].
Solche Erscheinungen dürften die Behauptung genügend belegen: Die Familie teilt die Freuden und Leiden der Gesellschaft. Derart kommen wir zu folgendem Ergebnis.

Ergebnis

Die Familie ist nicht Produkt der Gesellschaft, als ob die Gesellschaft – ich weiß nicht welche – die Familie produzieren würde. Ob und in welcher Familie einer leben will, hat jeder – wenigstens zum Teil – in seiner Hand. Trotz aller gesellschaftlichen Einflüsse bleibt der Mensch frei. Aber es bleibt anderseits wahr: Wenn nicht Produkt der Gesellschaft, so ist die Familie doch Teil der Gesellschaft. Darum hat sie auch teil an den Freuden und Leiden der jeweiligen Gesellschaft; und deshalb hat sie auch ihren Platz in der Gesellschaft. Nur fragt sich: Welches ist der Platz der Familie in der heutigen Gesellschaft? Das ist unsere zweite Frage.

Die Familie als Gegengesellschaft

These

Die Familie ist jener Teil der Gesellschaft, der am stärksten gegen die Gesellschaft steht. Als solche Gegengesellschaft ist die Familie für die Gesellschaft ebenso notwendig, wie sie an der Gesellschaft notleidend ist.

Das tönt reichlich kompliziert. Was ist gemeint? Die Familie ist die ursprünglichste Gemeinschaft. Sie war ursprünglich auch die umfassendste. Sie umfaßte alle Lebensbezüge – angefangen von der Geburt bis zum Tod und darüber hinaus. Kurzum: Die Gesellschaft war in hohem Maße eine Familiengesellschaft. Darum ließ sich viel weniger als heute zwischen Familie und Gesellschaft unterscheiden.
Mit der Zeit gliederte sich jedoch die Familiengesellschaft auseinander. Die Aufgaben und Arbeiten wurden mehr und mehr aufgeteilt. Es entstanden aus der ursprünglichen Familiengesellschaft

immer mehr Teilgesellschaften. Damit kam es ausdrücklich zu unserer zweiten Frage: Welche Teilgesellschaft ist – neben anderen Teilgesellschaften – die Familie innerhalb der Gesamtgesellschaft? Dazu eine erste Feststellung:

Die Familie ist jener Teil der Gesamtgesellschaft, der die Generationenfolge regelt

Der Mensch kann nicht als einzelner überleben. Er braucht dazu den Mitmenschen. Darum ist Gemeinschaft eine unabdingbare Voraussetzung dafür, daß die Menschen weiterleben. So gesehen, ist die Familie nicht nur die ursprünglichste und ursprünglich umfassendste, sondern auch die notwendigste Gemeinschaft. Denn während andere Gemeinschaftsformen dafür sorgen, daß das vorhandene Leben geschützt und bewahrt wird, läßt die Familie das Leben erst entstehen und hegt und pflegt es. Derart ist sie die lebendigste und lebensnotwendigste Gemeinschaft. Sie ist im engsten Sinne des Wortes Lebensgemeinschaft, weil lebensvermittelnde Gemeinschaft.

Daraus folgt: Die Familie ist jener Teil der Gesamtgesellschaft, der die Generationenfolge regelt. Dies dürfte einleuchten. Aber wichtig ist die weitere Frage, in welcher Weise die Gesamtgesellschaft mit der Familie zusammenhängt. Man kann diese gesellschaftlichen Zusammenhänge auf verschiedene Weise deutlich machen. Eine besonders erhellende Erklärung gehört zum Traditionsgut der katholischen Sozialphilosophie. Es hat auch in die Erkenntnisse mancher heutiger Psychologen Eingang gefunden. Diese Philosophen sagen: Der Mensch hat es in der Welt mit drei grundlegenden Gegebenheiten zu tun.

1. Er ist Mensch in der Auseinandersetzung mit den materiellen Dingen. Derart setzt er sich mit der Natur und den Naturgewalten auseinander. Er ist Arbeiter und Techniker. Durch seiner Hände und seines Geistes Arbeit erwirbt er Eigentum. Das Eigentum muß geordnet werden. So kommt es zur gesellschaftlichen Eigentums- und Wirtschaftsordnung.

2. Der Mensch ist auch Mitmensch. Als Mitmensch setzt er sich nicht nur mit Dingen auseinander, sondern auch mit andern Menschen zusammen, und zwar auf engem Raum. Daher muß er den Raum aufteilen. Folglich muß er eine Raum- und Rangordnung schaffen. Dieses notwendig zu ordnende Miteinander der vielen

Menschen im gleichen engen Raum führt zu den Gemeinschaftsformen von Gesellschaft und Staat.
3. Der Mensch ist nicht nur Mitmensch, sondern auch Nachkomme. Man lebt nicht nur mit- und nebeneinander, sondern auch nacheinander. Man teilt sein Leben nicht nur. Man gibt es auch weiter. Diese Weitergabe des Lebens muß gleichfalls geregelt und geordnet werden, damit der Mensch weiterleben kann. Die Ordnung des mitmenschlichen Nacheinanders geschieht durch die Gemeinschaftsformen von Ehe und Familie.

Auf diese Weise kommen wir zu einer Dreiheit der grundlegend notwendigen menschlichen Ordnungen und Institutionen. Es geht um die richtige Ordnung in Arbeit, Eigentum und Wirtschaft. Es geht um die richtige Ordnung in Gesellschaft und Staat. Es geht um die richtige Ordnung in Ehe und Familie.
Dabei zeigt die menschliche und geschichtliche Erfahrung: Diese drei Ordnungen hängen eng zusammen. Die Gestörtheit der einen Ordnung wirkt sich in den anderen Ordnungen aus. Die Überbewertung der Familie führt zum Beispiel zur Unterbewertung und Unordnung des Staates. Man denke an das alte China und an Italien. Eine mangelhafte Ordnung der Arbeitsverhältnisse und der Eigentumsordnung bringt Ehe und Familie in Nöte. Und was wir zu gewärtigen haben, wenn der Staat überwuchert, führen uns die kommunistischen Staaten erschreckend deutlich vor Augen[11].
So ergibt sich zur ersten Feststellung: Die Familie ist jener Teil der Gesamtgesellschaft, der die Generationenfolge ordnet. Aber sie kann diese Generationenfolge nur ordnen, wenn auch die übrigen Bereiche der Gesellschaft in Ordnung sind, namentlich die Arbeits- und Eigentumsverhältnisse sowie die Gesamtordnung in Gesellschaft und Staat. Wie steht es heute damit? Dazu eine zweite Feststellung:

Die Familie als Regelung der Generationenfolge steht heute einer Leistungsgesellschaft gegenüber und ihr entgegen

Wir sprechen von unserer Gesellschaft als von einer Leistungsgesellschaft. Dies bedeutet: In der heutigen Gesellschaft werden die Plätze vor allem nach dem Leistungsprinzip verteilt. Man ist nicht, was man herkommensmäßig ist. Das wäre eine Gesellschaftsordnung nach dem Herkunftsprinzip. Vielmehr ist man in der Gesellschaft und für die Gesellschaft, was man in ihr leistet und sich entsprechend leisten kann. Nicht woher man kommt, nicht was man selber ist, sondern was man an Produktion leistet und an Konsum sich leisten kann, zählt. Kurzum: Der Wert eines Menschen und sein Platz und Rang innerhalb der Gesellschaft wird nach seiner Leistung bestimmt[12].

Dieser für viele bedrückenden Leistungsgesellschaft stehen unsere Familien gegenüber. Sie werden tagtäglich mit ihr konfrontiert. Der Vater hat streng arbeiten müssen. Er kommt ausgepumpt nach Hause. Er will nur Ruhe. Noch bedrückender, wenn auch die Gattin und Mutter todmüde von der Arbeit nach Hause kommt. Dann wird freilich aus Ehe und Familie weithin nur mehr eine Schlafstätte.

Allein die Familie steht der Leistungsgesellschaft nicht nur gegenüber. Sie steht ihr auch entgegen. Das heißt: Sie ist in manchem das Gegenteil zur Leistungsgesellschaft. Sie ist eine Alternative dazu. Denn die heutige Familie produziert nichts mehr und leistet – in diesem Sinne – also nichts. Sie konsumiert nur. Und weil der heutige Konsum vielfach so teuer geworden ist, kann sich die Familie – im Vergleich zu manchen unverheirateten Menschen – herzlich wenig mehr leisten. Verkürzt gesagt: Die Gesellschaft produziert; die Familie konsumiert. Derart ist die Familie gegenüber der heutigen Leistungsgesellschaft eine Gegengesellschaft. Aber deswegen ist sie kein Gegner der Gesellschaft. Im Gegenteil! Das führt zu einer dritten Feststellung:

Die Familie steht der Leistungsgesellschaft auf entgegenkommende Weise entgegen

Die Familie ist von Haus aus gegen die (übertriebene) Leistung. Aber der Umstand, daß sie gegen die Leistung ist, ist die genaue Gegen-Leistung der Familie. Durch diese Gegenleistung kommt sie der Gesellschaft entgegen und bietet ihr einen notwendigen Gegendienst an. Warum bietet die Familie der Gesellschaft einen Gegendienst an, und weshalb ist sie eine Gegenleistung?

Die Familie ist eine Gegenleistung zur Gesellschaft, weil sie der Leistungsgesellschaft gibt, was diese nicht hat, wohl aber braucht

Dieser Satz muß genauer erklärt werden, und zwar so: Die alte Familie war ein Hauswesen. Es gab den Hausvater als Haus-

vorstand und die Mutter als Hausfrau mit ihrer Haushaltung und Hauswirtschaft. Das Leitwort dieser Familienform war «Häuslichkeit». Ein Großteil des ganzen Lebens spielte sich innerhalb des Hauses ab. Man wurde im Haus geboren. Man arbeitete im Umkreis des Hauses. Während der Krankheit wurde man zu Hause gepflegt. Man starb im Haus und wurde vom Trauerhaus zum Gottesacker getragen.
Heute ist die Familie nicht mehr in erster Linie ein Hauswesen. Zu viele Aufgaben, die früher der Familie oblagen, sind von anderen Gesellschaftsformen übernommen worden. Man denke nur an die Schule, die Spitäler und die ganze Nahrungsmittelindustrie. Begreiflich, daß manche von einem «Funktionsverlust» der Familie gesprochen haben[13].
Demgegenüber sprechen andere nicht von einem Funktionsverlust, wohl aber von einem «Funktionswandel». Sie sagen: Gewiß sind viele Aufgaben der alten Familie von anderen übernommen worden. Dafür haben die verbliebenen Aufgaben der Familie eine ganz neue Bedeutung gewonnen. Einige sagen es sogar noch stärker: Durch die heutige Arbeitsteilung ist die Familie von vielen Aufgaben entlastet worden, die keineswegs familieneigentümliche Aufgaben sind, die sie aber trotzdem besorgen mußte, weil niemand sonst sie tat. Derart entlastet, ist die heutige Familie zum ersten Mal für das freigestellt worden, was nur sie erbringen kann. So könnte die Familie von heute – wie noch nie in der Menschheitsgeschichte – am meisten sie selber sein. Sie könnte am freiesten ihr Eigentümliches erbringen. Was aber ist die eigenartige Aufgabe der Familie?
Das Leitwort der alten Familie war – wie gesagt – «Häuslichkeit». Das Leitwort der heutigen Familie ist «Herzlichkeit». Man kann sie auch Nestwärme oder emotionale Geborgenheit nennen. Diese Herzlichkeit wäre zu verstehen als Möglichkeit der Heimlichkeit, Heimatlichkeit und Wohnlichkeit. Denken wir ein wenig über diese drei Wörter nach[14]:
«Heimlichkeit» geht auf Heim zurück. Diesem Wort liegt die indogermanische Wurzel «kai» = «liegen» zugrunde. So bedeutet «Heim» ursprünglich den «Ort, wo man sich niederläßt». Kein Wunder, daß «Heirat» ursprünglich «Hausbesorgung» meinte und daß es einem nur dann «geheuer» war, wenn man «zur Hausgemeinschaft gehörte». Geheuer ist es einem daheim, weil hier alles «geheim», das heißt «im Hause» bleibt und nicht über die Straßen

getragen wird. Kurzum: Im Heim ist man daheim, weil hier ein jeder mit seinem «Geheimnis» geachtet wird. Gerade im Heim muß nicht alles «transparent» sein; und nicht einmal im Heim gibt es ein Recht und eine Pflicht auf eine so umfassende Information, daß kein Geheimnis mehr bestehen dürfte.
Die Heimlichkeit des Heims erweitert sich zur Heimatlichkeit. Wer irgendwo ein Heim hat und dort daheim ist, wird sich bald den Umkreis des Hauses vertraut machen und dort «heimisch» werden. Mit seinen Nachbarn zusammen wird er zu den Einheimischen zählen; und wenn sich viele Einheimische zusammentun, ist der Weg zum Vaterland nicht mehr weit. Die Mitte zwischen Heimlichkeit und Heimatlichkeit ist die «Wohnlichkeit».
Das ist ein seltsames Wort. «Wohnung» hat mit «gewinnen» zu tun. Gewinnen geht auf die indogermanische Wurzel «uen» zurück = «umherziehen, streifen, nach etwas suchen oder trachten». Wahrscheinlich dachte man dabei ursprünglich an die Nahrungssuche. Aber schon bald entwickelte sich die Bedeutung «wünschen, verlangen, begehren, lieben, gernhaben». Begreiflich! Denn was wünscht der Mensch dringender, als genügend Lebensmittel zu haben. Auf diese Weise ist die Wohnung der Ort, wo ich nicht nur meine Nahrung erhalte, sondern auch mit meinen «Wünschen» daheim bin. Darum ist es eine «Wonne», hier zu leben; und je länger wir zusammenleben, desto leichter wird es. Denn in der «guten Gewohnheit» haben wir uns aneinander «gewöhnt».
Kurzum: Alle Wörter rund um die Wohnlichkeit zeigen, was Herzlichkeit als Leitwort der heutigen Familie meint. In ihrer wohnlichen Herzlichkeit ist die Familie das, was einem wieder Boden unter den Füßen und Wärme ins Herz gibt. Die Wohnung steht auf so festem Boden, daß man sich getrost niederlegen, sein Lager errichten und schlafen kann. Keiner wird sich eines im geheimen bemächtigen und einen hinterrücks vereinnahmen.
Gewiß: Dieses Leitbild der herzlichen Familie scheint übertrieben. Viele werden darüber nur mitleidig und müde lächeln können. Andere werden es als die letzten Relikte der spätbürgerlichen kapitalistischen Gesellschaft höchst wissenschaftlich zu entlarven suchen. Dennoch bleibt wahr: Sosehr dieses Bild überzeichnet ist, so sehr ist es der Wunschtraum vieler Menschen. Alle diese Menschen wünschen sehnlich, daß es ihnen gelinge, einander in Ehe und Familie heimliche Herzlichkeit zu schenken. Zugegeben: Diese Wünsche sind übertrieben. Doch woher die Übertreibungen?

Doch wohl daher, daß einerseits der Mensch nach Herzlichkeit ein unstillbares Bedürfnis hat, andererseits die heutige Leistungsgesellschaft diesem Bedürfnis kaum entgegenkommt. Je weniger die Leistungsgesellschaft einen Menschen glücklich zu machen vermag, desto mehr verlangt der glücksuchende Mensch, daß ihm Ehe und Familie das so sehnsüchtig verlangte und so schmerzlich vermißte Glück endlich gewähren.
Denken wir nur an folgendes: In der Leistungsgesellschaft zählt fast nur die Leistung. Aber der Mensch ist mehr, als was er leistet und sich leisten kann. In der Gesellschaft muß fast alles geplant, rationalisiert und verwaltet werden. Der Mensch aber möchte frei sein und träumen können. In der Produktionsgesellschaft sind Gefühl und Herz bestenfalls ein Störfaktor. Der Mensch aber hat sein Herz nicht bloß dazu, um gelegentlich einen standesgemäßen Herzinfarkt zu bekommen und alsbald aus dem Verkehr der Produktion gezogen zu werden. In der heutigen Demokratie soll alles öffentlich sein. Der Mensch aber möchte auch privat bleiben. Er fürchtet die Wanze des großen Bruders an der Wohnungswand. Die Konsumgesellschaft lebt von Reklame und Propaganda, die Bedürfnisse wenn nicht weckt, so doch anheizt. Der Mensch aber möchte nicht nur auf seine Bedürftigkeit hin angesprochen und schon gar nicht manipuliert und verheizt werden. Die heutige Bildungs- und Wissenschaftsgesellschaft lebt von ihren jeweils neuesten Methoden, die gründlich studiert, genüßlich exerziert und erbarmungslos dem Menschen appliziert werden. Der Mensch aber hat Angst vor perfekten Methoden, die so leicht zu Manipulationen werden – mit der Folge, daß die handfesten Griffe zu Handgreiflichkeiten führen. Schließlich: In der heutigen Gesellschaft lebt der Mensch vielfach außer sich und in der Entfremdung. Er aber möchte zu sich kommen, bei sich sein und auch wieder einmal als er selber – zwar nicht im Stiche, wohl aber in Ruhe gelassen werden.
Aus solchen und vielen anderen Gründen sehnt sich der Mensch nach dem Glück einer Ehe und Familie. Denn hier hofft er, dies alles und viel mehr von dem zu finden, was ihn die größere Gesellschaft vermissen läßt [15].
Doch damit beginnt schon die Tragik mancher Ehen und Familien. Denn auf diese Weise werden sie heillos überfordert. Das Scheitern mancher Ehen ist durch die übertriebenen Glückserwartungen bereits von Anfang an programmiert. Weil Ehe und Familie

manchen Menschen geben sollten, was sie von vornherein nicht geben können, vermögen sie ihnen nicht einmal das zu gewähren, wozu sie durchaus imstande wären. Wenn Ehe und Familie die einzige Glücksoase in der glücklosen Wüstenei der Leistungsgesellschaft bilden, versiegen die das Leben erneuernden Quellen der Liebe allzu schnell.
Daran sind keineswegs die Eheleute allein schuld. Einen Großteil der Schuld trifft unsere heutige Leistungsgesellschaft, welche die Familie leiden macht und Not leiden läßt. So kommt es zum Teufelskreis: Die Familie sollte der Not der Leistungsgesellschaft abhelfen. Aber sie kann es nicht genügend. Denn die gleiche Leistungsgesellschaft läßt ihrerseits die Familie Not leiden. In welcher Weise läßt nun die Leistungsgesellschaft die Familie Not leiden?

Die Familie kann der Gesellschaft nicht genügend geben, was die Gesellschaft braucht, weil die Leistungsgesellschaft die Familie vielfach Not leiden läßt

Die Familie kann der notleidenden Gesellschaft nur ungenügend Nothilfe bieten. Denn die Gesellschaft läßt nicht nur den einzelnen Menschen leiden[16]. Vielmehr macht sie auch die Familie als Teil- und Gegengesellschaft in vielfältiger Weise leiden. Acht Beispiele mögen dies belegen[17]:

1. Die Gesellschaft läßt die Familie leiden durch die gesellschaftliche Desintegration

Früher war die Gesamtgesellschaft durch die Familien geprägt. Es standen sich nicht einzelne Menschen gegenüber, sondern ganze Familien. Familien begegneten Familien.
Heute wird die Gesellschaft durch eine Vielfalt verschiedenster Einzelgebilde geprägt. Man nennt dies: Sie ist subkulturell organisiert. In dieser Gesellschaft gibt es neben der Familie eine Fülle weiterer Gesellschaftsformen: Der Bub ist bei den Pfadfindern. Das Mädchen geht zum Ballett. Der Vater ist im Jaßklub. Die Mutter hat ihren Kegelabend.
Die Folge ist: Die Familie wird in viel stärkerem Maße abhängig von der Gesellschaft. Man denke nur an den Tagesplan in einer eben geschilderten Familie. Gemeinsame Essenszeiten sind kaum mehr möglich.

2. Die Gesellschaft macht die Familie leiden durch die Verselbständigung der Altersgruppen

In einer durch die Familien geprägten Gesellschaft geben die Familien auch kulturell den Ton an. Alle Familienmitglieder – ob jung oder alt – werden durch die gleiche Kultur geprägt.
Heute gibt es für jedes Alter eine eigene Kultur. Daß die Jugend kulturell ihre eigenen Wege geht, hat sich bereits herumgesprochen. Auch das Alter ist dabei, eine eigene Kultur zu entwickeln. Zudem haben rührige Psychologen die Krise der mittleren Lebensjahre entdeckt; und findige Journalisten mit ihrem feinen Gespür für Marktlücken haben diese Krise als «midlife crisis» recht gut verkauft. So bleibt auch dem Mittelalter wohl nichts anderes übrig, als sich ebenfalls auf eine eigene Kultur zu besinnen und einen besonderen Lebensstil zu schaffen.
Die Folge ist: In unserer Gesellschaft verselbständigen sich kulturell die einzelnen Altersgruppen immer mehr. Dadurch wird es schwerer, innerhalb der Familie die gleiche Sprache zu sprechen und einander hinreichend zu verstehen. Das heißt: Es ist nicht nur kaum mehr möglich, einen gemeinsamen Tagesplan der Familienangehörigen zu erstellen und gemeinsame Essenszeiten einzuhalten (wie wir bereits gesehen haben). Selbst wenn ein solcher Tagesplan und ein gemeinsames Essen noch möglich sind, wird es viel schwieriger, am Familientisch die gleiche Sprache zu sprechen. Die Großeltern, Eltern und Jugendlichen leben zu sehr in verschiedenen Welten und haben ein recht unterschiedliches Wörterbuch. Diese Verschiedenheit innerhalb der Familie hat eine weitere Folge auf den einzelnen Menschen.

3. Die Gesellschaft macht die Familie leiden durch die heutige Rollenflexibilität

Dort, wo die Gesellschaft vor allem durch die Familie geprägt wird, ist die Familie das, was man eine «totale Gruppe» nennt; und jeder spielt in ihr eine «totale Rolle». Das heißt: Die Familie bietet einem «total alles», genauer: alles zum Leben Notwendige. Darum lebt der einzelne Mensch auch mit seiner Ganzheit oder «Totalität» in dieser Gemeinschaft. Er ist als ganzer und ganz dabei. Deshalb ist er immer auch ganz er selbst. Er spielt weniger eine «Rolle».

Er tritt immer mit sich selber und als er selber auf. So ist der Vater immer und überall der «Vater». Darum weiß in einer solchen Familie und Gesellschaft jeder, wer er selber ist, was er zu tun hat und was er gewärtigen muß.

Dort, wo die Gesellschaft durch die verschiedensten Teilkulturen geprägt erscheint, sind alle Gruppen nur Teilgruppen und jeder ist in dieser Gruppe nur mit einem Teil seiner selbst beteiligt. Bildhaft ausgedrückt: «Der Mensch, der unter einfachen Sozialverhältnissen lebt, gleicht dem Schauspieler in einem langjährig sich kaum verändernden Theaterensemble, das zwar verschiedene Stücke mit verschiedenen Rollen spielt, in dem jedoch die handelnden Personen stets die gleichen sind. Der Mensch in typisch moderner Sozialsituation gleicht einem Gastschauspieler, der jeden Abend in einem anderen Theater mit einem andern Ensemble verschiedene Rollen spielt[18].»

«Welche Folgen hat das für das Individuum? Zunächst und vor allem: es ist nicht mehr ‹eingeordnet› in eine umfassende Ordnung, die ihm die verschiedenen Einzelanforderungen abnehmen würde. Es muß selbst diese Koordinationsaufgabe übernehmen. Das historisch Neue besteht darin, daß heute ganz durchschnittlichen Individuen zugemutet wird, daß sie ihr Leben ‹selbst› führen, das heißt Selbstordnung in ihr Leben bringen. Es gibt keine vorgegebene ‹Ganzheit› mehr, an die man sich bloß anzupassen hätte[19].»

Die Folge für die Familie: In der Familie wird ein hohes Maß an Anpassung und Beweglichkeit verlangt. Durch den häufigen Rollenwechsel wird die Ehe zu einem Dauerexperiment. Sie ist «nicht erholsame Idylle, sondern anstrengende Aktivität mit Mißerfolgen, unzureichenden Entscheidungen, Fehlinterpretationen usw. und immer wieder neuen Anfängen[20]».

Dieses «Dauerexperiment Ehe und Familie» wäre überhaupt nicht durchzuhalten, würden die Familienmitglieder nicht zusammengehalten durch Sympathie und Liebe. Die gegenseitige Zuneigung gibt die Kraft, immer wieder anzufangen und es immer neu zu wagen. Die Frage ist nur, ob die Liebe allein auf die Dauer stark genug ist, das Dauerexperiment zu bestehen. Jedenfalls muß die Liebe dann tiefer begründet sein als nur in der gefühlsmäßigen Zuneigung zu denen, die man «gut riechen» kann[21]. Das heißt: Die Liebe muß – über das Gefühl hinaus – zur Treue fähig sein. Und wiederum ist die Frage, ob wir solche treue Liebe und liebevolle Treue im Blick auf die gewonnene neue Freiheitlichkeit und stärkere Rollenflexibilität schon genügend gelernt haben[22].

4. Die Gesellschaft macht die Familie leiden durch die Lückenbüßerei

Die Gesellschaft hat manches getan, um die Familie zu entlasten. Doch was zunächst als Entlastung gedacht war, hat sich bald als neue Belastung erwiesen. Denken wir nur an die Schulen. Unser Schulsystem hat die Familie einerseits davon befreit, selber Schule halten zu müssen. Andererseits wird unser Schulsystem zur neuen Belastung der Familie.

Denn die heutigen Schulmethoden erfordern oft die Mitarbeit der Eltern. Sie haben indes von den neuen Methoden oft kaum eine Ahnung. Wer hat schließlich früher mit der Mengenlehre oder der Ganzheitsmethode zu tun gehabt? Dadurch werden die Eltern durch die neuen Methoden fast noch mehr überfordert als die Kinder.

Die Gesellschaft hat zudem der Familie das Fernsehen ins Haus geliefert. Es mag in manchem eine Freizeitentlastung und ein Bildungsbeitrag auch für die Familie sein. Aber wer hat den Eltern beigebracht, wie sie und wie ihre Kinder mit diesem neuen Instrument sinnvoll umgehen können? Darum müssen die Eltern selber sehen, wie ihre Kinder und sie damit fertig werden. Diese Beispiele zeigen: Die heutige Gesellschaft wird mit manchen ihrer eigenen Institutionen nicht mehr fertig. Dann schiebt sie der Familie die Aufgabe zu, die Fertigkeiten für das bereitzustellen, womit die Gesellschaft nicht mehr fertig wird. Die Gesellschaft weist kurzerhand der Familie die Funktion des Lückenbüßers zu.

Die Folge ist: Die Familie muß büßen für das, was die Gesellschaft versäumt hat. Sie muß leisten, was für die Gesellschaft finanziell zu kostspielig und menschlich zu aufwendig und aufreibend ist. So drückt sich die Gesellschaft von manchem – auf Kosten und zum Leidwesen der Familie.

5. Die Gesellschaft macht die Familie leiden durch ihren vielfachen Pluralismus

Die Familie soll die Kinder erziehen. Aber stärker und schneller als früher mischen sich andere Erziehungsträger, die gar nicht unbedingt Erziehungsberechtigte sind, ins Spiel. Wie viele Miterziehende treten nur schon im Fernsehen auf und reden in der Stube mit, wenn sie nicht gar knallhart drauflos knallen. Auf diese Weise begegnen die Kinder schon früh den unterschiedlichsten Meinungen und Auffassungen.

Schon diese Beispiele zeigen: Die Eltern haben heute ihre Kinder in viel geringerem Maße in der Hand als früher. Ob wir wollen oder nicht: Die heutigen Kinder sind weniger unsere Kinder, als seinerzeit wir es waren.

Die Folge: Der Familie obliegt es dann, die Widersprüche der in die Familie eindringenden unterschiedlichen Auffassungen aufzuarbeiten. Denken wir nur an die verschiedensten Lehrmeinungen, die unsere Kinder mit ihren «Heftchen» und Jugendzeitschriften mit nach Hause bringen (wenn sie es überhaupt tun). Oder denken wir daran, wie schwer es ein Vater oder eine Mutter haben, die nicht über die gleiche Schulbildung wie ihre Kinder verfügen, wenn aus einer Fernsehdiskussion zum Beispiel über Jugendfragen oder Kindererziehung mit einemmal auch eine Auseinandersetzung am Familientisch wird. Wie stark sind die Kinder bereits beeinflußt, wenn nicht gar voreingenommen, ehe die Eltern auch einmal zu Wort kommen. Vielfach sind dadurch auch gute Eltern überfordert.

6. Die Gesellschaft macht die Familie leiden durch die längere Lebenserwartung und den neuen Familienzyklus

Nehmen wir als Beispiel das Leben einer verheirateten Frau. Denn sie ist durch die längere Lebenserwartung und den neuen Familienzyklus am meisten betroffen. Um 1900 lebte die verheiratete Frau etwa drei Viertel ihrer Zeit als «Mutter und Ehefrau». Ein Zehntel lebte sie als Ehefrau mit ihrem Mann und noch einmal ein Zehntel als Witwe allein. 1970 sieht es anders aus. Nach der Heirat mit 22 Jahren lebt die Frau noch 54 Jahre. Davon verbringt sie 25 Jahre in einer Familie mit Kindern. Mit ihrem Ehegatten allein ist sie 21 Jahre. Ganz allein lebt sie 8 Jahre.

Anders ausgedrückt: Die verheiratete Frau lebt heute etwa die Hälfte ihrer Zeit als «Mutter und Hausfrau», etwas weniger als die Hälfte als Ehefrau und rund ein Siebtel allein. Halten wir nur das eine fest: Früher verbrachte die verheiratete Frau drei Viertel ihrer Zeit als Mutter. Heute ist es nicht einmal mehr ganz die Hälfte.

Die Folge für die Familie: Die Frau muß sich in Ehe und Familie anders verhalten als früher. Sie kann sich nicht mehr so auf ihre Mutteraufgabe konzentrieren, als wäre diese das ein und alles ihres Lebens. Denn mehr als die Hälfte ihres Ehelebens wird sie nicht mehr unmittelbar Mutteraufgaben zu erfüllen haben. Sie muß wieder Ehefrau werden und vielleicht in einen Beruf oder sonst eine außerhäusliche Tätigkeit zurückkehren. Allein dies ist nicht leicht – nicht zuletzt, weil sie während ihrer Mutterschaft so vieles von der Welt draußen vergessen hat.

7. *Die Gesellschaft macht die Familie leiden durch den Weltverlust der Hausfrau*

Kein ungutes Wort gegen die Hausfrau. Im Gegenteil! Es gehört zum Anstand und zur Redlichkeit, den Frauen und Müttern zu danken, die das Wort «Hausfrau» nicht als Schimpfwort empfinden und die selbstbewußt genug sind, um nicht verschämt zu sagen, sie seien eine «Nur-Hausfrau». Auch liegt es in unser aller Interesse, dem neuaufkommenden Tabu zu wehren, als ob eine Hausfrau todunglücklich sein müsse. In Wirklichkeit gibt es auch heute noch der Frauen und Mütter genug, die aufrichtig bekennen können: «Gattin, Mutter und Hausfrau zu sein genügt mir vorerst durchaus; und mir gefällt's.»

Dennoch darf man die Augen nicht verschließen: Die nichterwerbstätige Hausfrau lebt heute in einem Haushalt, der abgeschlossen und von der übrigen Welt getrennt ist. Das lange vormittägliche Telefongespräch mit der Freundin ändert daran nicht allzuviel. Deshalb nimmt die Hausfrau nur noch in geringem Maße an dem teil, was ihre ganze mögliche «Welt» ausmacht. In diesem Sinne leiden viele Hausfrauen unter «Weltverlust».

Die Folge ist: Die Frauen werden unzufrieden. Die Kinder bringen eine ganze «Welt» voller Neuigkeiten nach Hause. Mit den Neuigkeiten kommen auch die Fragen. Aber die Mutter versteht davon zuwenig. Sie bleibt gegenüber den Fragen der Kinder leicht hilflos. Sie spürt nur zu gut: Die heutigen Kinder brauchen eine weltgewandte Mutter. Aber sie selber hat zuwenig Zugang zur Welt; und der Mann bietet ihr wenig Hilfe. Denn er kommt müde von der Arbeit. Während die Kinder der Mutter Aufregung bringen, verschafft der Mann der Frau keine Anregung. So bleibt sie zwar erregt, aber nicht angeregt.

8. Die Gesellschaft macht die Familie leiden durch den Familienverlust des Vaters

Nach wie vor hat auch der Vater in der Familie eine schwer zu ersetzende Aufgabe. Im großen und ganzen stellt er nach außen den Zusammenhang mit der Gesamtgesellschaft her. Daraus wächst ihm Autorität insofern zu, als sie in einem Vorsprung an Wissen und Weltgewandtheit begründet ist. Nach innen hat der Vater daran teil, Zuneigung unter den Familienangehörigen zu stiften und zu erhalten. Daraus wächst ihm Autorität insofern zu, als sie in Sympathie begründet ist.

Damit der Vater nicht nur wegen seines Wissens geschätzt, sondern auch wegen seiner herzlichen Zuneigung geliebt und so wirklich menschlich als Autorität anerkannt wird, ist es für ihn wie für die Kinder wichtig, daß er seine Rolle immer wieder erfüllt und nicht dauernd «schwänzt». Denn heute ist man nicht ein für allemal Autorität, weil es keine unangefochtenen Autoritätspersonen mehr gibt. Vielmehr muß man sich seine Autorität stets aufs neue erwerben.

Allein wie kann ein Vater heute diese Aufgabe erfüllen? Welche Möglichkeiten hat ein Verkaufsangestellter, der ohne Mittagspause arbeitet, sein Kleinkind zu sehen? Antwort: fast keine. Welche Möglichkeiten hat ein Schichtarbeiter, bei Behörden notwendige Verhandlungen zu erledigen? Antwort: sehr begrenzte! Welche Möglichkeiten hat ein Büroangestellter für größere Einkäufe? Antwort: nur am arbeitsfreien Samstag oder am Donnerstagabend. Welche Möglichkeiten hat der Vater, der in normaler Tagesschicht arbeitet, die Schulaufgaben seiner Kinder zu beaufsichtigen? Antwort: sehr geringe!

Diese Beispiele zeigen: Der Vater hat, so wie die arbeitsgebundene Zeit gegenwärtig verteilt ist, weder die Chance, an den Kernfunktionen der Familie teilzunehmen, noch die Möglichkeit, durch Dabeisein Sympathie zu entwickeln oder auf sich zu ziehen. «Durch unsere Arbeitszeitregelung sind wir zum Teil wieder in die Situation um die Jahrhundertwende zurückgefallen, wo die Aufrechterhaltung väterlicher Autorität ein reiner, von Ideologie gestützter Kraftakt gewesen ist. Zum Teil sind die Autorität und die sie begründenden Funktionen aber auch ganz schlicht an die Mutter übergegangen. Ein Vorgang, den man unter dem Schlag-

wort ‹partnerschaftliche Familienführung› durchaus mißverstanden hat[23].»
Wir haben an acht Beispielen aufgezeigt, daß die Familie heute unter den gesellschaftlichen Verhältnissen und Veränderungen Not leidet. So kommen wir zu einem seltsamen, fast widersprüchlichen Ergebnis.

Ergebnis

1. Die Familie ist in der Gesamtgesellschaft eine Gegengesellschaft und bietet damit die Möglichkeit einer heute so oft heraufbeschworenen Alternativkultur. Als solche Möglichkeit zur Alternativkultur ist sie für die heutige Gesellschaft dringend notwendig: Die Gesamtgesellschaft braucht die Teilgesellschaft Familie dringendst. Fast wie noch nie hat die von vielfacher Unmenschlichkeit bedrohte heutige Gesellschaft die menschliche Wärme einer Familie notwendig.
2. Aber die Familie kann ihre notwendige Aufgabe in der Gesellschaft nur unvollkommen wahrnehmen. Denn die heutige Gesamtgesellschaft läßt ihre Teilgesellschaft Familie in einem so hohen Maße Not leiden, daß die Familie selber in Not gerät und damit nicht mehr den gesellschaftlichen Nöten genügend abhelfen kann. Die unausweichliche Folge ist: Zum einen zerbrechen viele geschlossene Ehen und gehen Familien auseinander; zum andern bringen viele junge Menschen nicht mehr den Mut auf, eine Ehe zu schließen und versuchen deshalb in einer «Ehe ohne Ringe» auf Zusehen hin zu leben, mit der Gefahr, daß sie in nicht langer Zeit doch das Nachsehen haben.
3. Deshalb die Aufgabe: Die Gesamtgesellschaft muß ihrer Teilgesellschaft Familie mehr helfen. Im Wissen, daß für sie die Gegenleistung und der Gegendienst der Gegengesellschaft Familie lebensnotwendig ist, muß auch sie als Gesamtgesellschaft der Familie mehr entgegenkommen. Daher die Frage: Wie kann und muß heute die Gesamtgesellschaft ihrer Teilgesellschaft Familie entgegenkommen? Mit dieser Frage wird die Familie zur Aufgabe nicht nur der Familienangehörigen, sondern auch der gesamten Gesellschaft.

Die Familie als Aufgabe der Gesellschaft

These

Die Familie kann ihre für die Gesellschaft notwendige Aufgabe nur wahrnehmen, wenn die Gesellschaft die Familie weniger Not leiden läßt. Das heißt: Die Familie hat nicht nur eine Aufgabe an der Gesellschaft, sondern die Gesellschaft hat auch eine dringend notwendige Aufgabe an der Familie.

Welche Aufgaben hat die Gesellschaft an der Familie? Die Gesellschaft muß einerseits einsehen lernen, wie notwendig für sie als heutiger Leistungsgesellschaft die Gegenleistung der Familie ist. Andererseits muß sie daraus die Folgerungen ziehen und die entsprechenden gesellschaftlichen Maßnahmen treffen. Das heißt: Die Gesellschaft muß die Familie entgegenkommender behandeln. Wie aber kommt die Gesellschaft der Familie entgegen? Drei Schwerpunkte drängen sich auf:

Die Gesellschaft kommt der Familie entgegen durch eine Familienpolitik, die sich als Gesellschaftspolitik versteht

Die Familie hat heute in vielen Verfassungen einen guten Platz[24]. Schon verfassungsmäßig weiß sich der Staat verpflichtet, Ehe und Familie zu schützen und ihnen die nötigen Hilfen angedeihen zu lassen. Es gibt darum in manchen Ländern ein eigenes Familienministerium, und von Familienpolitik spricht man häufig. Das ist alles gut.

Aber manchmal besteht die Gefahr, daß man die Familienpolitik zu sehr als Finanzpolitik versteht und meint, es genüge, der Familie finanziell unter die Arme zu greifen. Nichts gegen das liebe Geld! Der sogenannte Familienlohn ist ein wichtiges Postulat. Denn in der Tat sollte der Lohn eines einzigen Erwerbstätigen ausreichen, um eine Familie hinreichend zu ernähren. Denn es hat sich längst gezeigt, daß im allgemeinen die Familie leidet, wenn beide Eltern hauptberuflich außer Haus tätig sein müssen. Am meisten leiden darunter die Kinder.

In diesem Zusammenhang spricht man vom «Erziehungsgeld für die Mutter». Darunter versteht man eine staatliche Entschädigung dafür, daß eine Frau, die sonst außerhäuslich tätig sein müßte, daheim bleibt und die Kinder erzieht. Dieses Erziehungsgeld hat seine Gefahren. Es leistet dem unheilvollen Gedanken Vorschub, daß unser heutiger Staat nicht ein Wohlfahrtsstaat, sondern ein Versorgungsstaat ist. Eine zweite Gefahr liegt darin, daß durch das staatlich ausbezahlte Erziehungsgeld der Eindruck entstehen könnte, die Mutter erziehe gewissermaßen im Auftrag des Staates und somit fast als Staatsangestellte ihre Kinder[25]. Man muß diese Gefahren sehen. Aber man darf auch nicht vor der Wirklichkeit die Augen schließen.

Setzen wir eine Familie voraus, in der der Mann zuwenig verdient, um Frau und Kinder erhalten zu können. Dann muß die Mutter mitverdienen, meistens außer Haus. Wenn in dieser Familie noch kleine Kinder leben, müssen sie in dieser Zeit betreut werden, meistens ebenfalls außer Haus. Es gibt dafür viele private und staatliche Einrichtungen. Sie kosten viel Geld.

Nun kommt die Frage: Käme es dem Staat nicht billiger und würde man das Geld für Kinderhorte und Kinderkrippen nicht zweckmäßiger verwenden, wenn man einen Teil dieses Geldes als «Erziehungsgeld» den Müttern unmittelbar ausrichten würde? Damit wäre allenfalls allen am besten gedient. Dem Staat käme es billiger. Manche Mütter könnten zu Hause bleiben; die Kleinkinder müßten die Mutter nicht entbehren.

Ähnliches gilt für das sogenannte «Krankengeld». Oft wären Frauen imstande und auch bereit, kranke Familienangehörige daheim zu pflegen. Aber sie müssen auswärts verdienen. Dafür müssen die Familienangehörigen auswärts ins Spital. Begliche man diesen Frauen den Lohnausfall, käme es finanziell billiger und ginge es den Patienten meistens menschlich besser.

Die Beispiele wären zu vermehren. Man denke etwa an das «Kindergeld». Die Beispiele zeigen, daß zur Familienpolitik durchaus die finanzielle Seite gehört. Aber wiederum droht die Gefahr. Es ist die gefährliche Meinung, die Familienpolitik erschöpfe sich in Finanzausgleich und Steuerpolitik. Dann wird die Familie mit Geld abgespeist. Das ist entschieden zu wenig.

Darum muß sich eine wirkliche Familienpolitik in erster Linie als Gesellschaftspolitik verstehen. Das heißt: In der Politik für die Gesamtgesellschaft ist – in den verschiedensten Beziehungen – darauf zu achten, daß die Familie in der Gesellschaft den entsprechenden Platz erhält und daß sie – man darf das ruhig wörtlich nehmen – den notwendigen «Spielraum» gewinnt. In diesem Sinne ist unser ganzes Thema «Der Platz der Familie in der Gesellschaft» eine auch gesellschaftspolitische Frage. Kurzum: Bei allen gesellschaftspolitischen Fragen muß der Gedanke an die Familie gegenwärtig sein. Bei jeder bedeutsamen gesellschaftspolitischen Entscheidung – angefangen vom Verkehr bis zur Außenpolitik – muß man sich fragen: Wie wirkt sich diese Entscheidung für die einzelnen Familien aus[26]?

Die Gesellschaft kommt der Familie entgegen durch eine öffentliche Meinung, die sich gegenüber dem Diktat familienfeindlicher Ideologien zur Wehr setzt

Die meisten Menschen sind in einer Familie herangewachsen. Ein Großteil von ihnen gründet selber später eine Familie. Die Folge ist, daß das Leben der Menschen auch heute noch stark durch die Familie geprägt erscheint, in der sie heranwuchsen oder die sie selber gegründet haben und tagtäglich neu gestalten. Darum gehört die Frage der Familie zu den persönlichsten Lebensfragen eines Menschen.
Daraus versteht sich, daß die Familienfragen stark gefühlsmäßig geprägt und nicht selten in hohem Maße ideologisch gefärbt sind. Kein Wunder, daß gerade die Familie in den ideologischen Auseinandersetzungen des letzten Jahrhunderts wie in der neuesten Zeit zum Schlachtruf wurde[27].
In der Tat steht die Familie gegenwärtig in der Spannung zwischen zwei gegenläufigen Strömungen. Auf der einen Seite besteht die Tendenz, den Einfluß der Familie zurückzudrängen wegen ihrer Neigung, die sozialen Ungleichheiten zu stabilisieren. Auf der andern Seite ist die Tendenz zu beobachten, den Einfluß der Familie um der Sozialisation der Kinder willen zu erhalten oder zu verbessern[28].
Diese Spannung gilt es zunächst nüchtern zu sehen. Dann kommt es darauf an, der Spannung standzuhalten und sie fruchtbar werden zu lassen – nicht zuletzt für die Familien selbst. Voraussetzung dafür ist, daß man den vielfältigen Familien-Ideologien wehrt. Eine Familien-Ideologie ist eine vorgefaßte und starre Meinung über Wesen, Aufgabe und Gestalt der Familie. Man nimmt ein ganz bestimmtes Familienbild, das man für ideal hält. Man meint kurzschlüssig, Familie könne nur in dieser Gestalt gedeihen. Darüber vergißt man, wie sehr sich die Gestalt der Familie im Lauf der Jahrhunderte immer wieder neu gewandelt hat und dar-

um auch weiterhin wandeln wird. Vor allem vergißt man, daß die Stärke der Familie nicht zuletzt darin besteht, daß sie sich als eine der wandlungsfähigsten menschlichen Einrichtungen erwiesen hat.
Kurz: Der Familien-Ideologe ist seiner Sache sicher. Er weiß, wie Familie auch heute zu sein hat. Er hat es nicht nötig, behutsam, aber kritisch zu fragen, ob und in welcher Weise die Familie sich in Zukunft zu wandeln hat, damit sie ihrer bleibenden Grundaufgabe unter neuen Bedingungen gerecht werden kann[29]. Dazu schreibt mit Recht die Arbeitsgemeinschaft katholisch-sozialer Bildungswerke in der Bundesrepublik Deutschland: «Familie wird nicht durch diejenigen gefährdet, die über ihre Gestalt, ihren Standort und ihre Funktion unsicher sind, sondern durch diejenigen, die sich all dessen so penetrant sicher sind – ganz gleich, aus welcher weltanschaulichen und politischen Richtung sie kommen[30].»
Von daher fragt sich: Sind nicht manche linke Reformer ihrer Sache allzu sicher gewesen, wenn sie den Tod unserer Familien proklamiert haben? War aber nicht auch auf katholischer Seite jüngst die römische Bischofssynode ihrer Sache allzu sicher, wenn einige Bischöfe manches über Familie, Geburtenregelung und Ehescheidung in Rom global unterschrieben haben, was sie daheim in ihrer eigenen Wirklichkeit gezwungen sind, viel differenzierter auszusagen[31]? Sind nicht wir alle zu schnell dabei, neue Familienformen als linke Kommunen zu verurteilen und nicht zu fragen, ob es nicht auch neue christliche Gemeinschaftsformen für Familie und Nachbarschaften geben könnte[32].
So wird es darum gehen müssen, Vorurteile und Ideologien abzubauen und nüchtern, entschlossen, aber auch phantasievoll den Weg der Familie in die Zukunft zu suchen, damit die Familie den richtigen Platz in der Gesellschaft findet. Nicht weniger gilt es, in der Gesellschaft für die Familie einzutreten, und, wenn nötig, zu kämpfen, damit die Gesellschaft ihrerseits der Familie den Freiraum gibt, den sie braucht, um ihre gesellschaftliche Aufgabe zu erfüllen. Das heißt: Die Gesellschaft muß familienfreundlicher werden. Ob das genügt?

Die Gesellschaft kommt der Familie entgegen durch die Anstrengung, selber eine menschlichere, das heißt menschenwürdigere und menschenfreundlichere Gesellschaft zu werden

Wir haben gesehen: Eine Hauptschwierigkeit für Ehe und Familie heute sind die übersteigerten Glückserwartungen. Wie kann man dieser Schwierigkeit begegnen? Indem man die übergroßen Glückserwartungen an Ehe und Familie abbaut. Wie? Entweder dadurch, daß man auf das Glück – teilweise – zu verzichten lernt; oder dadurch, daß man das Glück auch anderswo sucht.

Beides ist wichtig. Auf der einen Seite haben wir uns wirklich zu fragen, was das Glück des Menschen ausmacht und was und wieviel er braucht, um von Herzen glücklich zu sein [33]. Auf der anderen Seite darf sich die Gesellschaft nicht damit begnügen, Ehe und Familie zu den einzigen Glücksoasen der Gesellschaft zu erklären. Deshalb muß sie sich selber bemühen, allerorts menschlicher zu werden; und das heißt: menschenwürdiger und menschenfreundlicher.

Denken wir nur an die Arbeitswelt unserer Leistungsgesellschaft. Wenn ein Mann an einer unerfreulichen Arbeitsstätte acht Stunden lang verdrießlich hat arbeiten müssen, kommt er abends verdrossen nach Hause; und sein Verdruß als Arbeiter setzt sich fort in der Verdrossenheit als Gatte und Vater. Wer darum eine glücklichere Familie will, muß auch dafür Sorge tragen, daß die Arbeitsverhältnisse nicht allzu unglücklich sind. So könnten zufriedenstellende Arbeitsverhältnisse – mit menschenfreundlichen Arbeitsbedingungen und familienfreundlicheren Arbeitszeiten – ein Beitrag sein, den genannten «Familienverlust des Vaters» auszugleichen.

Könnte nicht auch vieles getan werden, um den ebenfalls erwähnten «Weltverlust der Hausfrau» auszugleichen? Dies kann freilich nicht dadurch geschehen, daß man den Kindern die Mütter noch mehr nimmt und die Mütter noch stärker belastet. Vielmehr muß man sich bemühen, den Kindern die Mütter wieder zu geben, aber zufriedene Mütter.

Doch damit heutige Mütter mit sich und ihrer Welt zufrieden sein können, müssen sie imstande sein, mehr Welt zu erfahren und diese Welt stärker auch als ihre Welt zu gestalten. Wenn der Gatte und Vater – arbeitsmäßig stärker entlastet – sich darauf einstellt, wird er viele Aufgaben in der Familie wahrnehmen können,

die man herkömmlicherweise allein der Frau und Mutter zugewiesen hat. Vor allem aber, wenn die Öffentlichkeit davon überzeugt ist, daß die Frauen und Mütter mehr Welt brauchen, ist an Teilzeitarbeit und im Rahmen der Freizeit vieles möglich, um den Frauen mehr Gesellschaft und Geselligkeit zu gewährleisten[34].
Noch einmal: Die Frage ist nicht, wie geben wir den Kindern Mütter, sondern wie schenken wir ihnen zufriedene Mütter. Die Frage kann nicht beantwortet werden, ohne daß die Gesellschaft sich um die Mütter bemüht und ihnen auch im Raum der Gesellschaft einen genügend großen Raum an der Sonne gewährt.

Ergebnis

Wir haben nach der «Chance für die Familie» gefragt. Unsere Antwort lautet: Die Familie hat eine bessere und gute Chance, wenn sie einen entsprechenden Platz in der Gesellschaft einnimmt. Aber welcher Platz entspricht der heutigen Familie in der heutigen Gesellschaft am besten? Wir haben gesehen, daß in der heutigen Leistungsgesellschaft die Familie sich mit einem Randplatz begnügen muß und sich die Familienangehörigen nur zu oft mit einem Stehplatz abzufinden haben. Darunter leidet nicht nur die Familie, sondern auch die Gesellschaft. Was tun?
Die Antwort lautet: Dafür sorgen, daß die Familie nicht einfach am Rande der Gesellschaft leben und darben muß. Die Familie muß wiederum stärker innerhalb der Gesellschaft leben können. Sosehr sie selber etwas Privates ist, so sehr ist ihre Privatheit eine öffentliche Angelegenheit und Notwendigkeit; und darum darf sie nicht aus der Gesellschaft verdrängt, sondern muß sie stärker in die Gesellschaft integriert werden. Wie soll das geschehen?
Die Antwort lautet: Damit der Platz der Familie wiederum mehr innerhalb der Gesellschaft zu liegen kommt, muß auf der einen Seite mehr Gesellschaft in die Familie hineinkommen und die Familie stärker in die Gesellschaft hinausgehen. Wie denn?
Die Antwort lautet: Die Gesellschaft kommt mehr in die Familie hinein, indem vor allem der Familienverlust des Vaters ausgeglichen wird. Denn wenn der Vater mehr in die Familie hineinkommt, nimmt er mehr von seiner außerhäuslichen Welt in die Familie hinein. Die Familie kommt mehr in die Gesellschaft hinaus, indem vor allem die Hausfrau und Mutter mehr in die Gesellschaft hineingeht. Denn indem die Hausfrau in die Gesellschaft

hineingeht, nimmt sie die kleine Welt ihrer Familie mit in die größere Welt der Gesellschaft.
Der Ausgleich des Familienverlustes des Mannes und des Weltverlustes der Frau ist jedoch nur möglich, wenn Männer und Frauen nicht auf ihrem bisherigen Standpunkt beharren und einander über die gegenseitigen Aufgaben Standpauken halten, sondern beweglicher werden und miteinander über ihre Familie reden. Dabei dürfen sie die größere Gesellschaft durchaus mitreden lassen. Diese Mitsprache der Gesellschaft geschieht nicht zuletzt dadurch, daß sie mithilft, in Erziehung und Schule die Menschen auch auf Liebes- und Ehefähigkeit hin zu erziehen, und daß sie all das unterstützt, was verantwortlich an Erziehungs- und Eheberatung geschieht [35].
Gewiß: Die Gesellschaft soll in Ehe und Familie mitreden. Aber die Eheleute und Eltern sollen sich von niemandem – vor allem durch keine Ideologen und Funktionäre – dreinreden lassen [36]. In diesem Sinne ist der Platz der Familie in der Gesellschaft zwar weithin eine Frage der gesellschaftlichen Platzanweisung. Dennoch bleibt sie auch immer eine Gewissensfrage derer, die für ihre eigene Familie einen Platz an der Sonne suchen. Und wir alle sollten suchen helfen. Das ist unsere, das heißt meine eigene Gewissensfrage.
Es ist meine Gewissensfrage als Staatsbürger, wenn es gilt, meine Wahl zu treffen und meine Stimme abzugeben – nicht zuletzt in Entscheidungen der Städte-, Verkehrs- und Siedlungsplanung. Es ist meine Gewissensfrage als Hausbesitzer, wenn eine Familie eine Herberge sucht – vielleicht sogar die eines Gastarbeiters mit ein paar krausköpfigen und lärmigen Kindern. Es ist meine Gewissensfrage als Gemeinderat, wenn es gilt, Wohnungen zu erstellen, Spielplätze zu errichten und eine Welt zu erhalten, in der Kinder sich noch bewegen dürfen und in der das fröhliche Lachen nicht unter die Lärmimmissionen gerechnet werden muß. Es ist meine Gewissensfrage als Eisenbahn- und Trambenützer, wenn eine Schulklasse einsteigt und ein bißchen – vielleicht ein bißchen viel Lärm macht und Bewegung in die Bude bringt.
Es ist meine Gewissensfrage als Vater oder Mutter, wenn meine Kinder ausziehen und noch nicht den Mut aufbringen, ihre Ehe öffentlich zu schließen und kirchlich zu begründen. Es ist meine Gewissensfrage als Zeitgenosse, wenn junge Menschen versuchen, ihre Ehe und Familie in anderen Formen zu leben und zu gestalten

– vielleicht sogar mit neuen Gruppenbezügen und andern Nachbarschaften, als ich es gewohnt bin.
Es ist meine Gewissensfrage als junger Mensch, wenn ich mit jemandem aufbreche und versuche, mit ihm zusammen unser künftiges Leben und Schicksal zu entwerfen und in reueloser Treue, unverdrossener Geduld und in gläubigem Vertrauen durchzuhalten. Es ist meine Gewissensfrage als mittelalterlicher Mensch, wenn in der berühmten Krise der mittleren Lebensjahre die Lust über mich kommt, über den Zaun nicht nur gehörig zu sehen, sondern auch ungehörig zu naschen. Und es ist meine Gewissensfrage als alternder Mensch, wenn aus der Eltern-Kinderschar längst wieder ein Ehepaar geworden ist und wir noch einmal aufgerufen sind, als altes Gespann unsere Hochzeitskutsche mit dem Trott der Jahre, aber auch im Trab der junggebliebenen Herzen und der neuerwärmten Liebe weiterzuziehen, solange Gott uns einander erhält und zum Trost beisammen läßt.
Kurzum: Manche Ehe und Familie ist schon geplatzt, weil der Platz so klein und dürftig war, den ihr die platzverschlingende Gesellschaft eingeräumt hat. Gewiß, Schiller hat recht mit seinem «Jüngling am Bache»: «Raum ist in der kleinsten Hütte / für ein glücklich liebend Paar.» Aber die Frage bleibt, ob in diesem Raum auf die Dauer Platz genug ist. Die Hütte der Liebe mag klein bleiben. Aber der Raum für Ehe und Familie muß größer werden und damit auch ihr Platz in der Gesellschaft. Dafür zu sorgen ist unser aller Aufgabe und Pflicht.

Anmerkungen

[1] «Aus dem Krisenbewußtsein der bürgerlichen Gesellschaft zur Zeit des Höhepunktes der industriellen Revolution entstand um 1850 neben anderen sozialwissenschaftlichen Einzeldisziplinen die Familien-Soziologie. In Abkehr von der philosophisch orientierten Gesellschaftslehre naturrechtlicher Herkunft (Hegel, Lorenz Stein) wurde versucht, die problematisch werdende Familie auf dem Hintergrund eines in die Wirklichkeit projizierten Familien-Bildes zu restaurieren (W.H. Riehl)» (W. Mackenthun, Familie, Ehe: Joachim Ritter [Hrsg.], Wörterbuch der Philosophie [Basel 1972] 902).
Zum heutigen Stand der Familiensoziologie vgl. Diethelm Klippel, Entstehung und Strukturwandel der modernen Familie. Neuere Forschungen

zur Sozialgeschichte der Familie = Zeitschrift für das gesamte Familienrecht (FamRZ) 25 (1978) 558–566.
2 Erwin K. Scheuch, Es gibt keine Alternative zur Familie: Neue Ordnung 34 (1980) 49. – Vgl. Gerd Hepp, Die bedrohte Familie (Freiburg i. Br. 1979) 59f. – Johannes Gründel, Die Zukunft der christlichen Ehe (München 1978) 30ff.
3 Vgl. Mackenthun (Anm. 1) 898. – Franz Xaver Kaufmann, Die gesellschaftliche Situation der heutigen Familie: Albrecht Beckel (Hrsg.), Ehe im Umbruch (Münster 1969) 107–140 (hier 120). Dieser Aufsatz gehört noch immer zu den hilfreichsten Darstellungen zu unserem Thema. – Eckehard Kühne, Zur Sozial- und Rechtsgeschichte der europäischen Familie: Familie in der Gesellschaft (Anm. 6) 64–113. – Roland Girtler, Die große Liebe und die lange Ehe: Gerd-Klaus Kaltenbrunner (Hrsg.), Die Gehäuse des Menschen. Selbstverwirklichung im Spannungsfeld der großen Institutionen (Freiburg i. Br. 1975) 126f. Girtler wendet sich gegen manche moderne Soziologen und Psychologen, die Ehe und Familie zu einseitig von der Liebe und Sexualität her bestimmen.
4 Vgl. Rolf Eickelpasch, Die Familie im Kulturvergleich: Familie in der Gesellschaft (Anm. 6) 27. – Vgl. dazu kritisch Hepp (Anm. 2) 11–15. – Ferner Girtler (Anm. 3) 127f.
5 Mackenthun (Anm. 1) 502. – Girtler (Anm. 3) 128.
6 Wer sich eingehender informieren will, sei auf die entsprechende Literatur verwiesen. Vor allem kommt in Frage das umfangreiche Werk aus der «Schriftenreihe der Bundeszentrale für politische Bildung», Band 133: Ebel/Cramer/Eickelpasch/Kühne, Familie in der Gesellschaft. Gestalt – Standort – Funktion. I + II. Grundlagen, Materialien und Unterrichtsmodelle für die Erwachsenenbildung. Herausgegeben von der Projektgruppe Curriculum Familie im Auftrag des Vorstandes der Arbeitsgemeinschaft katholisch-sozialer Bildungswerke in der Bundesrepublik Deutschland (Bonn 1978). – Wenn nicht anders vermerkt, beziehen wir uns auf den zweiten Teil.
Kürzer, aber ausgewogen und umfassend informiert Hepp (Anm. 2). Vgl. auch Hildegard Camenzind-Weber, Die (Schweizer) Synode zum Thema ... Liebe, Sexualität, Ehe (Einsiedeln 1975). – Darin: Die Familie unter Druck (151–192).
Am kürzesten: Josef Duß-von Werdt, Zur Lage der Familie in der heutigen Schweiz (Bern 1978).
7 Aus diesem Grund möchte Jörg Splett auf Bezeichnungen wie «Selbstverwirklichung» und «Selbstfindung» lieber verzichten und sie ersetzen durch «Selbst-Begegnung» oder besser «Selbstannahme». Er schreibt: «Bei ‹Selbstfindung› und ‹Selbstverwirklichung› hat es das Selbst nur mit sich selbst zu tun. Und hier taucht angesichts der sich einstellenden Entfremdung die in der Tat gar nicht so befremdliche Frage auf, ob der Fund sich denn lohne, ob die Verwirklichung den Preis wert sei, den man selbst

und gegebenenfalls auch andere dafür erlegen müßten. – Annahme aber bringt eine weitere Beziehung ins Spiel: zu jener Macht, von der, aus deren Händen man sich anzunehmen hätte. Der Wert einer Gabe bestimmt sich wesentlich nicht aus ihrem An-sich-Sein, ihrer Schönheit, Seltenheit, Nützlichkeit usw., sondern vom Geber und dessen Zuwendung her» (Jörg Splett, Zum Sinn des Alters = Geist und Leben 52 [1979] 361). Vgl. auch Albert Ziegler, Das Glück Jesu (Stuttgart 1978) 50 (Glück als Begleiterscheinung). Siehe oben S. 62.

[8] Vgl. Thomas Auchter, Zur Kritik der antiautoritären Erziehung (Freiburg i. Br. 1973). Außerdem: Konrad Widmer, Der junge Mensch und seine Eltern, Lehrer und Vorgesetzten. Zum Problem des Verstehens und der Führung im Jugendalter (Zürich 1978). – Roman Bleistein, Jugendmoral. Tatsachen – Deutungen – Hilfen (Würzburg 1979). – Camenzind-Weber, Synode (Anm. 6) (‹Antiautoritär› erziehen? [166]; Ehe lernen [121–130]). – Vgl. auch Walter Braun, Der Vater im familiären Erziehungsprozeß. Beiträge zu einer pädagogischen Jugendtheorie (Regensburg 1980).

[9] Vgl. dazu Josef Duß-von Werdt/Armin Fuchs (Hrsg.), Scheidung in der Schweiz. Eine wissenschaftliche Dokumentation (Bern 1980).

[10] Vgl. dazu Willy Bünter/Albrecht Walz/Louis Zimmermann, Neue Formen des Zusammenlebens – eine Herausforderung an die Kirche. Herausgegeben im Auftrag der Katholischen Arbeitsgemeinschaft für Erwachsenenbildung der Schweiz und des Fürstentums Liechtenstein (Luzern 1979). – Hermann Ringeling, Freie Lebensgemeinschaft in der Sicht evangelischer Sozialethik = Zeitschrift für evangelische Ethik 24 (1980) 143–148. – Josef Köhne, «Ehe ohne Trauschein» – eine Alternative? = Diakonia 11 (1980) 256–260. – Franz Pöggeler, Junge Erwachsene und ihre Einstellung zu Partnerschaft und Ehe = Militärseelsorge 20 (1978) 309–324. – Peter Neysters, heiraten...? Junge Leute und die Ehe (Würzburg 1980). – Partnerschaft und Identität: Die nichteheliche Lebensgemeinschaft (Tagung vom 25.–27. 1. 1980). Loccum: Evgl. Akademie 1980 (184 S.). – W. Müller-Freienfels, Tendenzen zur Verrechtlichung nichtehelicher Lebensgemeinschaften: Hermann Ringeling/Maya Svilar (Hrsg.), Familie im Wandel (Bern 1980) 57–80. – F. Kunigk, Rechtliche Probleme der alternativen Lebensgemeinschaft = Jura (1980) 512–521. Landessynode Bayreuth 1980 (23.–28. Nov.): Brief der Synode an junge Christen zum Thema «Ehe und Familie» (53–57); an Eltern (58–62).

[11] Vgl. Johann Baptist Hirschmann, Ehe und Familie als natürliche und übernatürliche Lebensgemeinschaft: Staatslexikon der Görres-Gesellschaft: Ehe und Familie 2 (Freiburg i. Br. 1958) 978 (Familie und Eigentum). Ferner Wilhelm Heinen, Liebe als sittliche Grundkraft und ihre Fehlformen (Freiburg i. Br. 1958) VII–IX. – A. Heigl-Evers/F. Heigl, Geben und Nehmen in der Ehe (Stuttgart 1971) 14. – Paul Michael Zulehner, Kirche – Anwalt des Menschen (Wien 1980) 19f. – Arthur Jores, Menschsein als Auftrag (Bern 1978) 39f.

¹² Vgl. Hanno Helbling u.a., Grenzen der Leistung (Olten 1975). – Gérard Gäfgen (Hrsg.), Leistungsgesellschaft und Mitmenschlichkeit (Limburg 1972). – Edgar Nawroth, Humanisierung der Leistungsgesellschaft aus christlich-sozialer Sicht: Franz Böckle/Franz Josef Stegmann (Hrsg.), Kirche und Gesellschaft heute (Paderborn 1979) 209–224; bes. 222. – Franz F. Wurm, Leistung und Gesellschaft: Motivation im Wandel (Opladen 1978).
¹³ Zum «Funktionsverlust» der Familie vgl. Hepp (Anm.2) 74–84. – Kühne (Anm.3) 90, Anm.53. Treffend drückt R.König den Sachverhalt aus: «Es ist ein leichtes nachzuweisen, daß die Familie [durch die heutige Entwicklung] ihre eigene Funktion nicht nur nicht verloren hat, sondern im Gegenteil sie überhaupt erst gefunden hat. Was sie hat abgeben müssen, sind alles Funktionen, die andere soziale Institutionen besser leisten können als sie. Sie hat sich dafür aber konzentriert auf eine Aufgabe, die keinerlei gesellschaftliche Institution, die wir kennen, aufzubringen vermag: nämlich die Gestaltung der sozial-kulturellen Person des Menschen durch den umfassenden Sozialisierungsprozeß, dem das Kind in der Familie unterliegt und währenddessen es langsam zur voll erwachsenen und geschäftsfähigen Person heranwächst. Diese Funktion vermag in der Tat keine andere Institution der menschlichen Gesellschaft zu leisten» (René König: H.Conrad/R.König, Der Schutz der Familie – Schriftenreihe der Niedersächsischen Landeszentrale für politische Bildung, Heft 8 [1966] 61f.; zitiert bei Lecheler [Anm.24] 6, Anm.60). – Duß (Anm.6) 11.
¹⁴ Zu den folgenden Wörtern vgl. Duden, Bd. 7, Herkunftswörterbuch der deutschen Sprache (Mannheim 1963). – Kurt Marti, Heimat. Abklopfen eines Begriffs – Reformatio 29 (1980) 659–664.
Auch der Kölner Soziologe Erwin K.Scheuch weist auf die tiefere Bedeutung der Wohnung hin: «Die Familie ist der Raum, wo ein Leitmotiv der heutigen menschlichen Beziehungen nicht dominant ist: das der freundlichen Unverbindlichkeit. In der Familie gibt es dagegen Verbindlichkeiten. Hier existiert ein leistungsfreier Raum. Hier kann die Person ihre Ecken und Kanten ausleben, und hier können Ansprüche auf Solidarität geltend gemacht werden. Hier kann über die Stimmung des Augenblicks hinaus unter Berufung auf gegenseitige Rechte und Pflichten noch Verläßlichkeit angenommen werden. Weil dies so anders ist als die Beziehungen selbst zwischen guten Bekannten, weil die Nachbarschaften und die Sippen keine große Bedeutung mehr haben, gerade deshalb steigt die Familienbezogenheit der Freizeit und damit notwendig auch die Bedeutung der Wohnung» (Scheuch [Anm.2] 50). – Duß (Anm.6) 16.
¹⁵ «Alle Menschen streben nach Glück, und eine der wichtigsten Einrichtungen, Glück zu erlangen, ist die Ehe – immer noch und vielleicht mehr denn je. In einer Zeit, in der die Gefahr der Vermassung und Verameisung besteht, treibt es den Menschen um so mehr, Glück und Geborgenheit in der Bindung an den ihm Nächsten, Vertrautesten zu suchen. Es sind die

kleinen Täler, worin nach den Worten eines Dichters alles Glück der Menschen liegt, in Tälern – so klein – daß man sich von einem Rand zum andern rufen kann (Jean Giono). Dort wird es gesucht und wird doch – trotz großer Sehnsucht und redlicher Bemühung – so oft nicht gefunden» (Heigl [Anm. 11] 9). – Köhne spricht von einer «Über-Emotionalisierung der Ehe» (Josef Köhne, Ehe und Familie 78 = Lebendiges Zeugnis 33 [1978] 55). – Vgl. I.H. Wallis, Keine Garantie auf Glück. Das Zusammenleben in der Ehe (Stuttgart 1972) 8; 10. Josef Duß-von Werdt, Hat die europäische Kleinfamilie noch eine Zukunft?: Die Familie unter Druck (Zürich 1973) 120. – Auch Hepp sieht die Familie durch «Über-Emotionalisierung und Über-Erotisierung der Partnerbeziehung» bedroht (Hepp [Anm. 2] 63; 70–73; 96).
In diesem Sinne «birgt die Verinnerlichung der ehelichen Beziehungen eine Gefahr für die Stabilität der Familie, weil bei Nichterfüllung der Glückserwartungen oder einer divergierenden persönlichen Entwicklung der Partner nun, da keine gemeinsamen sachlichen Interessen die Verbindung mehr zusammenhalten, die wesentliche Grundlage für ein weiteres Zusammenleben entfallen ist. Diese letztlich in der Unbeständigkeit menschlicher Glücksbindungen wurzelnde Fragilität der modernen Ehe findet ihren Ausdruck in dem die industrielle Entwicklung begleitenden Anstieg der Scheidungsziffern» (Dörner). Zitiert bei Kühne (Anm. 3) 113.
[16] Hans Schulze, Leidet der Mensch an der Gesellschaft?: Hans Schulze (Hrsg.), Der leidende Mensch (Neukirchen-Vluyn 1974) 59–72. – Heinrich Schipperges/Erwin Ringel/Erich Zenger/J.B. Brantschen, Leiden: Franz Böckle u.a. (Hrsg.), Christlicher Glaube in moderner Gesellschaft 10 (Freiburg i. Br. 1980) 8–50.
[17] Der ganze folgende Abschnitt bezieht sich, auch wenn nicht nochmals eigens darauf Bezug genommen wird, auf Ebel, Probleme der modernen Familie (Anm. 6) 114–199. – Vgl. außerdem Hepp (Anm. 2) 42–73 (Strukturprobleme der Gegenwart).
[18] Kaufmann (Anm. 3) 128.
[19] Ebd. 128.
[20] Ebel (Anm. 17) 139.
[21] Vgl. dazu Heini Hediger, Tiere verstehen. Erkenntnisse eines Tierpsychologen (München 1980) 65f.; Hediger weist darauf hin, «daß alle höheren Säuger ursprünglich Riechtiere waren» und daß «taubblind geborene Kinder die Menschen ihrer Umgebung am individuellen Geruch, besonders der Hand, unterscheiden». – Vgl. auch Ton Lemaire, Die Zärtlichkeit (Düsseldorf 1975). – Jörg Splett, Menschliche Geschlechtlichkeit: Jörg Splett, Der Mensch ist Person. Zur christlichen Rechtfertigung des Mensch-Seins (Frankfurt a.M. 1978) 110–137.
[22] Vgl. Jörg Splett, Lebensform Ehe (Anm. 21) 138–156. Vgl. auch Jörg Splett, Der Mensch: Mann und Frau (Frankfurt a.M. 1980).
Zum folgenden vgl. auch Helmuth A. Schattovits, Die Familie löst Pro-

bleme der Gesellschaft: Karl Erwin Schiller (Hrsg.), Die gestörte Familie (Linz 1978) 43–55.
23 Ebel (Anm. 17) 197f. – Vgl. Camenzind-Weber, Synode (Anm. 6) 157f. (Emanzipation schon gelungen?); 159 (Mann und Frau – schon Partner?).
24 «Ehe und Familie stehen unter dem besondern Schutz der staatlichen Ordnung» (Bonner Grundgesetz Art. 6/1). – Vgl. dazu Maunz/Dürig/Herzog/Stolz, Kommentar zum Grundgesetz (München 1969). – Helmuth Lecheler, Der Schutz der Familie. Fehlentwicklungen bei der Konkretisierung eines Grundrechts = FamRZ 26 (1979) 1–8 – Manfred Zuleeg, Familienpolitik und Verfassungsrecht = FamRZ 27 (1980) 210–215.
Im Verfassungsentwurf der Expertenkommission für die Vorbereitung einer Totalrevision der schweizerischen Bundesverfassung heißt es in Art. 26 Sozialrechte in Abs. 2: «Der Staat schützt die Familie und die Mutterschaft.» Im Vergleich zur Bundesrepublik Deutschland ist in diesem schweizerischen Entwurf die Familie weit nach hinten gerückt. – Zum folgenden vgl. vor allem Alfons Cramer, Familienpolitik in der Bundesrepublik Deutschland (Anm. 6) 200–302. – Ludolf Herrmann/Anton Rauscher, Die Familie – Partner des Staates. Eine Auseinandersetzung mit falschen Gesellschaftstheorien (Stuttgart 1979).
25 Bekanntlich hat in der Bundesrepublik Deutschland ein Satz aus dem sogenannten zweiten Familienbericht des Bundesministeriums für Jugend, Familie und Gesundheit viel zu reden gegeben. Der Satz heißt: «Die Erziehung der Kinder ist eine gesamtgesellschaftliche Aufgabe besonderer Art und Bedeutung. Die Wahrnehmung dieser Aufgabe überträgt unsere Gesellschaft Familien und außerfamilialen pädagogischen Einrichtungen.» Zumindest liegt eine ungeschickte Formulierung vor. Die Gesamtgesellschaft überträgt nicht die Erziehungsaufgabe an die Eltern. Vielmehr haben die Eltern immer schon diese Aufgabe. Sie ist keine übertragene, sondern eine angestammte Aufgabe. Das heißt: Die Eltern haben die Aufgabe, ihre Kinder zu erziehen, nicht weil sie Glieder der Gesellschaft und Bürger des Staates, sondern weil sie schon zuvor Eltern sind.
Gewiß wird man solche ungeschickten Formulierungen nicht überbewerten dürfen. Dennoch zeigt eine solche Wortverwendung die Gefahr, daß man die Familie – vielleicht ohne es zu wollen – zum Befehlsempfänger der Gesellschaft macht. – Vgl. dazu Familie in der Gesellschaft (Anm. 6) Teil I Anm. 19 (45–48).
Zum Erziehungsgeld vgl. Friedrich Kronenberg, Familie im sozialen Spannungsfeld (Köln 1979) 13 f.
26 Man vergleiche unter dieser Rücksicht das «Gesellschaftspolitische Leitbild der christlichen Volkspartei (CVP) der Schweiz (Lausanne 1979). Dieser «Orientierungsrahmen für die 80er Jahre» fordert unter dem Stichwort «Mehr für die Familie» (2.3.1) folgendes:
Staatliche Hilfe an die Familie soll Hilfe zur Selbsthilfe sein. Sie muß dem

gewandelten Selbstverständnis der Familie gerecht werden und dort ansetzen, wo Mängel sichtbar werden und sich Grenzen der Belastung für die Familie ergeben. Dabei ist der mangelhaften Abstimmung zwischen Familie und Arbeitswelt und den besonderen Anforderungen an die Erziehung Rechnung zu tragen. Dazu gehören auch die Aufwertung der Rolle der Frau innerhalb und außerhalb der Familie sowie das Problem der Wiedereingliederung der Frau ins Berufsleben. – Schließlich soll die Familienpolitik dazu beitragen, dem drohenden Bevölkerungsrückgang zu begegnen.

Materielle Sicherheit

Auch wenn Familienpolitik nicht nur eine Frage des Geldes ist, so sind doch materielle Postulate für die Familie von bleibender Aktualität. Heute wie früher darf Kinderreichtum nicht zu sozialem Abstieg führen, die Berufstätigkeit der Mütter soll nicht aus familiärer Notlage heraus erfolgen müssen, und kranke Familienglieder dürfen die Familie nicht in einem unerträglichen Maß belasten.
Die CVP befürwortet daher, daß der Leistungslohn um eine angemessene Familienkomponente erweitert wird (Kinderzulagen, Familienzulagen). Die Leistungen des Einzelnen sollen nicht nur betriebswirtschaftlich bewertet werden. Dies gilt insbesondere für Familienväter, deren Ehefrauen auf eine Berufstätigkeit verzichten.
Ebenso bedeutsam ist sodann eine gerechte Besteuerung der Familie. Diese muß sich in erster Linie nach den Sozialkosten, die eine Familie aufwendet, richten. Die CVP tritt dafür ein, daß den Familien auf der Steuerschuld eine Entlastung von min. 25 und max. 30% und eine zusätzliche von min. 5 und max. 10% für jedes Kind gewährt wird, wobei die Abzüge nach oben zu begrenzen sind. Dabei ist nicht nur an die Kernfamilie zu denken, sondern auch an betagte Eltern, Verwandte und Alleinstehende, die im gleichen Haushalt leben oder leben möchten.
Zur materiellen Grundlage der Familie gehört ein familiengerechter Wohnungsbau. Bund und Kantone und Gemeinden haben diesen in ihren Planungen und bei ihrer eigenen Wohnbaupolitik gezielt zu fördern. Lärmisolationen, Kinderspielplätze und vor allem ein wirksamer Mieterschutz sowie die Förderung des Wohnungseigentums gehören zu einer familienfreundlichen Politik.
Darüber hinaus muß es künftig auch darum gehen, durch versicherungs- und arbeitsrechtliche Regelungen Mutter und Kind während der Schwangerschaft und nach der Geburt zu schützen. Dem Namen nach besteht – trotz Verfassungskompetenz des Bundes – keine Mutterschaftsversicherung, auch wenn einige Maßnahmen bereits bestehen. Die CVP fordert daher, daß für alle Mütter und deren Neugeborene ein solcher Mutterschaftsschutz geschaffen wird. Dieser soll alle anfallenden Kosten decken

und außerhäuslich erwerbstätigen Müttern einen Mutterschaftsurlaub von 16 Wochen sichern. Der Kündigungsschutz für erwerbstätige Mütter soll verbessert werden.

Hilfe für die Familie

Gesamtpolitisch betrachtet gibt es immer noch Lücken zu schließen in den Bereichen Kinderbetreuung, Freizeitzentren in den Quartieren, Familienhelferinnen, Familienplanungs- und -beratungsstellen, Plazierung von alleinstehenden Kindern usw. Nicht zuletzt dank vielfältiger und großzügiger privater Hilfe ist zwar vieles realisiert worden. Staatliche Hilfe bleibt jedoch subsidiär notwendig.

Freizeit

Die Gestaltung der Freizeit muß dem Einzelnen und der Familie überlassen bleiben. Das Gemeinwesen hat aber dafür zu sorgen, daß Freizeitbedingungen geschaffen werden, die eine sinnvolle und schöpferische Freizeitgestaltung ermöglichen. Die Freizeit soll Ruhe bringen, die Begegnung mit Menschen und der Umwelt fördern, der persönlichen Entfaltung dienen und die Übernahme von Mitverantwortung in Gesellschaft und Staat erleichtern. Förderungsmaßnahmen sollen vor allem freien Initiativen und Freizeitzentren zugute kommen, die mit der sozialen Gemeinschaft im Quartier oder der Gemeinde verflochten sind.

Vgl. dazu auch «Ehe und Familie in Politik und Gesellschaft. Ein Manifest des Zweiten familienpolitischen Kongresses des Zentralkomitees der deutschen Katholiken (ZdK)» = Herder Korrespondenz 34 (1980) 617–620. Dazu David A. Seeber, ebd. 597–599.
Vgl. auch Hepp (Anm. 2), der in einer kurzen Dokumentation «familienpolitische Stellungnahmen von Parteien und Kirchen (in Auszügen)» bringt (97–120).

[27] Vgl. Clemens und Rudolf Villeke, Familie in der Krise – ihre Abwertung im politischen Unterricht: Kirche und Gesellschaft. Herausgegeben von der Katholischen sozialwissenschaftlichen Zentralstelle Mönchengladbach 14 (Köln 1974). – Vgl. auch Paul Becher, Familie – personale Lebensgemeinschaft und gesellschaftliches Strukturelement = Katholische Soziallehre in Text und Kommentar (Köln 1976) bes. 4f. – Vgl. auch Anm. 2.

[28] Vgl. «Familie in der Gesellschaft I» (Anm. 6) 41.

[29] Als Beispiel allzu großer und allzu stark zur Schau getragener Selbstsicherheit: Martin Rhonheimer, Familie und Selbstverwirklichung. Alternativen zur Emanzipation (Köln 1979).

[30] Anm. 28.

[31] Vgl. oben S. 49, Anm. 14.

[32] Vgl. Waldemar Molinski, Christliche Werte in neuen Familienformen = Orientierung 37 (1973) 40–44. – Camenzind-Weber, Synode (Anm. 6) 169f. (Variationen der Familie?); 171 (Familie – überholt?). – Albrecht Walz, Der pastorale Dienst der Kirche an kollektiven Wohnformen = Signum 47 (1975) 20–22. – Vgl. auch Bünter (Anm. 10) 21–30 (Leben in Wohngemeinschaften).

[33] Vgl. Albert Ziegler (Anm. 7).

[34] Vgl. Josef Duß-von Werdt (Hrsg.), Die Familie unter Druck. Familie – Wirtschaft, Gesellschaft, Zukunft (Zürich 1973).

[35] Vgl. Camenzind-Weber, (Anm. 6) Synode, (Anm. 6) (Sexualerziehung [33–40]; Ehe lernen [121–130]; Eheberatung [128]. – Siehe auch oben S. 69f.

[36] Im kirchlichen Bereich wird man auch an die den christlichen Eheleuten und Eltern verliehenen «Standesgnaden» denken. Vgl. 1 Joh. 2, 27.

Literaturhinweise

Das für die behandelten Fragen wichtigste Werk ist:

Ebel/Cramer/Eickelpasch/Kühne, Familie in der Gesellschaft. Gestalt – Standort – Funktion. Grundlagen, Materialien und Unterrichtsmodelle für die Erwachsenenbildung. Herausgegeben von der Projektgruppe Curriculum Familie im Auftrag des Vorstandes der Arbeitsgemeinschaft katholischsozialer Bildungswerke in der Bundesrepublik Deutschland. Schriftenreihe der Bundeszentrale für politische Bildung 133 (Bonn 1978). – Bei diesen umfangreichen zwei Bänden handelt es sich um Lernmaterialien für die politische Erwachsenenbildung. Teil I bezieht sich unmittelbar auf die Lernveranstaltungen innerhalb der Erwachsenenbildung. Teil II bietet den wissenschaftlichen Hintergrund. In allen angeschnittenen Fragen wird man sich in diesem Werk aufs beste eine erste Information verschaffen können. Ein reichhaltiges Literaturverzeichnis (II/309–329) führt weiter.

Für eine kürzere Information:

Günther Kolz/Vinzenz Platz/Leopold Turowski (Hrsg.), Familie in Kirche, Gesellschaft und Staat. Eine Schriftenreihe (Frankfurt am Main 1980 ff.). – Die Herausgeber der neuerscheinenden Schriftenreihe sind der Ansicht: «Viele Menschen erwarten von der Familie einerseits die Erfüllung höchsten Glücks; andererseits gibt es kaum etwas, an dem Menschen so viel leiden wie an der Familie. Wie sind so widersprüchliche Einstellungen zu erklären?» Ausgehend von dieser Frage, möchten die Herausgeber für «die Bemühungen in den verschiedenen Bereichen der Familienarbeit in der katholischen

Kirche» eine Schriftenreihe bereitstellen. – Vgl. *Jörg Splett*, Der Mensch: Mann und Frau. Perspektiven christlicher Philosophie (Frankfurt am Main 1980) 7f. – *Elisabeth Badry*, Die erzieherische Aufgabe der Familie (Frankfurt am Main 1980).
Gerd Hepp, Die bedrohte Familie. Ploetz Taschenbücher zum Zeitgeschehen 8 (Freiburg i.Br. 1979). – Der Leiter der Außenstelle Freiburg der Bundeszentrale für politische Bildung Baden-Württemberg legt ein Taschenbuch vor, das bei aller Kürze ein kleines Sachbuch geworden ist (vgl. *R.Bleistein* = Stimmen der Zeit 105 [1980] 70).
Der kürzeste, aber ausgezeichnete Überblick:
Josef Duß-von Werdt, Zur Lage der Familie in der heutigen Gesellschaft: Bericht über die Lage der Familie in der Schweiz. Bundesamt für Sozialversicherung (Bern 1978) 11–24.

Einführungen in die Familiensoziologie:

Barbara Pieper/Michael Pieper, Familie – Stabilität und Veränderung (München 1975).
Ernst W.Wallner/Margret Pohler-Funke, Soziologie der Familie (Heidelberg 1977). – Gute Einführung mit guten Textbelegen.
Franz Filser, Einführung in die Familiensoziologie (Paderborn 1978).
Herbert Zigann, Einführung in die Familiensoziologie (Kronberg/Ts. 1977).
Franz Xaver Kaufmann, Ehe in sozialanthropologischer Sicht: *Franz Böckle* (Hrsg.), Das Naturrecht im Disput (Düsseldorf 1966) 15–60.

Aus kirchlicher Sicht:

Hildegard Camenzind-Weber, Die (Schweizer) Synode zum Thema ... Liebe, Sexualität, Ehe (Einsiedeln 1975).
Jörg Dantscher, Stichwort Familie. Zur Situation der Familie und der Familienpolitik. AKSB-Dokumente Heft 3. Arbeitsgemeinschaft katholisch-sozialer Bildungswerke (Bonn 1980).
Dieter Emeis, Die Ehe christlich leben (Freiburg i.Br. 1980).
Günther Gaßmann (Hrsg.), Ehe – Institution im Wandel. Zum evangelischen Eheverständnis heute. Im Auftrag der Bischofskonferenz der Vereinigten evangelisch-lutherischen Kirche Deutschlands (Hamburg 1979).
Johannes Gründel, Die Zukunft der christlichen Ehe. Erwartungen, Konflikte. Orientierungshilfen (München 1978).
Josef Köhne, Ehe und Familie 78 = Lebendiges Zeugnis 33 (Oktober 1978) 46–61. – Das ganze Heft handelt «Von Geschlechtlichkeit und Ehe».
Helga Strätling-Kölle, Emanzipation der Frau – das Ende der Familie? = Lebendiges Zeugnis 27 (November 1973) 36–46. – Das Heftthema ist «Zur Rolle der Frau».
Ephrem Else Lau, Familie als Chance gemeinsamen Lebens. Gegen die

funktionalistische Einengung der Familie = Lebendiges Zeugnis 34 (Februar 1979) 15–23. – Heftthema: «Familie und Jugend».
Willibald Meiler, Die Grundwerte im Leben der Familie von heute (ebd.) 24–43.

Zum Pädagogischen:

Konrad Widmer, Der junge Mensch und seine Eltern, Lehrer und Vorgesetzten. Zum Problem des Verstehens und der Führung im Jugendalter (Zürich 1978). – Darin: Die Familie als soziales Umfeld des jungen Menschen (68–104).
Heimo und Susanne Gastager, Die Fassadenfamilie. Ehe und Familie in der Krise. Analyse und Therapie (München 1973). – Darin: Die Zukunft der Familie (152–174).
Klaus Winkler, Emanzipation in der Familie (München 1976).
Nikolaus Lobkowicz, Die Familie als Bildungsinstanz: *Nikolaus Lobkowicz*, Wortmeldung zu Kirche, Staat, Universität (Graz 1980) 184–202.
Paul M. Zulehner, Übergänge zum Leben (Freising 1980). – Darin: Ehe (47–69). Zulehner zeigt in drei Gedankenlinien auf hilfreiche Weise den Lebenswert von Ehe und Familie: (1) Ort eines «Lebens in Frieden» (1 Kor 7,15); (2) Beziehung inmitten einer beziehungsarmen Welt; (3) Persönliche Geschichte und ihre Veröffentlichung. – Derart gelingt es ihm, kurz, aber wegweisend zur Frage auch der «Ehe ohne Ring» Stellung zu nehmen. – Dazu vgl. auch
Wilhelm Zauner, Ehen ohne Heirat = Theologisch-praktische Quartalschrift 129 (1981) 43–56. (Vgl. im übrigen S. 198, Anm. 10.)

Laufend unterrichten über die Neuerscheinungen zu Fragen der Ehe und Familie:

Zeitschrift für das gesamte Familienrecht (FamRZ).
Arthur Utz/Brigitta von Galen u.a., Bibliographie der Sozialethik (Freiburg i. Br.). Vgl. Bd. XI (1977–79) S. 240–245, 533–537.